중학교 시험문제를 갈아 만든

김행필 지음

주스

영문법

성적이 오르는 영문법 책을 쓰고 싶었다. 영문법 내용을 잘 이해하는 학생도 학교 시험에서 실수를 하거나 문제를 틀리는 경우를 자주 본다. 학교 시험은 공부한 내용을 잘 이해했는지 확인하는 방법이기도 하지만 학생들 간의 우열을 가리기 위한 수단으로 평가를 하기도 한다. 그래서 변별력을 위해서 실수를 유도하는 문제가 출제되는 데, 이런 문제에 대해 준비하지 않으면 좋은 점수를 받기 어려워진다.

'물고기를 잡아주지 말고, 물고기 잡는 법을 가르쳐라'는 격언이 있다. 하지만 학교에서 물고기 잡는 방법을 가르치지만 정작 시험에서는 방법만 알면 물고기를 잡을 수 없는 문제를 출제한다는 점이 학생들을 당혹하게 만든다. 흔히 범하는 실수와 오류유형을 별도로 정리해서 공부하지 않으면 좋은 점수를 얻을 수 없다는 이야기이다. 주스 영문법은 물고기 잡는 법뿐만 아니라 맛있는 물고기도 잡아주려고 한다. 맛을 알아야 의욕도 생기고 공부할 맛이 나기 때문이다.

주스영문법은 이런 점이 좋다. 첫째, 학습요소 마다 슬라이드처럼 정리된 텍스트나 도표를 넣어 한 눈에 공부할 내용을 확인하도록 하였다. 둘째, 학교 시험에 항상 출제되는 오답빈출유형을 NOT기호를 통해 제시하여 공부한 단원이 어떻게 시험에 출제될지 미리 예상할 수 있도록 하였다. 셋째, 학습한 내용을 바로 확인해 볼 수 있도록 학습요소마다 연습문제를 실었다. 넷째, 학생들이 배우는 교과서 단어, 숙어, 문장으로 문법문제를 연습할 수 있도록 하여 직접 시험에 도움이 되도록 하였다. 다섯째, 학교시험에 출제될 수 있는 객관식, 주관식, 서술형 문제의 유형을 빠짐없이 실었다. 여섯째, 그림사전(picture dictionary)기능을 넣어 어휘를 이미지로 기억할 뿐만 아니라, 특정 단원에서는 문법을 좀 더 시각적으로 쉽게 이해할 수 있도록 하였다. 마지막으로 온라인 서비스(word1004.com)를 통해 단어, 숙어, 문장, 문제풀이 등 원어민 음성을 통한 다양한 영어소리학습서비스를 제공받을 수 있다.

영어성적을 올리고자 하는 학생들에게 이 책이 주스처럼 시원한 해결책이 되길 기대한다.

김행독

Structure

● 그림사전기능

페이지 상단의 이미지는 본문의 단어에 해당하는 이미지를 수록하여 그림사전(picture dictionary)기능을 할 수 있도록 하였습니다.

● 슬라이드 기능

각각의 학습요소를 시작할 때 슬라이드처럼 표 등을 이용해 한 눈에 볼 수 있도록 정리하였습니다.

● 자세한 문법해설

누구나 쉽게 이해할 수 있도록 상세한 설명과 주의사항을 꼼꼼하게 수록하였습니다.

● 바로 바로 연습문제

배운 학습요소를 바로 확인해 볼 수 있도록 연습문제를 수록하였습니다. 최신 개정 교과서의 콜로케이션과 문장 등을 활용하여 만들었기 때문에 곧 바로 주관식 및 서술형 시험 대비가 될 수 있도록 하였습니다.

C **which**

1. which

which	어느 것	선택할 대상이 정해져 있는 경우
what	무엇	선택할 대상이 정해져 있지 않은 경우

- A : **Which** season do you like, summer or winter?
  너는 여름과 겨울 중에 어느 계절을 좋아하니?
- B : I like summer.
  나는 여름을 좋아해.
  선택할 대상이 여름과 겨울로 제한되어 있다.

- A : **Which** car do you want to buy?
  어느 차를 사고 싶니?
- B : I'd like to buy that car.
  저 차를 사고 싶어.
  바로 눈앞에 보이는 차 중에서 어느 차를 의미할 때는 Which car~?를 쓰고 수많은 차 중에서 어떤 차를 물을 때는 What kind of car~?를 쓴다.

- I have a red cap and a blue cap. **Which** do you want?
  빨간 모자와 파란 모자가 있다. 너는 어느 것을 원하니?
  둘 중에서 고르는 것이므로 which를 써야 한다.

Exercise

D 다음 빈칸에 알맞은 단어를 쓰시오.

01. A : _____ is that man?
    B : He's my boss.

02. A : _____ likes Min-su?
    B : Su-jin does.

03. A : _____ is your name?
    B : My name is Mike.

04. A : _____ is he?
    B : He is a doctor.

05. A : _____ do you want, juice or tea?
    B : Juice, please.

06. A : _____ kind of movies do you like?
    B : I like horror movies.

07. A : _____ food do you like?
    B : I like spaghetti.

08. A : _____ bus goes to the park?
    B : Take bus number 11.

○ m ● e ● m ○
● boss 사장

8

빈출오답유형 정리

선생님들이 문제를 출제할 때 어디를 어떻게
틀리게 하는 지 알 수 있도록 오답유형을 정
리해 두었습니다.

전국 중학교 기출문제를 단원과 출제유형별
로 분류하고 신교과서 예문이 반영된 기출문
제를 수록하였습니다.

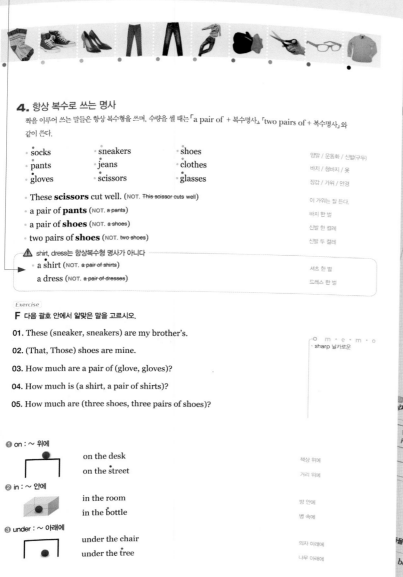

4. 항상 복수로 쓰는 명사

짝을 이루어 쓰는 말들은 항상 복수형을 쓰며, 수량을 셀 때는 「a pair of + 복수명사」, 「two pairs of + 복수명사」와
같이 쓴다.

• socks	• sneakers	• shoes	양말 / 운동화 / 신발(구두)
• pants	• jeans	• clothes	바지 / 청바지 / 옷
• gloves	• scissors	• glasses	장갑 / 가위 / 안경

- These **scissors** cut well. (NOT. This scissor cuts well) 이 가위는 잘 든다.
- a pair of **pants** (NOT. a pants) 바지 한 벌
- a pair of **shoes** (NOT. a shoes) 신발 한 켤레
- two pairs of **shoes** (NOT. two shoes) 신발 두 켤레

⚠ shirt, dress는 항상복수형 명사가 아니다
- a shirt (NOT. a pair of shirts) 셔츠 한 벌
  a dress (NOT. a pair of dresses) 드레스 한 벌

Exercise

F 다음 괄호 안에서 알맞은 말을 고르시오.

01. These (sneaker, sneakers) are my brother's.

02. (That, Those) shoes are mine.

03. How much are a pair of (glove, gloves)?

04. How much is (a shirt, a pair of shirts)?

05. How much are (three shoes, three pairs of shoes)?

o·m·e·m·o
· sharp 날카로운

❶ on : ~ 위에
　on the desk 책상 위에
　on the street 거리 위에

❷ in : ~ 안에
　in the room 방 안에
　in the bottle 병 속에

❸ under : ~ 아래에
　under the chair 의자 아래에
　under the tree 나무 아래에

시각적 이미지 활용

학생들의 이해를 돕기 위해 시각적 이미지를
활용하였습니다.

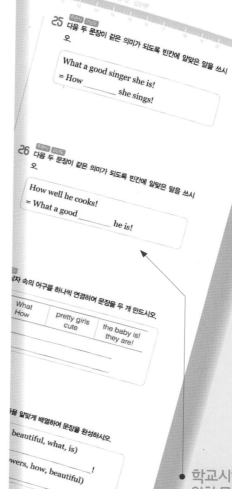

25 다음 두 문장이 같은 의미가 되도록 빈칸에 알맞은 말을 쓰시
오.

What a good singer she is!
= How ＿＿＿＿＿ she sings!

26 다음 두 문장이 같은 의미가 되도록 빈칸에 알맞은 말을 쓰시
오.

How well he cooks!
= What a good ＿＿＿＿＿ he is!

...자 속의 어구를 하나씩 연결하여 문장을 두 개 만드시오.

What How	pretty girls cute	the baby is! they are!

...을 알맞게 배열하여 문장을 완성하시오.

beautiful, what, is)
＿＿＿＿＿＿ !

wers, how, beautiful)
＿＿＿＿＿＿ !

학교시험 100점을 위한 문제

어떤 난이도에서도 항
상 최고의 성적을 맞
을 수 있도록 주관식,
서술형, 고난도 문제
등을 구별하여 실었습
니다.

Contents

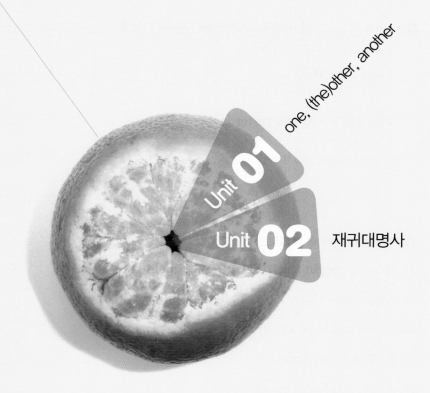

Chapter **01**

01 one, (the) other, another, each, every

 **부정대명사 one과 지시대명사 it**

1. 앞에 말한 명사와 같은 종류의 정해지지 않는 물건을 가리킬 때 one

- I didn't bring a pen.

  Can I borrow **one**?

  one은 a pen을 가리킨다.

- Which car is yours?

  This **one** or that **one**?

  one은 형용사의 수식을 받을 수 있다.

나는 펜을 가져오지 않았어.

한 자루 빌려줄래?

어느 것이 너의 차니?

이것이니 저것이니?

2. 앞에서 말한 명사와 같은 물건을 가리킬 때 it

- Do you have my pen?

  Yes, I have **it**.

  it은 my pen을 의미하며 특정한 물건이다.

- I bought a new pen yesterday.

  I lost **it**.

  it은 '어제 산 특정한 펜'을 가리킨다.

네가 내 펜을 가지고 있니?

그래, 내가 그 펜을 가지고 있어.

나는 어제 새 펜을 샀다.

나는 그것을 잃어 버렸다.

Exercise

A 다음 괄호 안의 단어 중 알맞은 것을 고르시오.

01. Mother bought a pen. She gave (it, one) to me.

02. Jane doesn't have a pencil. Please lend her (it, one).

03. A : Do you have a pen?

   B : Yes, I have (one, it).

04. A : Do you have my pen?

   B : Yes, I have (one, it).

05. I lost my book, and I found (one, it)

o m・e・m・o
- lend 빌려주다
- lost 잃다(lose)의 과거
- found 찾다(find)의 과거

01 02 03 04 05 06 07 08 09 10 11 12 13 14 15 16 17 18 19 20

Chapter 01

B one과 other

1. one, the other

두 가지를 순서에 관계없이 '하나는 ~이고, 나머지 하나는 ~이다'라고 표현할 때 쓴다.

- There are two balls. **One** is green, and **the other** is blue.

두 개의 공이 있다. 하나는 녹색이고, 나머지 하나는 파란색이다.

2. one, the others

셋 이상의 여러 개를 둘로 나누어 설명하고, 하나와 그 나머지 전부로 표현할 때 즉, '하나는 ~이고, 나머지는 모두가 ~이다'라고 언급할 때 쓴다.

- There are three balls. **One** is green, and **the others** are blue.
  other앞에 정관사 the를 쓰는 경우에는 하나(one)를 제외하고 '나머지 모두'를 의미한다.

세 개의 공이 있다. 하나는 녹색이고, 나머지는 모두 파란색이다.

- There are four balls. **One** is green, and **the others** are blue.

네 개의 공이 있다. 하나는 녹색이고, 나머지는 모두 파란색이다.

3. one ~, another(= a second) ~, and the other ~

셋을 세 가지로 나누어 하나, 다른 하나, 그리고 나머지 하나를 설명할 때 즉, '하나는 ~이고, 다른 하나는 ~이고, 나머지 하나는 ~이다'라고 표현할 때 쓴다.

- one ~, another ~ and the other
  나머지 전부 ↑
  남아있는 전부가 단수일 때

- There are three balls. **One** is green, **another** is blue, and **the other** is yellow.

세 개의 공이 있다. 하나는 녹색이고, 다른 하나는 파란색, 나머지 하나는 노란색이다.

4. some, the others

셋 이상의 여러 개를 둘로 나누어 설명하고, 몇 개(몇 명)와 그 나머지 전부로 표현할 때 즉, '몇 개(몇 명)는 ~하고, 나머지는 모두가 ~하다'라고 언급할 때 쓴다.

• There are many balls. **Some** are green, **the others** are yellow.

많은 공이 있다. 몇 개는 녹색이고, 나머지 모두는 노란색이다.

5. some, others

여러 개 중에서 몇 개씩을 지칭하여 '어떤 것들은 ~하고, 다른 어떤 것들은 ~하다'의 의미로, 위의 둘 중에 속하지 않는 것도 있다. (그래서 정관사 the가 붙지 않음에 주의한다.)

• There are many balls. **Some** are green, **others** are blue.

많은 공이 있다. 몇 개는 녹색이고, 몇개는 파란색이다.

(Exercise)

B 다음 그림을 참고하여 문장을 완성하시오.

01.

There are two balls. _____ is green, and _____ _____ is blue.

02.

There are three balls. _____ is green, and _____ _____ are blue.

12

03.

There are four balls. _____ is green, and _____ _____ are blue.

04.

There are three balls. _____ is green, _____ is blue, and _____ _____ is yellow.

05.

There are four balls. _____ is green, _____ is blue, and _____ _____ are yellow.

06.

There are many balls. _____ are green, _____ _____ are yellow.

07.

There are many balls. _____ are green, _____ are yellow.

Exercise

C 다음 문장의 빈칸에 들어갈 알맞은 말을 쓰시오.

01. Minho has two books. _____ is a comic book, and _____ _____ is a storybook.

02. Jane has two pets. _____ is puppy, and _____ _____ is a parrot.

03. I have three sons. _____ is a teacher, _____ is an actor, and _____ _____ is a lawyer.

04. I have three daughters. _____ lives in Seoul, _____ _____ live in Busan.

05. Some people like soccer and _____ like baseball.

06. There are two men near the tree. _____ is sitting, and _____ _____ is standing.

o m · e · m · o
• actor 배우
• lawyer 변호사

ⓒ another

1. another : 다른 것 (= a different one)
- I don't like these shoes. Show me **another**.

이 신발은 맘에 들지 않네요.
다른 것을 보여주시오.

2. another : 하나 더 (= one more)
- Will you have **another** cup of coffee?

커피 한 잔 더 하시겠어요?

3. A is one thing, B is another : A와 B는 별개다
- To know is **one thing**, to teach is **another**.

아는 것과 가르치는 것은 별개이다.

Exercise

D 다음 괄호 안에서 알맞은 말을 고르시오.

01. I have two brothers. One of them is a teacher, but the (other, another) is an engineer.

02. Love is (one, another) thing, and marriage is another.

03. His bag is old. He will buy a new (one, it).

04. I don't like it. Please show me (one, other, another).

05. To say is one thing, to practice is (other, others, another).

o m · e · m · o
• engineer 기술자
• practice 실행하다

14

ⓓ each, every

each는 '각각, 각자'의 의미로 하나씩 개별적인 것을 생각하며 말할 때, every는 '모든'의 의미로 사람이나 사물을 그룹으로 생각하며 말할 때 쓴다.

1. each

❶ each + 단수명사 + 단수동사

each 다음에는 '단수명사'가 오고 단수 취급한다.

- **Each student** *has* a desk. 〈형용사〉

  각각의 학생은 책상이 있다.

  (**NOT**. Each students has a desk.) each 다음에는 단수명사가 온다.

  (**NOT**. Each student have a desk.) 단수동사를 써야 한다.

❷ each of + 복수대명사(us, them)

- **Each of us** has his opinion. 〈대명사〉

  우리들 각각이 자기의 의견이 있다.

  (**NOT**. Each of us have his opinion.) of 다음에 복수대명사가 와도 단수취급한다.

  (**NOT**. Each of us have their opinion.) each를 대신하는 소유격도 단수로 받는다.

❸ each of + 수식어(the, these, my ...) + 복수명사

- Read **each of these sentences** carefully. 〈대명사〉

  이 문장들 각각을 주의깊게 읽어라.

- **Each of my children** visits me once a week.

  내 아이들 각각이 일주일에 한 번씩 나를 방문한다.

  (**NOT**. Each of children visits me once a week.)

  each of 다음에 명사가 올 때는 「수식어(the, these, my, his 등) + 복수명사」형태로 복수명사 앞에 수식어가 반드시 와야 한다.

2. every

❶ every + 단수명사

- I visited **every city** in Korea. (**NOT**. ... every cities in Korea.)

  나는 한국에 있는 모든 도시를 방문했다.

  every 다음에는 단수명사가 온다.

- **Every student** has a pet. (**NOT**. Every student have a pet.)

  모든 학생은 애완동물을 가지고 있다.

  「every + 단수명사」는 단수 취급한다.

- **Everyone of the students** has a pet. (**NOT**. Every of the students has a pet.)

  그 학생들 모두는 애완동물을 가지고 있다.

  every는 형용사로만 쓰이므로 'every of ~'형태로 쓰이지 않는다. 'everyone[every one] of ~'형태는 가능하다.

❷ every + 기수 + 복수명사 = every + 서수 + 단수명사 = ~마다

- World cup is held **every four years**.

  월드컵은 4년마다 열린다.

  = World cup is held **every fourth year**.

  기수(one, two, three ...), 서수(first, second, third ...)

❸ every other + 단수명사 = every second + 단수명사 = 하나 걸러

- I meet her **every other day**.

  나는 하루 걸러 그녀를 만난다.

  = I meet her **every second day**.

- each와 every 다음에는 단수명사가 와야 한다.

  each students (✗) → each **student** (○)

  every countries (✗) → every **country** (○)

- 'each of ~'는 가능하지만 'every of~'는 쓸 수 없다.

  every of us (✗) → **each of** us (○) 또는 **everyone of** us (○)

- 「each + 단수명사」, 「every + 단수명사」는 의미는 복수지만 단수 취급한다. 소유격도 단수로 받는다.

  Each boy have their ~ (✗) → Each boy **has his** ~ (○)

  Every woman have their ~ (✗) → Every woman **has her** ~ (○)

- 'each of ~'는 다음에 오는 복수명사 앞에 반드시 'the, these, those, his, my'와 같은 수식어가 와야 한다.

  each of students (✗) → each of **the** students (○) 또는 each of **these** students (○)

Exercise

E 다음 괄호 안에서 알맞은 말을 고르시오.

01. Each (students, student) has his desk.

02. Every student (have, has) a pet.

03. Each of us (has, have) his opinion.

04. Each boy (is, are) wearing a cap.

05. I visited every (cities, city) in Korea.

06. Each girl has (her, their) own room.

07. Read (every, each) of these sentences carefully.

08. Each of my children (visits, visit) me once a week.

09. Everyone of the students (has, have) a pet.

10. (Every, Each) of them has his own room.

11. Each of the young boys has (their, his) own dream.

12. Each man in the park (is, are) reading a newspaper.

13. Each woman is riding (their, his, her) own bike.

o m・e・m o
- pet 애완동물
- opinion 의견
- cap 모자
- own 자신의
- sentence 문장
- carefully 주의 깊게
- once a week
  일주일에 한 번
- be held 개최되다
- own 소유하다
- country 나라
- history 역사
- represent 나타내다

16

14. World cup is held (other, every, each) four years.

15. I meet her (each, every) other day.

16. Almost every family in Korea (owns, own) a television.

17. Every (country, countries) has its own history.

18. Each of them (represent, represents) good luck.

19. Each of (students, my students) has at least one talent.

20. Everyone of (children, the children) likes sweets.

01 주관식 다음 괄호 안에서 알맞은 말을 고르시오.

> A : Do you have a pencil?
> B : Yes, I have (one, it).

02 다음 빈칸에 알맞은 것은?

> He lost his umbrella, so he wants to buy a new _____.

① one ② it ③ some
④ ones ⑤ them

03 밑줄 친 부분과 쓰임이 같지 <u>않은</u> 것은?

> It's their traditional house. It's cool in summer but warm in winter. It looks like a tent. They can build <u>one</u> easily.

① How about this <u>one</u>?
② Which <u>one</u> do you like?
③ This desk is my old <u>one</u>.
④ I'll see you at <u>one</u>. Don't forget.
⑤ I lost my umbrella. I'll buy a new <u>one</u>.

04 주관식 다음 대화의 빈칸에 공통으로 들어갈 <u>한</u> 단어를 쓰시오.

> A : These are special gifts for you.
> B : Gifts for me?
> A : Yes. This _____ is a ring for you, and this _____ is a special card for you.

05 주관식 다음 밑줄 친 부분이 가리키는 말을 한 단어로 쓰시오.

> My brother has a blue cap, and I have a yellow <u>one</u>.

→ _____

06 다음 빈칸에 들어갈 알맞은 말은?

> A : What's this?
> B : _____ is an album.

① It ② He ③ She
④ I ⑤ That

07 다음 대화의 밑줄 친 it과 쓰임이 <u>다른</u> 것은?

> A : Do you like your new cell phone?
> B : Yeah. <u>It</u>'s really cool.

① <u>It</u> is a radio show.
② <u>It</u>'s a new invention.
③ <u>It</u> is my father's car.
④ <u>It</u> is March 15th today.
⑤ <u>It</u>'s an interesting story.

08 아래의 빈칸에 적절한 말이 순서대로 짝지어진 것은?

> • I lost my bag. I need a new _____.
> • She likes this ring. I am going to give _____ to her.

① it - one ② one - one
③ it - it ④ one - it
⑤ one - another

09 다음 대화의 빈칸에 들어갈 말이 순서대로 짝지어진 것은?

> A : My sister gave me this camera.
>
> She got a new _____.
>
> B : Wow, _____ looks cool.

① one - one   ② one - ones

③ one - it   ④ it - one

⑤ it - it

10 다음 대화에서 밑줄 친 부분의 어법이 틀린 것은?

> A : Do you need a pen?
>
> B : No, I don't. I already have ⓐone.
>
> A : That's good. By the way, do you have
>
> my pencil case? I can't find ⓑone.
>
> B : I think you put ⓒit on your desk.
>
> A : I couldn't see ⓓit there. I need a new
>
> ⓔone.

① ⓐ   ② ⓑ   ③ ⓒ

④ ⓓ   ⑤ ⓔ

11 다음 빈칸에 들어갈 단어를 맞게 짝지은 것은?

> There are two groups. _____ group is
> composed of boys, _____ is composed
> of girls.

① One - two   ② One - the others

③ A - another   ④ One - another

⑤ One - the other

12 다음 빈칸에 들어갈 말이 차례대로 맞게 짝지어진 것은?

> E-mail is a way of sending a message from
> _____ computer to _____ computers.

① one - another   ② one - other

③ one - the other   ④ one - others

⑤ some - other

13 다음 문장의 빈칸에 들어갈 알맞은 말은?

> Two boys are sitting on the bench. One is
> wearing glasses and _____ isn't.

① other   ② one   ③ another

④ some   ⑤ the other

14 다음 설명이 뜻하는 것은 무엇인가?

> I have a face. I don't have a nose.
> I usually have three hands.
> One is short and the others are long.
> I can tell you the time.

① desk   ② chair   ③ pencil

④ clock   ⑤ penguin

15 다음 빈칸에 알맞은 표현은?

> Friends are there for each other. When
> one friend is in trouble, _____ is ready
> with lots of help.

① one friend   ② another

③ the other   ④ the one

⑤ other

16 두 사람의 대화 중 밑줄 친 부분이 적절하지 **않은** 것은?

> A : I bought three balls yesterday.
> ①One is blue, ②another is yellow, and
> ③other is green.
> B : Oh, you did? I bought ten balls. ④Some
> are green and ⑤the others are yellow.

17 주관식 빈칸에 들어갈 알맞은 말을 쓰시오.

> There are three books on my desk.
> ⓐ_____ is a math book, ⓑ_____
> is an English book, and ⓒ_____ is
> a music book.

18 다음 빈칸에 알맞은 말로 짝지어진 것은?

> There were many paths in the forest.
> _____ groups walked through them, but
> _____ lost their way.

① One - the others
② Some - some
③ Some - others
④ Some - many
⑤ Some - the others

19 다음 빈칸에 공통으로 들어갈 말은?

> • You borrowed your friend's expensive book
> and your baby brother cut it into pieces. So
> you have ordered a new _____.
> • There are two, _____ is red, the other
> is blue.
> • Which _____ do you want?

① one
② none
③ it
④ some
⑤ any

20 다음 빈칸에 들어갈 가장 알맞은 말은?

> Here are nine keys. They look the same,
> but only one of them can open the door of
> this room. The right key weighs more than
> _____. The other keys are all the same
> weight.

① others
② another
③ the other
④ the others
⑤ one another

21 주관식 우리말과 일치하도록 빈칸을 채우시오.

> They looked at _____ _____.
> (그들은 서로를 쳐다보았다.)

01 02 03 04 05 06 07 08 09 10 11 12 13 14 15 16 17 18 19 20

22 다음 밑줄 친 단어와 뜻이 가장 가까운 단어는?

> Don't be disappointed. You'll have <u>another</u> chance.

① upset ② wrong ③ dishonest
④ different ⑤ difficult

23 다음 빈칸에 들어갈 말로 알맞은 것은?

> A : Can I have _____ glass?
> (한 잔 더 주시겠어요?)
> B : Sure. I'll be right back.

① again ② one ③ the other
④ some ⑤ another

24 주관식 빈칸에 알맞은 답을 쓰시오.

> ① Do you have a pencil?
> - Yes, I have _____.
> ② I don't like this one.
>   Show me _____.
> ③ There are two bags. One is mine, and
>   _____ is my brother's.

25 다음 밑줄 친 부분의 쓰임이 잘못된 것은?

① I have two uncles. One is a doctor, <u>the other</u> is a farmer.
② I saw many things. Some were beautiful, <u>others</u> were ugly.
③ Here are three flowers. One is a lily, <u>another</u> is a rose, and <u>the other</u> is a tulip.
④ I don't like this one. Show me <u>another</u>.
⑤ There are three pens. One is red and <u>others</u> are blue.

26 주관식 다음 빈칸에 공통으로 들어갈 알맞은 말을 쓰시오.

> • This cap is too big. Can you show me
>   _____ ?
> • Saying is one thing, doing is _____.

27 다음 중 어법에 알맞은 문장은?

① Each student has his desk.
② Each students has his desk.
③ Each student have his desk.
④ Each student has their desk.
⑤ Each students have their desks.

28 다음 중 어법에 알맞은 문장은?

① Each of us have his opinion.

② Each boy are wearing a cap.

③ I visited every city in Korea.

④ Each girl has their own room.

⑤ Every of them has his own room.

29 주관식 다음 빈칸에 알맞은 말을 쓰시오.

_____ student in our school is kind.
(우리 학교의 모든 학생들은 친절하다.)

30 다음 중 어법에 알맞은 문장은?

① Every students in this class likes Su-in.

② Each of them like swimming in the pool.

③ Every of the children doesn't like to go to school.

④ Each letters of the alphabet has an interesting origin.

⑤ Each of the students belongs to a club.

31 주관식 다음 두 문장이 같은 뜻이 되도록 빈칸에 알맞은 말을 쓰시오.

I go to the dentist every six months.

= I go to the dentist _____ _____ month.

32 서술형 다음 우리말과 같도록 빈칸에 알맞은 말을 써서 문장을 완성하시오.

나는 두 명의 친구가 있다. 한 명은 음악을 좋아하고, 다른 한 명은 수학을 좋아한다.

→ I have two friends. ⓐ_____ _____ and ⓑ_____ _____.

33 고난도 다음 중 어법에 알맞은 문장은?

① Each man in the park are reading a newspaper.

② World cup is held every four year.

③ Each of them represents good luck.

④ Each of children visits me once a week.

⑤ Each man is driving her own car.

01　02　03　04　05　06　07　08　09　10　11　12　13　14　15　16　17　18　19　20

34 [주관식] 다음 우리말과 같은 뜻이 되도록 알맞은 말을 쓰시오.

> 우리 할머니는 격주로(이주에 한 번) 우리를 찾아오신다.
>
> → My grandmother visits us _____
>
> _____ week.

35 [서술형] 주어 진 단어를 이용하여 우리말에 맞는 문장을 만드시오.

> 각각의 소년은 공을 잡고 있다.
>
> → _____.
>
> (be / each / hold)

02 재귀대명사

재귀대명사에서 재귀는 한문으로 再(재:다시–again)와 歸(귀:돌아가다–return)이다. 즉, 주어의 동작이 주어 자신에게 다시 돌아갈 때, 그 동작을 나타내는 동사의 목적어로 재귀대명사를 쓴다. 그 외에 주어의 행위를 강조할 때도 쓰인다.

A 재귀대명사의 형태

인칭 \ 격 \ 수	단수 주격	단수 재귀대명사	복수 주격	복수 재귀대명사
1인칭	I	myself	we	ourselves
2인칭	you	yourself	you	yourselves
3인칭	he	himself	they	themselves
	she	herself		
	it	itself		

1인칭과 2인칭은 소유격 뒤에, 3인칭은 목적격 뒤에 self를 붙여 만든다. 복수는 self대신에 selves를 쓴다.

Exercise

A 다음 주어진 단어의 재귀대명사를 고르시오.

01. I - (myself, meself, myselves, meselves)

02. you(단수) - (yourself, youself, yourselves, youselves)

03. he - (hisself, himself, hisselves, himselves)

04. she - (sheself, herself, sheselves, herselves)

05. it - (itself, itselves)

06. we - (ourself, usself, ourselves, usselves)

07. you(복수) - (yourself, youself, yourselves, youselves)

08. they - (theirself, themself, theirselves, themselves)

o m · e · m · o

Ⓑ 재귀대명사의 용법

강조용법	재귀용법
• 주어나 목적어 등을 강조할 때 • 생략 가능	• 주어와 목적어가 같은 사람(사물)일 때 • 생략 불가능

1. 강조 용법

• He **himself** did it. = He did it **himself**.　　　그는 직접 그것을 했다.

• I **myself** cooked the food.= I cooked the food **myself**.　　내가 직접 그 음식을 요리했다.

Exercise

B 다음 빈칸에 들어갈 알맞은 말을 쓰시오.

01. Little Tommy wrote the letter _____.

(어린 Tommy가 직접 그 편지를 썼다.)

02. My sister wrote the book _____.

(내 여동생이 직접 그 책을 썼다.)

03. Growing vegetables _____ is good for a healthy life.

(네가 직접 채소를 기르는 것이 건강한 삶에 좋다.)

04. Ask the man _____.

(그 남자에게 직접 물어봐라.)

05. I _____ cooked this food.

(내가 직접 이 음식을 요리했다.)

06. She packed this bag _____.

(그녀가 직접 이 가방을 쌌다.)

07. Did you make it _____?

(그것을 직접 만드셨나요?)

o m・e・m・o
• grow 기르다
• vegetable 채소
• healthy 건강에 좋은
• cook 요리하다
• pack 포장하다. (짐을)싸다

2 재귀 용법

● 주어의 행위가 다시 주어에게 돌아갈 때 쓰이는 대명사를 재귀대명사라 한다.

'재귀(再歸)'는 다시 재(再) 돌아갈 귀(歸)로 이루어진 한자어이다.

- I love **myself** very much. (I = myself)
  주어 I와 목적어 myself는 같은 사람
  나는 내 자신을 아주 많이 사랑한다.

- David hates **himself**. (David = himself)
  David과 himself는 같은 사람
  David은 자신을 증오한다.

- David hates **him**. (David ≠ him)
  David와 him은 다른 사람
  David은 그를 증오한다.

- Kate looked at **herself** in the mirror. (Kate = herself)
  Kate와 herself는 같은 사람
  Kate는 거울에 비친 자신의 모습을 보았다.

- Kate looked at **her** in the mirror. (Kate ≒ her)
  Kate와 her는 다른 사람
  Kate는 거울에 비친 그녀의 모습을 보았다.

〈재귀대명사가 목적어로 많이 쓰이는 표현〉

- enjoy oneself
- introduce oneself
  즐겁게 보내다 / 자신을 소개하다

- hurt oneself
- hide oneself
  (몸을) 다치다 / 숨다

- kill oneself
- teach oneself
  자살하다 / 독학하다

(Exercise)

C 다음 빈칸에 들어갈 알맞은 말을 쓰시오.

01. 여러분께 제 소개를 할게요.

Let me _____ _____ to you.

02. 네 소개를 해 주겠니?

Can you introduce _____?

03. 그 여배우는 자살했다.

The actress _____ _____.

04. 그녀는 불어를 독학했다.

She _____ _____ French.

05. 우리는 제주에서 즐거운 시간을 보냈다.

We _____ _____ in Jeju.

06. 그 소녀들은 파티에서 즐거운 시간을 보냈다.

The girls enjoyed _____ at the party.

o m • e • m o
- look at ~을 보다
- introduce 소개하다
- French 불어, 프랑스어
- express 표현하다
- sneakers 운동화
- hide 숨기다
- hurt 다치게 하다

07. 서로 인사 나누세요.

Please introduce _____.

08. 나는 이 운동화를 통해서 나 자신을 표현할 수 있다.

I can express _____ through these sneakers.

09. 그녀는 오직 그녀 자신만을 생각한다.

She only thinks about _____.

10. 내 여동생은 의자 밑에 숨었다.

My sister _____ _____ under the chair.

11. 네 자신을 사랑해라!

Love _____!

12. 나는 어제 일하다 다쳤다.

I _____ _____ at work yesterday.

3. 관용적인 표현

by oneself	홀로(= alone)
for oneself	혼자 힘으로(= without other's help), 자신을 위해, 손수(직접)
of itself	저절로
between ourselves	우리끼리 얘기지만(= between you and me)
say to oneself	혼잣말을 하다

전치사와 함께 관용적으로 쓰이는 재귀대명사는 생략할 수 없다.

- He lived there **by himself**.
  by himself = alone : 홀로(외롭게)

  그는 홀로 거기에서 살았다.

- Take a look **for yourself**.
  for yourself : 손수(직접)

  직접 한번 보세요

- The door opened **of itself**.
  of itself : 저절로

  그 문은 저절로 열렸다.

- 재귀대명사가 들어가는 주요 표현
  - **Take care of yourself**.

    몸 조심해.
  - **Help yourself** (to this pizza).

    (이 피자) 맘껏 먹어.
  - **Be proud of yourself**.

    네 자신을 자랑스럽게 생각해라.
  - Please **make yourself at home**.

    집처럼 편안히 하세요

Exercise

D 다음 빈칸에 알맞은 말을 쓰시오.

01. She was going to walk there _____ _____.

(그녀는 혼자서 거기에 걸어갈 예정이었다.)

02. I made this box _____ _____.

(나 혼자서 이 상자를 만들었어.)

03. You should judge _____ _____.

(네가 직접 판단해야 해.)

04. Please _____ _____ at home.

(집처럼 편안히 하세요.)

05. The door opened _____ _____.

(그 문이 저절로 열렸다.)

06. I am 15, and I can take care of _____.

(나는 15살이고, 나는 스스로 나 자신을 돌볼 수 있다.)

07. I was also very proud of _____.

(나 또한 내 자신이 매우 자랑스러웠다.)

08. The king said to _____, "I can help her."

(그 왕은 혼잣말을 했다, "내가 그녀를 도울 수 있어.")

01 02 03 04 05 06 07 08 09 10 11 12 13 14 15 16 17 18 19 20

Exercise

E 다음 밑줄 친 부분의 쓰임과 생략 가능여부를 선택하시오.

01. She saw <u>herself</u> in the mirror.   (강조, 재귀) (생략 가능, 생략 불가능)

02. Can you make this cake <u>yourself</u>?   (강조, 재귀) (생략 가능, 생략 불가능)

03. Did you hurt <u>yourself</u>?   (강조, 재귀) (생략 가능, 생략 불가능)

04. She has a cold <u>herself</u>.   (강조, 재귀) (생략 가능, 생략 불가능)

05. She killed <u>herself</u>.   (강조, 재귀) (생략 가능, 생략 불가능)

06. John loved <u>himself</u> a lot.   (강조, 재귀) (생략 가능, 생략 불가능)

07. I cooked the food <u>myself</u>.   (강조, 재귀) (생략 가능, 생략 불가능)

08. I looked at <u>myself</u> for a long time.   (강조, 재귀) (생략 가능, 생략 불가능)

09. Socrates said, "Know <u>yourself</u>."   (강조, 재귀) (생략 가능, 생략 불가능)

10. He enjoyed <u>himself</u> at the party.   (강조, 재귀) (생략 가능, 생략 불가능)

11. The little boy wrote the letter <u>himself</u>. (강조, 재귀) (생략 가능, 생략 불가능)

12. Why don't you do it <u>yourself</u>?   (강조, 재귀) (생략 가능, 생략 불가능)

o m·e·m·o

01 다음 중 밑줄 친 재귀대명사가 적절하지 않은 것은?

① Did you hurt <u>yourself</u>?
② The man began to wash <u>himself</u>.
③ He looked at <u>himself</u> for a long time.
④ A baby can't take care of <u>itself</u>.
⑤ They have hidden <u>themself</u> behind a tree.

02 다음 빈칸에 들어갈 알맞은 것은?

> I enjoyed _____ at the party.

① myself   ② yourself   ③ himself
④ herself   ⑤ ourselves

03 다음 빈칸에 알맞지 않은 말은?

> I looked at _____ for a long time.

① me   ② her   ③ them
④ the cat   ⑤ the building

04 다음 밑줄 친 부분에 들어갈 말이 차례대로 알맞게 짝지어진 것은?

> • It's my father's birthday. I made this cake _____.
> • She is talking to _____.

① myself - herself   ② yourself - himself
③ herself - myself   ④ itself - yourself
⑤ himself - herself

05 다음 빈칸에 가장 알맞은 말은?

> A : What is he doing?
> B : He is talking to _____.

① myself   ② herself   ③ themselves
④ himself   ⑤ itself

06 다음 우리말에 맞게 빈칸에 알맞은 말은?

> Mr. Kim felt proud of _____.
> (Mr. Kim은 자부심을 느꼈다.)

① myself   ② himself   ③ yourself
④ herself   ⑤ themselves

07 다음 빈칸에 들어갈 말로 알맞은 것은?

> Mike and Susan are playing hide-and-seek with his friends. They have hidden _____ behind a tree.

① their friends   ② themselves
③ something   ④ their books
⑤ someone

주관식
08 다음 빈칸에 공통으로 들어갈 말을 쓰시오.

> • We set up our tents by _____.
>   (우리는 우리 스스로 텐트를 설치했다.)
> • We'll keep this between _____.
>   (이것은 우리끼리의 비밀이야.)

09 다음 빈칸에 공통적으로 들어갈 단어는?

- Help _____ to the bread.
- Know _____!
- Be proud of _____.

① myself   ② yourself   ③ himself
④ ourselves   ⑤ yourselves

10 다음 대화의 빈칸에 알맞은 것은?

A : When you want your guests to eat some food much, what can you say?
B : I say, "_____"

① You're welcome.   ② Help yourself.
③ Excuse me.   ④ Enjoy yourself.
⑤ Thanks, but I'm full.

11 밑줄 친 부분의 쓰임이 나머지 넷과 다른 것은?

① Know yourself.
② John loved himself a lot.
③ She looked at herself in the mirror.
④ The party was great. We enjoyed ourselves.
⑤ I myself cooked the food.

12 다음 밑줄 친 부분의 쓰임이 다른 하나는?

① We should know ourselves.
② I myself finished the work.
③ He loved himself.
④ Don't hate yourself.
⑤ I'm proud of myself.

13 밑줄 친 재귀대명사의 쓰임이 나머지와 다른 것은?

① I made this cake for myself.
② Be careful with the knife. You'll cut yourself.
③ Mike is looking at himself in the mirror.
④ She did the work herself.
⑤ The cat washes itself after each meal.

14 다음 밑줄 친 herself와 쓰임이 같은 것은?

She enjoyed herself very much.

① I made the boat myself.
② She herself visited the bridge every day.
③ My sister wrote the book herself.
④ I decorated everything myself.
⑤ I can express myself through these shoes.

15 밑줄 친 부분과 쓰임이 같은 것은?

> He does the laundry himself.

① I said to myself, "Is it true?"
② He killed himself.
③ The dinner itself was really delicious.
④ Imagine yourself in ten years.
⑤ My brother likes himself in a cap.

16 다음 중 밑줄 친 부분을 생략할 수 있는 것은?

① Did you hurt yourself?
② Kevin doesn't think about himself.
③ She taught herself computer engineering.
④ I'm afraid you may hurt yourself while you are climbing a mountain.
⑤ I myself made the chair.

17 다음 중 밑줄 친 부분을 생략할 수 없는 것은?

① Can you make this cake yourself?
② She has a cold herself.
③ She only thinks about herself.
④ I cooked the food myself.
⑤ The little boy wrote the letter himself.

18 주관식 주어진 우리말에 맞게 빈칸에 알맞은 표현을 쓰시오.

> • "I'm going to help poor people," she said to ⓐ_____.
> ("난 가난한 사람들을 도울 거야," 그녀는 스스로에게 말했다.)
> • They lived that way because they could protect ⓑ_____.
> (그들은 스스로를 보호할 수 있었기 때문에 그런 방식으로 살았다.)

19 다음 빈칸에 알맞은 것은?

> Children under seven must not swim here _____.

① by oneself
② of itself
③ for oneself
④ by themselves
⑤ for themselves

20 주관식 빈칸에 알맞은 말을 보기에서 골라 알맞게 바꿔 쓰시오.

> ─〈보기〉─
> for oneself, of oneself, by oneself

> ① 나는 혼자 힘으로 그 보트를 만들었다.
> → I made the boat _____.
> ② 문이 저절로 열렸다.
> → The door opened _____.
> ③ 우리 고모는 혼자 사신다.
> → My aunt lives _____.

Chapter **02**

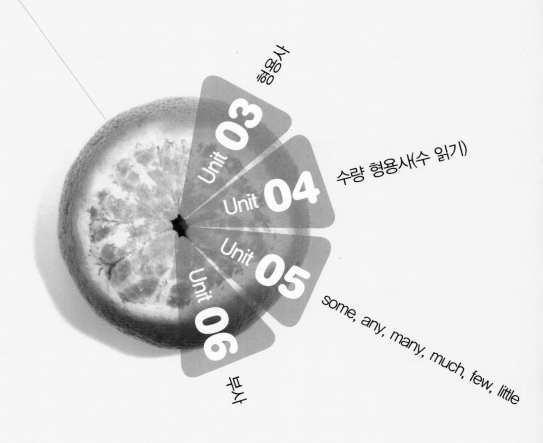

03 형용사

형용사는 cute(귀여운), small(작은), false(거짓의) 등처럼 우리가 단어를 외울 때 주로 'ㄴ'받침으로 끝나거나 '-의'로 끝나는 우리말에 해당하는 영어 단어들이다. 형용사의 기본적인 역할은 명사를 수식하는 것이다.

Ⓐ 형용사

1. 형용사의 어휘를 반의어와 유사어에 유의하여 익힌다.
2. 여러 가지 의미를 갖는 형용사에 유의한다.
3. 단어가 -ly로 끝나서 부사처럼 보이지만 형용사로 쓰이는 단어들에 유의한다.

1. 필수 형용사

- easy ↔ difficult
  difficult와 different를 혼동하지 않도록 주의한다. 특히 영영풀이 시험에 오답문항으로 많이 출제된다.
- cheap ↔ expensive
- clean ↔ dirty
- empty ↔ full
- lazy ↔ diligent

- same ↔ different
- boring ↔ interesting
- dangerous ↔ safe
- free ↔ busy
- rich ↔ poor

쉬운 ↔ 어려운 / 같은 ↔ 다른

값싼 ↔ 값비싼 / 지루하게 하는 ↔ 흥미 있게 하는
깨끗한 ↔ 더러운 / 위험한 ↔ 안전한
텅 빈 ↔ 가득 찬 / 한가한 ↔ 바쁜
게으른 ↔ 부지런한 / 부자의 ↔ 가난한

(Exercise)

A 다음 단어들의 반의어를 쓰시오.

01. difficult _____

02. different _____

03. expensive _____

04. interesting _____

05. dirty _____

06. safe _____

07. full _____

08. busy _____

09. diligent _____

10. poor _____

2. 필수 형용사

- noisy ↔ quiet
- slow ↔ fast
- wrong ↔ right
- sad ↔ glad
- absent ↔ present

- dry ↔ wet
- smart ↔ foolish
- heavy ↔ light
- alive ↔ dead
- male ↔ female

시끄러운 ↔ 조용한 / 마른 ↔ 젖은
느린 ↔ 빠른 / 영리한 ↔ 어리석은
틀린 ↔ 옳은 / 무거운 ↔ 가벼운
슬픈 ↔ 기쁜 / 살아있는 ↔ 죽은
결석한 ↔ 참석한 / 남성의 ↔ 여성의

34

01 02 03 04 05 06 07 08 09 10 11 12 13 14 15 16 17 18 19 20

Exercise

B 다음 단어들의 반의어를 쓰시오.

01. quiet _____   02. wet _____

03. fast _____   04. foolish _____

05. right _____   06. light _____

07. glad _____   08. dead _____

09. present _____   10. male _____

o m·e·m·o

3. 필수 형용사

- near ↔ far
- thick ↔ thin
- tight ↔ loose
- polite ↔ rude
  polite의 반의어로 impolite(= rude)도 쓰인다.
- ancient ↔ modern

- wide ↔ narrow
- bright ↔ dark
- weak ↔ strong
- positive ↔ negative
- huge ↔ tiny

가까운 ↔ 먼 / 넓은 ↔ 좁은

두꺼운 ↔ 얇은, 마른 / 밝은 ↔ 어두운

꽉 끼는 ↔ 느슨한 / 약한 ↔ 강한

공손한 ↔ 무례한 / 긍정적인 ↔ 부정적인

고대의 ↔ 현대의 / 거대한 ↔ 아주 작은

Exercise

C 다음 단어들의 반의어를 쓰시오.

01. far _____   02. narrow _____

03. thin _____   04. dark _____

05. loose _____   06. strong _____

07. rude _____   08. negative _____

09. modern _____   10. tiny _____

o m·e·m·o

4. 필수 형용사

- happy ↔ unhappy
- important ↔ unimportant
- healthy ↔ unhealthy
- necessary ↔ unnecessary
- usual ↔ unusual

- kind ↔ unkind
- believable ↔ unbelievable
- comfortable ↔ uncomfortable
- fair ↔ unfair
- able ↔ unable
  able의 반의어는 unable, capable의 반의어는 incapable이다.

행복한 ↔ 불행한 / 친절한 ↔ 불친절한

중요한 ↔ 중요하지 않은 / 믿을 수 있는 ↔ 믿을 수 없는

건강한 ↔ 건강하지 못한 / 편안한 ↔ 불편한

필요한 ↔ 불필요한 / 공정한 ↔ 불공평한

보통의 ↔ 보통이 아닌 / 할 수 있는 ↔ 할 수 없는

D 다음 우리말에 해당하는 영어 단어를 쓰시오.

01. 행복한	_____	**02.** 불행한	_____
03. 친절한	_____	**04.** 불친절한	_____
05. 중요한	_____	**06.** 중요하지 않은	_____
07. 믿을 수 있는	_____	**08.** 믿을 수 없는	_____
09. 건강한	_____	**10.** 건강하지 못한	_____
11. 편안한	_____	**12.** 불편한	_____
13. 필요한	_____	**14.** 불필요한	_____
15. 공정한	_____	**16.** 불공평한	_____
17. 보통의	_____	**18.** 보통이 아닌	_____
19. 할 수 있는	_____	**20.** 할 수 없는	_____

o m · e · m o

5. 필수 형용사

- useful ↔ useless
- possible ↔ impossible
- capable ↔ incapable
  able의 반의어는 unable, capable의 반의어는 incapable이다.
- regular ↔ irregular
- honest ↔ dishonest
- careful ↔ careless
- perfect ↔ imperfect
- correct ↔ incorrect
- legal ↔ illegal
- normal ↔ abnormal

유용한 ↔ 쓸모없는 / 조심스러운 ↔ 부주의한
가능한 ↔ 불가능한 / 완벽한 ↔ 불완전한
할 수 있는 ↔ 할 수 없는 / 정확한 ↔ 부정확한

규칙적인 ↔ 불규칙적인 / 합법적인 ↔ 불법의
정직한 ↔ 부정직한 / 정상적인 ↔ 비정상적인

E 다음 우리말에 해당하는 영어 단어를 쓰시오.

01. 유용한	_____	**02.** 쓸모없는	_____
03. 조심스러운	_____	**04.** 부주의한	_____
05. 가능한	_____	**06.** 불가능한	_____
07. 완벽한	_____	**08.** 불완전한	_____
09. 할 수 있는	_____	**10.** 할 수 없는	_____
11. 정확한	_____	**12.** 부정확한	_____

o m · e · m o

| 01 | 02 | 03 | 04 | 05 | 06 | 07 | 08 | 09 | 10 | 11 | 12 | 13 | 14 | 15 | 16 | 17 | 18 | 19 | 20 |

13. 규칙적인 _____ **14.** 불규칙적인 _____

15. 합법적인 _____ **16.** 불법의 _____

17. 정직한 _____ **18.** 부정직한 _____

19. 정상적인 _____ **20.** 비정상적인 _____

6. 필수 형용사

❶ 부사로 착각하기 쉬운 형용사

- lonely   • curly   • friendly   외로운 / 곱슬머리의 / 친절한
- lovely   • lively   • elderly   사랑스러운 / 활기찬 / 나이든
- ugly   • silly   못생긴 / 어리석은

❷ 의미에 주의해야 할 형용사

- similar   • familiar   • tough   유사한, 비슷한 / 친숙한 / 질긴, 힘든
- curious   • blind   • deaf   호기심이 많은 / 눈이 먼 / 귀가 먼
- terrific   • terrible   • unique   훌륭한 / 끔찍한 / 독특한

  terrific은 awesome, wonderful, superb 등과 같이 긍정적인 의미에서 '훌륭한'의 뜻이고, terrible은 부정적인 의미에 쓰이는 '끔찍한'의 뜻이다. awful과 같은 의미이다.

- precious   귀중한

  '귀중한'의 뜻을 가진 형용사로 precious이외에도 valuable이 있다. valueless는 '가치 없는'의 뜻이다. '매우 귀중한'이란 의미로 priceless, invaluable 등이 있다.

Exercise

F 다음 단어의 뜻을 쓰시오.

01. lonely _____ **02.** curly _____

03. friendly _____ **04.** lovely _____

05. lively _____ **06.** elderly _____

07. ugly _____ **08.** silly _____

09. similar _____ **10.** familiar _____

11. tough _____ **12.** curious _____

13. blind _____ **14.** deaf _____

15. terrific _____ **16.** terrible _____

17. unique _____ **18.** precious _____

o m・e・m・o

Exercise

G 다음 두 단어의 반의어로 쓰일 수 있는 한 단어를 쓰시오.

01. soft (부드러운), easy (쉬운) ↔ _____ (딱딱한, 어려운)

02. wrong (틀린), left (왼쪽의) ↔ _____ (옳은, 오른쪽의)

03. empty (텅 빈), hungry (배고픈) ↔ _____ (가득 찬, 배부른)

04. long (긴), tall (키가 큰) ↔ _____ (짧은, 키가 작은)

05. young (젊은), new (새로운) ↔ _____ (늙은, 오래된)

06. far (먼), open (열다) ↔ _____ (가까운, 닫다)

07. absent (결석한), past (과거의) ↔ _____ (참석한, 현재의)

Exercise

H 다음 빈칸에 들어갈 알맞은 말을 보기에서 골라 쓰시오.

〈보기〉
boring, cheap, dangerous, different, difficult, diligent, easy,
empty, expensive, foolish, funny, rainy, safe, smart, sunny

01. The book isn't interesting. It is _____.

02. Don't cross the road at the red light. It is very _____.

03. It is _____ today. Take an umbrella with you.

04. The question was not _____. I didn't know the answer.

05. The MP3 player was too _____, so I didn't buy it.

06. He got a good grade on the exam. He is a _____ student.

07. A : Is the can full?

  B : No, it is _____.

Exercise

I 다음 설명에 해당하는 영어 단어를 보기에서 골라 쓰시오.

〈보기〉
| busy | dead | difficult | dirty | expensive |
| foolish | narrow | neat | quiet | tiny |

01. _____ : tidy and carefully arranged

02. _____ : hard to do

03. _____ : costing a lot of money

04. _____ : not clean

05. _____ : having many things to do

06. _____ : the opposite of noisy

07. _____ : not wise

08. _____ : no longer alive

09. _____ : not wide

10. _____ : very small

Exercise

J 다음 설명에 해당하는 영어 단어를 보기에서 골라 쓰시오.

〈보기〉

abnormal	blind	deaf	illegal	incorrect
perfect	similar	terrible	terrific	tough

01. _____ : without fault

02. _____ : not correct

03. _____ : not allowed by the law

04. _____ : not normal or usual

05. _____ : almost alike

06. _____ : difficult to cut; very difficult

07. _____ : unable to see

08. _____ : unable to hear

09. _____ : extremely great

10. _____ : extremely bad

Ⓑ 형용사의 쓰임

한정적 용법	① a **kind** teacher (수식어) 친절한 선생님
서술적 용법	② The teacher is **kind**. (주격 보어) 그 선생님은 친절하다.
	③ I found the teacher **kind**. (목적격 보어) 나는 그 선생님이 친절하다고 생각했다.

형용사는 명사를 수식한다. 명사를 수식하는 방법에는 두 가지가 있다. 하나는 명사의 앞뒤에서 직접 수식하는 방법(①)이고, 다른 하나는 동사와 함께 서술어가 되어 주어 자리에 있는 명사를 설명(②)하거나 목적어자리에 있는 명사를 설명(③)하는 방법이다.

1. 한정적 용법 : 명사, 대명사의 앞뒤에서 직접 수식

❶ 형용사는 대부분 명사 앞에서 수식한다.

- a **beautiful** picture   아름다운 그림
  형용사는 관사(a, an)나 소유격(my, your)과 명사 사이에 온다.

- my **beautiful** picture(NOT. beautiful my picture)   나의 아름다운 그림
  소유격과 함께 쓰일 때는 「소유격 + 형용사 + 명사」의 순서로 쓴다.

- a very **beautiful** picture   매우 아름다운 그림
  부사와 함께 쓰일 때는 「a/an + 부사 + 형용사 + 명사」의 순서로 쓴다.

- an **interesting** book (NOT. a interesting ...)   흥미 있는 책
  관사와 명사 사이에 interesting처럼 모음발음으로 시작하는 형용사가 오면 부정관사 an을 써야 한다.

❷ –thing, –body, –one으로 끝나는 대명사를 수식하는 형용사는 뒤에서 수식한다.

- something **delicious** (NOT. delicious something)   맛있는 것
  형용사 delicious가 –thing으로 끝나는 something을 뒤에서 수식한다.

- somebody **tall**   키 큰 사람(누군가)

- Please give me something **cold** to drink.   저에게 마실만한 차가운 것 좀
  「–thing + 형용사 + to 부정사」형태에 주의한다.   주세요.

- I have nothing **special** tonight.   나는 오늘 밤 특별한 일이 없다.

Exercise

K 다음 괄호 안의 단어를 적절한 위치에 넣어 다시 쓰시오.

01. She has hair. (long)

   → _____

02. She has a nose. (small)

   → _____

○ m·e·m·o
· soldier 군인
· delicious 맛있는

40

03. This is a book. (interesting)

→ _____

04. He is a soldier. (honest)

→ _____

05. Hojin needs something. (hot)

→ _____

06. We need water. (hot)

→ _____

07. Mina needs somebody. (tall)

→ _____

08. The teacher talked about something. (different)

→ _____

(Exercise)

L 괄호 안의 단어들을 어순에 맞게 배열하시오.

01. My parents want to (something / eat / delicious).

→ _____

02. During the winter vacation, I (did / special / nothing).

→ _____

03. I want to (do / exciting / something) for my birthday.

→ _____

04. There is (wrong / with / nothing) the camera.

→ _____

05. Please give me (cold / drink / to / something).

→ _____

06. Is (wrong / there / anything)?

→ _____

2. 서술적 용법 : 주어나 목적어를 설명

다른 동사와 함께 서술어가 되어 주어를 설명하거나 목적어 뒤에 쓰여서 그 목적어의 성질이나 상태를 설명하는 역할을 한다. 이때 형용사를 '보어'라고 하며 '서술적 용법'으로 쓰였다고 말한다.

❶ S + V(be) + 형용사 = S는 (형용사)다

- am / are / is + 형용사 = (형용사)다
- become + 형용사 = (형용사)가 되다

- **This flower is pretty.**
  pretty가 this flower를 설명하고 있다.   이 꽃은 예쁘다.

- **They are kind.**(NOT. kinds)   그들은 친절하다.
  형용사는 복수형이 없다.

❷ S + V(감각동사) + 형용사 = S는 (형용사)처럼 V하다

- look + 형용사 = (형용사)처럼 보이다
- sound + 형용사 = (형용사)처럼 들리다
- feel + 형용사 = (형용사)하게 느끼다
- taste + 형용사 = (형용사)한 맛이 나다
- smell + 형용사 = (형용사)한 냄새가 나다

위 동사들을 감각동사라고 하는데 다음에 오는 형용사를 '보어'라고 한다. 우리말로 해석할 때 부사처럼 해석이 되지만 부사가 아닌 형용사를 써야 한다.

- **She looks happy.** (NOT. happily)   그녀는 행복해 보인다.
- **It tastes sweet.** (NOT. sweetly)   그것은 달콤한 맛이 난다.
- **I feel thirsty.**   나는 목마름을 느낀다.
- **This food smells bad.**   이 음식은 악취가 난다.

cf. look 다음에 명사가 와서 '(명사)처럼 보이다'의 뜻으로 쓰일 때는 「look like + 명사」형태로 써야 한다.

- **You look like a cook.** (NOT. You ~~look a cook~~.)   너는 요리사처럼 보인다.

❷ S + V(make 등) + O + 형용사 = S는 O가 (형용사)하게 V하다

- make + O + 형용사 = O가 (형용사)하게 만들다
- keep + O + 형용사 = O가 (형용사)하도록 유지하다
- find + O +형용사 = O가 (형용사)하다고 알고 있다

'S(주어)는 O(목적어)가 (형용사)하게 V(동사)하다'라는 의미일 때 형용사를 '목적격 보어'라 한다.

- **Sunny days make me happy.** (NOT. ... me happily)   화창한 날씨는 나를 행복하게
  <u>　　　　　　　</u> O　 C   한다.

- **The work made me tired.**   그 일이 나를 피곤하게 했다.
  <u>　　　　　</u> O　 C

01 02 03 04 05 06 07 08 09 10 11 12 13 14 15 16 17 18 19 20

- The coat will keep <u>her</u> **warm**.
      O   C

그 코트는 그녀를 따뜻하게 할 것이다.

- I found <u>the book</u> **easy**.
      O   C

나는 그 책이 쉽다고 생각했다.

easy는 명사(the book)의 상태를 설명하는 말이다.

cf. I found the book *easily*.

나는 그 책을 쉽게 찾았다.

easily가 수식하는 말은 the book이 아니라 find(찾다)의 과거형인 found(찾았다)이다. 동사를 수식하는 것은 부사(easily)이다.

Exercise

M 다음 괄호 안에서 알맞은 말을 고르시오.

01. He always looks (happy, happily).

02. This food tastes (strange, strangely).

03. The roses smell (sweet, sweetly).

04. Daniel looked (sad, sadly).

05. Daniel looked at me (sad, sadly).

06. It (looks, looks like) a snowman.

07. Soccer referees look (serious, seriously) like judges.

08. The players look (excited, excitedly) on the field.

m·e·m·o
• strange 이상한

m·e·m·o
• magazine 잡지

Exercise

N 다음 괄호 안에서 알맞은 말을 고르시오.

01. The news made him (angry, angrily).

그 소식은 그를 화나게 만들었다.

02. Jina's smile makes everybody (happy, happily).

지나의 미소는 모든 사람을 행복하게 만든다.

03. Rainy days make my mom (sad, sadly).

비오는 날은 우리 엄마를 슬프게 만든다.

04. I found the magazine (easy, easily).

나는 그 잡지가 쉽다는 것을 알았다.

05. I found the magazine (easy, easily).

나는 그 잡지를 쉽게 찾았다.

06. Bright colors will make people bright and (happy, happily).

밝은 색은 사람들의 기분을 밝고 기쁘게 할 것이다.

ⓒ 주의해야 할 형용사

1. 서술적 용법으로만 쓰이는 형용사

afraid(두려운), asleep(잠든), alive(살아있는)

ill(아픈), alone(혼자의), glad(기쁜)

위의 형용사들은 명사를 직접 수식하지 못한다.

- He is **afraid** of tigers.
- He is still **alive**. (NOT. ... is still live)
- The baby fell **asleep**.

  cf. Look at the sleeping baby!

  (NOT. Look at the asleep baby!)

  서술적 용법으로만 쓰이는 형용사는 명사를 직접 수식하지 못한다.

그는 호랑이를 무서워한다.

그는 여전히 살아있다.

그 아기는 잠들었다.

잠을 자고 있는 아기를 봐라!

2. the + 형용사 : ～한 사람들(= 형용사 + people)

- the rich = rich people
- the young = young people
- the blind = blind people
- the handicapped = handicapped people
- the sick = sick people
- the dead = dead people
- the deaf = deaf people

부자들 / 아픈 사람들

젊은 사람들 / 죽은 사람들

시각 장애인들 / 청각 장애인들

장애인들

- He always helps **the poor**.
- **The deaf** are people who can't hear very well.

  「the + 형용사」는 복수이므로 복수동사로 받는다.

그는 항상 가난한 사람들을 돕는다.

청각 장애인들은 잘 들을 수 없는 사람들이다.

01 02 03 04 05 06 07 08 09 10 11 12 13 14 15 16 17 18 19 20

Exercise

O 다음 괄호 안에서 알맞은 말을 고르시오.

01. A doctor cures (ill, sick) people.

의사는 아픈 사람을 치료한다.

02. Look at the (asleep, sleeping) baby!

잠자는 아기를 봐!

03. Is that show (live, alive)?

저 쇼는 생방송인가요?

04. I hope they're still (live, alive).

나는 여전히 그들이 살아 있기를 바란다.

05. She has a (happy, glad) life with him.

그녀는 그와 함께 행복하게 지내고 있다.

06. You are not (only, alone).

당신은 혼자가 아닙니다.

07. The poor (is, are) not always unhappy.

가난한 사람들이 항상 불행한 것은 아니다.

08. The young (have, has) to respect the old.

젊은이들은 노인들을 존경해야 한다.

09. The (blind, deaf) have difficulty in seeing things.

시각 장애인들은 무언가를 보는 데 어려움이 있다.

o m·e·m·o
• cure 치료하다
• not ~ always 항상 ~한 것은 아니다
• have difficulty in ~ing ~하는 데 어려움이 있다

3. 고유형용사

나라이름	고유형용사	언어
Korea 한국	Korean 한국의, 한국인(의)	Korean 한국어
America 미국	American 미국의, 미국인(의)	English 영어
China 중국	Chinese 중국의, 중국인(의)	Chinese 중국어
Japan 일본	Japanese 일본의, 일본인(의)	Japanese 일본어
Germany 독일	German 독일의, 독일인(의)	German 독일어
England 영국	English 영국의, 영국인(의)	English 영어
France 프랑스	French 프랑스의, 프랑스인(의)	French 프랑스어
Russia 러시아	Russian 러시아의, 러시아인(의)	Russian 러시아어
Greece 그리스	Greek 그리스의, 그리스인(의)	Greek 그리스어
Vietnam 베트남	Vietnamese 베트남의, 베트남인(의)	Vietnamese 베트남어

Exercise

P 다음 〈보기〉를 참고하여 빈칸에 알맞은 말을 쓰시오.

> He is from Korea. He is Korean. He speaks Korean.

01. She is from America. She is _____. She speaks _____.

02. He is from _____. He is Japanese. He speaks _____.

03. She is from China. She is _____. She speaks _____.

04. He is from _____. He is German. He speaks _____.

05. She is from France. She is _____. She speaks _____.

4. 형용사의 순서

여러개의 형용사가 명사를 꾸며 줄 경우 보통 다음의 순서로 쓴다.

관사 / 한정사	수량	판단	크기	연령	모양	색깔	출처	재료	명사
a		pretty	small	old		pink	Korean	wooden	doll
these	two	cute	short	young			American		girls

⑩ 다의어로 시험에 자주 출제되는 형용사와 부사

다음 형용사, 부사의 다의어들은 시험범위와 관계없이 언제든지 출제될 수 있으므로 교과서 문장을 통해서 확인해 두자.

1. hard

❶ 〈부사〉 열심히 (= with a lot of effort)

- They must work **hard** like oxen.
- I thought **hard** and got a great idea.

그들은 황소처럼 열심히 일해야 한다.
나는 열심히 생각하여 매우 좋은 아이디어를 얻었다.

❷ 〈형용사〉 딱딱한 (↔ soft)

- I don't have to sit on the **hard** chairs.
- The cookie was so **hard** that she almost broke her tooth.
- Can you see the player hitting a small, **hard** ball with a bat?

딱딱한 의자에 앉아 있을 필요가 없어요.
쿠키가 너무 딱딱해서 그녀는 이가 거의 부러질 뻔했다.
지금 작고 딱딱한 공을 방망이로 치고 있는 선수가 보이시나요?

❸ 〈형용사〉 어려운 (= difficult), 힘든

- After the **hard** and long process, they can get strong and soft hanji.
- It's not **hard** work.

힘들고 긴 과정 후에 그들은 강하고 부드러운 한지를 얻을 수 있다.
그것은 어려운 일이 아니다.

❹ 〈형용사〉 근면한 (= diligent)

- He is a **hard** worker.

그는 부지런한 사람이다.

2. tough

❶ 〈형용사〉 어려운, 힘든

- a **tough** decision
- a **tough** situation
- have a **tough** time
- have a **tough** day

어려운 결정
어려운 상황
힘든 시기를 보내다
힘든 하루를 보내다

❷ 〈형용사〉 질긴

- **tough** bark of the tree
- The steak was a little **tough**.
- Mountain bikes have **tough** tires and strong frams.

그 나무의 질긴 껍질
그 스테이크는 약간 질겼다.
산악자전거들은 타이어가 질기고 프레임이 튼튼하다.

❸ 〈형용사〉 거친

- I think he is too **tough**.

나는 그가 너무 거칠다고 생각한다.

3. cool

① 〈형용사〉 시원한

  • I want to have a **cool** drink.

나는 시원한 음료수를 마시고
싶다.

② 〈형용사〉 멋진

  • I have a **cool** cellphone.

  • Scarves are **cool** in any season, even in summer.

  • They try to turn their ideas into **cool** inventions.

난 멋진 휴대전화를 가지고 있어.

스카프는 어느 계절에나, 심지어
여름에도 멋지다.

그들은 자신의 아이디어를 멋진
발명품으로 만들고자 노력한다.

4. free

① 〈형용사〉 한가한

  • What do you do in your **free** time?

  • In my **free** time, I like to hang out with my friends.

너는 여가 시간에 무엇을 하니?

여가 시간에 나는 친구들과 함께
시간을 보내는 것을 좋아해.

② 〈형용사〉 무료의

  • Get it for **free**!

  • I want to give a **free** concert.

  • In every restaurant in Korea, we get all kinds of side dishes for **free**.

  • We give **free** compurter lessons to old people every Sunday.

공짜로 가져가세요!

나는 무료 콘서트를 열고 싶다.

한국의 모든 음식점에서 우리는 모
든 종류의 반찬을 무료로 얻습니다.

우리는 일요일마다 어르신들에게
무료로 컴퓨터 수업을 해드려.

③ 〈형용사〉 자유로운

  • Tourists are **free** to visit Geumgangsan.

여행객들은 금강산을 방문하는 데
자유롭다.

④ 〈동사〉 자유롭게 하다

  • A spider has seven other legs, so it can easily **free** itself.

거미는 7개의 다른 다리가 있어서
쉽게 스스로를 자유롭게 할 수 있다.

5. still

① 〈부사〉 아직도, 여전히 (= even now)

  • A few hours later, he was **still** there.

  • Is taking pictures **still** your favorite hobby?

몇 시간 후에도, 그는 여전히 거기
에 있었어.

사진 찍는 것이 여전히 네가 가장
좋아하는 취미니?

② 〈형용사〉 움직이지 않고 (= not moving)

  • I can't stay **still**.

나는 움직이지 않고 가만히 있을 수
없다.

③ 〈형용사〉 고요한 (= silent)

  • The night was very **still**.

그날 밤은 아주 고요했다.

④ 〈접속사〉 그럼에도 불구하고 (= however)

  • I'm full. **Still**, I want more food.

나는 배부르다. 그럼에도 불구하
고 더 많은 음식을 원한다.

6. 기타 빈출 다의어

단어	의미
kind	형 친절한, 명 종류(= sort)
present	형 출석한, 명 선물(= gift)
patient	형 인내심이 있는, 명 환자
even	부 심지어, 형 짝수의, 형 동등한
certain	형 확실한, 형 어떤
safe	형 안전한, 명 금고
light	형 가벼운, 형 (색이)연한, 명 빛, 등

- You are **kind** to everyone.
- What **kind** of mistakes is he making?
- I bought a **present** for my mother.
- Many members were **present** for the meeting.
- Mike is very **patient** and wise.
- The doctor treated a lot of **patients**.
- Sail away from the **safe** harbor.
- Place your valuables in the **safe**.
- **Light** and air pass through the windows easily.
- The leaves on the trees are **light** green.
- The box is very **light**.

너는 모두에게 친절해.

그는 어떤 종류의 실수를 하고 있니?

나는 어머니를 위해 선물을 샀다.

많은 회원들이 그 회의에 참석했다.

Mike는 인내심이 많고 현명하다.

그 의사는 많은 환자들을 치료한다.

안전한 항구를 떠나 항해하라.

귀중품을 그 금고에 보관해라.

빛과 공기는 쉽게 창문들을 통과한다.

나무에 있는 잎들은 옅은 초록색이야.

그 상자는 매우 가볍다.

01 다음 단어의 변화형이 옳지 <u>않은</u> 것은?

① rain - rainny ② sun - sunny

③ snow - snowy ④ cloud - cloudy

⑤ wind - windy

02 다음 짝지어진 단어의 관계가 나머지와 <u>다른</u> 하나는?

① bright - dark ② big - small

③ same - difficult ④ strong - weak

⑤ happy - sad

03 주어진 단어들의 관계가 나머지 넷과 <u>다른</u> 하나는?

① noisy - quiet ② deep - narrow

③ hard - easy ④ clean- dirty

⑤ slow - quick

04 A : B와 C : D의 관계가 같은 것은?

A	B	C	D
① cheap : expensive		fast : quick	
② terrific : awesome		tough : smooth	
③ wet : dry		thick : wide	
④ safe : dangerous		find : loose	
⑤ absent : present		free : busy	

05 다음 단어들의 반의어가 옳지 <u>않은</u> 것은?

① happy - unhappy

② kind - unkind

③ fair - unfair

④ correct - uncorrect

⑤ usual - unusual

06 다음 단어들의 반의어가 옳은 것은?

① useful - inuseful

② possible - unpossible

③ regular - irregular

④ honest - inhonest

⑤ perfect - inperfect

07 짝지어진 관계가 나머지와 <u>다른</u> 것은?

① tall - short

② live - die

③ amazing - surprising

④ first - last

⑤ boring - interesting

08 A : B와 C : D의 관계가 같은 것은?

A	B	C	D
① place : put		loser : winner	
② awful : awesome		honest : dishonest	
③ damp : dry		look for : search for	
④ safe : safety		solve : solution	
⑤ boring : exciting		put on : put off	

09 다음 뜻풀이가 옳지 <u>않은</u> 것을 고르시오.

① different : hard to do or understand

② cheap : not expensive

③ dead : no longer alive

④ tiny : very small

⑤ narrow : not wide

10 다음 단어의 뜻풀이가 옳은 것은?

① imperfect : without fault

② neat : untidy and dirty

③ huge : very small

④ narrow : not deep

⑤ similar : almost alike

11 다음 단어에 대한 설명으로 바르지 <u>않은</u> 것은?

① tough : difficult to cut

② blind : unable to hear

③ terrific : extremely great

④ illegal : not allowed by the law

⑤ dirty : not clean

12 다음 대화의 빈칸에 들어갈 알맞은 말은?

A : What's wrong with you?

B : I have a _____ headache.

① terrific   ② terrible   ③ wonderful

④ strong   ⑤ hard

13 _{주관식}
다음 〈보기〉를 참고하여 빈칸에 알맞은 말을 쓰시오.

〈보기〉
He is from Korea. He is Korean. He speaks Korean.

→ She is from America. She is _____. She speaks _____.

14 다음 중 밑줄 친 부분이 <u>어색한</u> 것은?

① <u>Rome</u> was not built in a day.

② Have you ever been to <u>France</u>?

③ The <u>Japanese</u> team is leading the match.

④ The <u>Chinese</u> New Year is a 15-day holiday.

⑤ Zeus is the king of the gods in <u>Greece</u> mythology.

15 다음 밑줄 친 부분과 바꿔 쓸 수 있는 것은?

The weather is <u>awful</u> today.

① cloudy   ② terrific   ③ superb

④ terrible   ⑤ wonderful

16 _{주관식}
다음 밑줄 친 부분의 반의어를 대화의 빈칸에 쓰시오.

A : Was this book <u>useful</u> to you?

B : No, it was completely _____.

17 고난도 다음 빈칸에 들어갈 말로 적절하지 <u>않은</u> 것은?

> I know the bag is _____, but the price is too high.

① precious ② valuable ③ priceless
④ valueless ⑤ invaluable

18 다음 두 단어의 관계가 〈보기〉와 <u>다른</u> 것은?

> 〈보기〉
> use - useful

① help - helpful ② care - careful
③ beauty - beautiful ④ slow - slowly
⑤ health – healthy

19 다음 명사의 형용사형이 <u>틀린</u> 것은?

① color - colorful ② friend - friendly
③ ease - easily ④ help - helpful
⑤ power - powerful

20 고난도 다음 밑줄 친 단어와 품사가 같은 것은?

> It's <u>lovely</u> but it's too big.

① friendly ② nicely ③ kindly
④ beautifully ⑤ sadly

21 다음 문장의 빈칸에 a를 쓸 수 <u>없는</u> 것은?

① I'm _____ middle school student.
② He is _____ tall boy.
③ Jane is _____ beautiful.
④ It is _____ rabbit.
⑤ This is _____ computer.

22 다음 빈칸에 들어갈 수 <u>없는</u> 말은?

> Mr. Kim is a _____ man.

① clever ② smart ③ rich
④ kindly ⑤ mean

23 글의 흐름으로 보아 밑줄 친 부분에 알맞은 말은?

> I saw many Korean cars on the street of India. There were many Korean cell phones and TVs in the stores. I was surprised and felt _____.

① nervous ② hungry ③ proud
④ terrible ⑤ fun

24 다음 빈칸에 들어갈 단어로 알맞은 것은?

> Some students always ask a lot of questions in the class. I think they are _____ about everything.

① lazy ② busy ③ famous
④ curious ⑤ happy

25 빈칸에 들어갈 단어로 알맞지 <u>않은</u> 것은?

> She is _____ , isn't she?

① pretty   ② friendly   ③ politely
④ lovely   ⑤ funny

26 다음 밑줄 친 부분이 바르지 <u>않은</u> 것은?

① I will look at the flower more <u>closely</u>.
② Jane looks <u>unhappy</u>.
③ She looks very <u>thin</u>.
④ The soup smells <u>delicious</u>.
⑤ The world looked <u>beautifully</u>.

27 고난도
다음 중 옳은 문장을 고르시오.

① He is short black curly hair.
② He is chubby and short.
③ He has bald and is mustache.
④ He wears a glasses.
⑤ He has thin and tall.

28 다음 중 단어의 쓰임이 잘못 된 것은?

① How <u>brave</u> you are!
② The movie is very <u>excited</u>.
③ I'm <u>pretty</u> busy these days.
④ Oranges are my <u>favorite</u> fruit.
⑤ The <u>twin</u> sisters have a lot in common.

29 다음 우리말을 영어로 바르게 옮긴 것은?

> 특별히 생각해 둔 것이 있나요?

① Do you have special anything on mind?
② Do you have special something in mind?
③ Do you have special anything in mind?
④ Do you have anything special on mind?
⑤ Do you have anything special in mind?

30 다음 밑줄 친 nice의 쓰임이 나머지와 <u>다른</u> 것은?

① What a <u>nice</u> day it is!
② This is a <u>nice</u> place, isn't it?
③ He is a <u>nice</u> and kind boy.
④ You look <u>nice</u> today.
⑤ I want a <u>nice</u> jacket to wear.

31 ^{고난도} 다음 밑줄 친 부분의 쓰임이 바른 것은?

① These oranges taste <u>freshly</u>.

② He feels <u>lonely</u>.

③ The news made me <u>angrily</u>.

④ Sunny days make me <u>happily</u>.

⑤ That music makes people <u>sadly</u>.

32 다음 밑줄 친 부분이 어법상 틀린 것은?

① I always like to buy <u>shoes popular</u>.

② There is <u>nothing special</u>.

③ They saw <u>something big</u> in the lake.

④ Is there <u>anybody absent</u> today?

⑤ Do you have <u>anything cold</u> to drink?

33 다음 중 어법상 올바른 문장은?

① The animals were asleep.

② It is the world's oldest alive animal.

③ My brother is a very afraid boy.

④ We're going to visit the ill children.

⑤ Cover the asleep child with a blanket.

34 다음 중 밑줄 친 부분의 쓰임이 바른 것은?

① The child is <u>only</u>.

② Doctors look after <u>ill</u> people.

③ There's an <u>asleep</u> baby in the room.

④ The dress looks <u>beautiful</u>.

⑤ We found the house <u>expensively</u>.

35 ^{주관식} 다음 두 문장이 같은 의미가 되도록 빈칸에 알맞은 말을 쓰시오.

> He runs a soup kitchen for poor people.
> = He runs a soup kitchen for _____
> poor.

36 ^{주관식} 다음 우리말에 맞도록 문장의 빈칸에 알맞은 말을 쓰시오.

> The rich _____ not always happy.
> (부자라고 반드시 행복한 것은 아니다.)

37 다음 우리말을 영어로 바꿀 때 빈칸에 알맞은 것은?

> Teresa 수녀의 가족들은 가난한 사람들을 돕는 것을 좋아했다.
> → Mother Teresa's family liked to help _____.

① the poor
② poor peoples
③ the people
④ a poor people
⑤ a poor person

38 다음 밑줄 친 부분의 쓰임이 나머지 넷과 <u>다른</u> 것은?

① They built shelters for <u>the homeless</u>.
② He helped <u>the handicapped</u> all his life.
③ These services are for <u>the sick</u>.
④ <u>The kind</u> girl gave some money to the poor child.
⑤ This song is popular among <u>the young</u>.

39 다음 짝지어진 두 단어의 관계가 일치하도록 할 때 빈칸에 알맞은 말은?

> America : American = the Netherlands :
> _____

① French
② Dutch
③ German
④ Japanese
⑤ Chinese

40 다음 대화의 빈칸에 쓸 수 <u>없는</u> 것은?

> A : Where is she from?
> B : She's from _____.

① German
② Japan
③ China
④ Vietnam
⑤ Russia

41 다음 중 어법상 <u>어색한</u> 문장은?

① Look at those nice blue shirts.
② We had nice Italian food for dinner.
③ She has a white small dog.
④ I bought a comfortable wooden chair.
⑤ She is wearing a beautiful long black dress.

42 서술형 〈보기〉와 같이 다음 두 문장이 같은 뜻이 되도록 빈칸에 알맞은 말을 쓰시오.

> ─〈보기〉─
> The man is very brave.
> = He is a really brave man.

> The cat is very cute.
> = It is _____.

43 다음 단어의 쓰임이 보기와 같은 것은?

> Sometimes a referee has to make <u>tough</u> decisions.

① This beef is very <u>tough</u> for kids.

② This bag is made of <u>tough</u> cloth.

③ The bread is so <u>tough</u> that it is hard to chew.

④ The noodles are so <u>tough</u> that they won't cut.

⑤ It looks like you're in a very <u>tough</u> situation.

44 다음 밑줄 친 단어의 의미가 나머지와 <u>다른</u> 것을 고르시오.

① What <u>kind</u> of movie do you like?

② I don't like that <u>kind</u> of sports.

③ There are many <u>kinds</u> of interesting animals in Africa.

④ I like all <u>kinds</u> of music.

⑤ He is a really <u>kind</u> doctor.

45 보기의 밑줄 친 부분과 같은 의미로 쓰인 것은?

> I'm working <u>hard</u>.

① This floor is very <u>hard</u>.

② Tom studies very <u>hard</u>.

③ This book is <u>hard</u> to read.

④ This chair is <u>hard</u> to sit on.

⑤ The owner likes a <u>hard</u> worker.

46 다음 중 cool의 의미가 나머지와 <u>다른</u> 것을 고르시오.

① The man is drinking <u>cool</u> milk.

② Your new computer looks <u>cool</u>!

③ I enjoy swimming in the <u>cool</u> water.

④ The orange juice is sweet and <u>cool</u>.

⑤ Put orange juice in a <u>cool</u> place and drink soon.

47 다음 보기의 still과 같은 뜻으로 쓰이지 <u>않은</u> 것은?

> The man was <u>still</u> hungry.

① I wrote them last month and I'm <u>still</u> waiting for an answer.

② The night was very <u>still</u>.

③ We searched everywhere but we <u>still</u> couldn't find it.

④ Do you <u>still</u> live at the same house?

⑤ There's <u>still</u> time to change your mind.

48 [서술형] 다음 우리말을 괄호 안에 주어진 단어들을 활용하여 영어로 쓰시오.

> 나는 그에게서 매우 중요한 무엇인가를 배웠다.
>
> (something, important, very, from, learned, him)
>
> → I _____ .

UNIT 4 04 수량 형용사(수 읽기)

자연수에는 기수와 서수로서의 두 속성이 있다. 1, 2, 3, …을 나타내는 수사 one, two, three, …처럼, 한 집합에서 원소의 순서를 생각하지 않고 그 개수를 세는 데 쓰이는 것이 기수(基數)이고, frist, second, third, …처럼 원소들의 차례를 세는 데 쓰이는 것이 서수(序數)이다. (Naver)

Ⓐ 기수와 서수

기수	서수	기수	서수	기수	서수
one	**first**	eleven	eleventh	twenty-one	twenty-first
two	**second**	twelve	**twelfth**	twenty-two	twenty-second
three	**third**	thirteen	thirteenth	twenty-three	twenty-third
four	fourth	fourteen	fourteenth	twenty-four	twenty-fourth
five	**fifth**	fifteen	fifteenth	…	…
six	sixth	sixteen	sixteenth	**forty**	**fortieth**
seven	seventh	seventeen	seventeenth	fifty	fiftieth
eight	eighth	eighteen	eighteenth	sixty	sixtieth
nine	**ninth**	nineteen	nineteenth	…	…
ten	tenth	twenty	twentieth	ninety	ninetieth

1. 1부터 3까지의 서수는 기수와 다른 별도의 단어를 쓴다.
2. 4부터 19까지 기수에 th를 붙인다. fifth, ninth, twelfth의 철자에 주의한다.
3. 20부터 90까지의 10단위는 기수의 –ty대신 –tieth로 쓴다.
4. 21부터 99까지 10단위는 기수로 쓰고 1단위만 서수로 쓴다. 이때 10단위와 1의 단위 두 단어 사이에 하이픈(–)을 쓴다.
5. 진한 글씨의 단어는 철자에 주의해야 할 단어들이다.

1. 기수 : 하나, 둘, 셋
- one, two, three, four, five …

2. 서수 : 첫째, 둘째, 셋째
- first, second, third, fourth, fifth …

3. 철자에 주의해야 할 기수와 서수
- 기수 : forty (NOT. fourty)
- 서수 : fifth (NOT. fivth), ninth (NOT. nineth), twelfth (NOT. twelvth)

A 다음 기수에 해당하는 서수를 영어로 쓰시오.

01. one _____   02. two _____

03. three _____   04. five _____

05. nine _____   06. eleven _____

07. twelve _____   08. nineteen _____

09. twenty _____   10. twenty-one _____

11. twenty-two _____   12. twenty-three _____

13. twenty-four _____   14. thirty _____

15. forty _____   16. ninety _____

B 수 읽기

1. 정수 읽기

① 1~999

- 51 : fifty-one
- 234 : two hundred (and) thirty-four
  100과 10자리 사이에 오는 and는 주로 생략해서 말한다.
- 432 : four hundred (and) thirty-two

② 1,000 이상의 숫자 읽기

뒤에서 첫 번째 콤마(,)는 thousand(천)로, 두 번째 콤마는 million(백만), 세 번째 콤마는 billion(10억)으로 읽고 나머지는 숫자 그대로 읽으면 된다.

000,000,000,000

↑   ↑   ↑

billion million thousand

- 2,314 : two **thousand** three hundred (and) fourteen
- 3,567 : three **thousand** five hundred (and) sixty-seven
- 54,260 : fifty-four **thousand** two hundred (and) sixty
- 600,000 : six hundred **thousand** (NOT. six hundred thousands)
- 34,243,642 : thirty-four **million** two hundred (and) forty-three **thousand** six hundred (and) forty-two
- 645,357,428,137 : six hundred forty five **billion** three hundred fifty-seven **million** four hundred twenty-eight **thousand** one hundred thirty-seven

Exercise

B 다음 숫자를 영어로 쓰시오.

01. 49 _____

02. 128 _____

03. 368 _____

04. 634 _____

05. 5,223 _____

06. 22,093 _____

07. 38,257 _____

08. 4,435,484 _____

09. 684,254,132 _____

10. 132,685,572,168 _____
_____

⊶ m・e・m・o

7. 막연한 수를 나타낼 때

- **hundreds of people** (수백 명의 사람들)
- **thousands of people** (수천 명의 사람들)
- **tens of thousands of people** (수만 명의 사람들)
- **hundreds of thousands of people** (수십만 명의 사람들)
- **millions of people** (수백만 명의 사람들)

Exercise

C 다음을 영어로 옮기시오.

01. 수백 명의 사람들 _____

02. 수천 명의 사람들 _____

03. 수만 명의 사람들 _____

04. 수십만 명의 사람들 _____

05. 수백만 명의 사람들 _____

⊶ m・e・m・o

2. 분수 읽기

① 분자는 기수, 분모는 서수로 읽고 분자가 2이상일 때는 분모에 −s를 붙인다.

- $\frac{1}{2}$: a half / one half
- $\frac{1}{3}$: a third / one third
- $\frac{1}{4}$: a quarter / one fourth
- $\frac{1}{5}$: one fifth
- $\frac{1}{6}$: one sixth
- $\frac{2}{3}$: two thirds
- $\frac{3}{4}$: three quarters / three fourths
- $\frac{2}{5}$: two fifths
- $3\frac{3}{5}$: three and three fifths

② 분모의 숫자가 두 자리 수 이상이면 모두 기수로 읽고 사이에 전치사 over를 쓴다.

- $\frac{21}{34}$: twenty-one over thirty-four

③ 가분수도 분모를 서수로 읽지 않는다.

- $\frac{5}{3}$: five over three

④ 「분수 + 단위명사」 읽기

- $\frac{3}{4}$ hour : three quarters of an hour
  1보다 작은 분수의 경우에는 'of a(an) 단수명사'를 사용한다.
- $1\frac{1}{2}$ hours : one and a half hours
  1이상의 분수와 소수점이 있는 경우 단위를 나타내는 말은 복수명사로 읽는다.

Exercise

D 다음 분수를 영어로 쓰시오.

01. $\frac{1}{2}$ _____

02. $\frac{3}{8}$ _____

03. $\frac{1}{3}$ _____

04. $2\frac{3}{4}$ _____

05. $\frac{1}{4}$ _____

06. $\frac{15}{27}$ _____

07. $\frac{2}{3}$ _____

08. $\frac{13}{6}$ _____

m・e・m・o

01 02 03 04 05 06 07 08 09 10 11 12 13 14 15 16 17 18 19 20

3. 소수 읽기

❶ 소수점을 point로 읽을 경우 소수점 앞까지는 기수로 읽고, 숫자는 하나씩 읽으면 된다.

- 0.245 : zero point two four five
  zero는 생략하고 point부터 읽기도 한다. 소수점에서 0을 zero 대신에 oh나 nought로 읽을 수도 있다.

- 0.4 : zero point four

- 3.7 : three point seven

- 47.53 : forty-seven point five three

❷ 소수점 + 단위명사 읽기

- 0.65 cm : (zero) point six five **centimeters** / point six five **of a centimeter**
  소수점 뒤의 단위명사는 복수명사로 읽는다. 단, 1보다 작은 소수의 경우에는 「of a(an) 단수명사」로 읽을 수 있다.

- 1.4 cm : one point four **centimeters**
  소수점이 있는 1 이상의 숫자에서 단위를 나타내는 말은 모두 복수명사로 읽는다.

- 0.5 g = (zero) point five grams or half a gram

- 0.5 kg = (zero) point five kilograms or half a kilogram

- 0.6 cm : (zero) point six centimeters

- 0.075 cm : (zero) point zero seven five centimeters

- 3.4 inches : three point four inches

- 2.25 inches : two point two five inches

- 0.375 inch : (zero) point three seven five inches

- 4.875 inches : four point eight seven five inches

(Exercise)

E 다음 소수점을 영어로 읽는 방법을 쓰시오.

01. 0.43 _____

02. 0.023 _____

03. 1.32 _____

04. 2.345 _____

05. 0.3 cm _____

06. 2.4 cm _____

07. 0.4 g _____

08. 0.5 kg _____

09. 1.375 inch _____

10. 2.25 inches _____

m·e·m·o

2. 연 · 월 · 일 읽기

연도를 읽을 때는 두 자리씩 끊어 읽고, 연 · 월 · 일이 함께 있을 때는 '월—일—연' 혹은 '일—월—연'순으로 읽는다.

- 1978년 : nineteen seventy-eight
- 1900년 : nineteen hundred
- 2008년 : two thousand eight
- 2010년 : two thousand ten 또는 twenty ten
- 2018년 : two thousand eighteen 또는 twenty eighteen
- 1월 1일 : the first of January
- 4월 1일 : April (the) first 또는 the first of April (NOT. April one)
- 2007년 9월 8일 : September (the) eighth, two thousand seven
  또는 the eighth of September, two thousand seven
- 1960년대 : in the nineteen sixties
- 21세기 : the twenty-first century
- 10대 : in one's teens, 20대 : in one's twenties
- She is in her thirties.

'September the eighth ~' 에서 미국 영어는 정관사 the를 흔히 생략한다.

그녀는 30대이다.

Exercise

F 다음을 영어로 어떻게 읽는지 쓰시오.

01. 1999년 2월 3일

_____

02. 2001년 5월 27일

_____

03. 2010년 7월 1일

_____

04. 2014년 7월 9일

_____

m·e·m·o

01 02 03 04 05 06 07 08 09 10 11 12 13 14 15 16 17 18 19 20

C 시간 읽기

1. 시간 묻고 답하기

❶ 시간 말하기

① '시 + 분'으로 말한다.

- It is five forty-five.   5시 45분이다.
- It is seven thirty.   7시 30분이다.
- It's three o'clock.   3시 입니다.
- It's three twenty.   3시 20분입니다.

② '분 past[after] 시'로도 말한다. 30분 까지는 past를 사용한다.

- It is twenty past three.   3시 20분입니다.

  = It is twenty after three.
  past 대신에 after도 많이 쓰인다.

- It is half past three.   3시 30분입니다.
  단, 분이 half이면 past를 쓴다.

③ '분 to 시'는 '몇 시 몇 분 전'의 뜻이다. 30분 이후는 to를 사용한다.

- It is twenty to three.   3시 20분 전입니다.
  to대신 before, of 등도 쓰인다.

④ 15분 대신에 a quarter, 30분 대신에 half를 쓸 수 있다.

- It is a quarter to six.   6시 15분 전입니다.

  = It is five forty-five.   = 5시 45분입니다.

  = It is three quarters past five.   = 5시 45분입니다.

G 다음 시계의 시간을 영어로 말할 때 빈칸에 알맞은 말을 쓰시오.

01.

It is one _____ .

= It is _____ to two.

02.

It is four _____ .

= It is a _____ _____ five.

03.

It is nine _____ .

04.

It is three _____ .

= It is a quarter _____ three.

05.

It is a quarter _____ seven.

06.

It is half past _____ .

07.

It is ten to _____ .

08.

It is _____ to three.

09.

It is a quarter to _____ .

01 02 03 04 05 06 07 08 09 10 11 12 13 14 15 16 17 18 19 20

Exercise

H 다음 시간을 보기처럼 표기하시오.

〈보기〉
> a quarter to five - 5시 15분 전(4시 45분)

01. five forty-five _____

02. three twenty _____

03. a quarter to three _____

04. three to two _____

05. ten to nine _____

06. five to ten _____

07. half past four _____

08. half past six _____

8. 시간과 때를 나타내는 전치사

❶ at + 시간

• We have lunch at 12 : 30.

우리는 12시 30분에 점심을 먹는다.

❷ on + 요일

• What do you do on Saturdays?

on Saturdays = every Saturday : 토요일 마다

토요일에 뭐하니?

❸ on + 특정한 날

• She was born on January 11, 1901.

날짜는 January the eleventh, nineteen one으로 읽어야 한다.

그녀는 1901년 1월 11일에 태어났다.

❹ in + 월

• It snows a lot in January.

1월에는 눈이 많이 온다.

❺ in + 년도

• In 1919, she took part in the March 1st Movement.

1919년에 그녀는 3.1운동에 참가했다.

I 다음 빈칸에 들어갈 알맞은 전치사를 쓰시오.

01. I had breakfast _____ 7.

02. I go to church _____ Sundays.

03. I was born _____ November.

04. I was born _____ 1985.

05. She was born _____ November 19, 1985.

Ⓓ 가감승제(+, −, ×, ÷)

수식 계산에서 덧셈과 곱셈은 단수, 복수 동사 모두 쓸 수 있고, 뺄셈과 나눗셈은 단수동사를 써야 한다.

1. A + B = C : A and B is[are, makes] C / A plus B equals C
- 5+2=7 : Five and two makes seven.

2. A − B = C : B from A leaves C / A minus B equals C
- 5-2=3 : Two from five leaves three.

3. A × B = C : A times B makes C
- 5×2=10 : Five times two makes ten.

4. A ÷ B = C : A divided by B makes C
- 10÷2=5 : Ten divided by two makes five.

J 다음 빈칸에 들어갈 알맞은 말을 쓰시오.

01. Eighteen _____ by two makes nine.

02. Two _____ five leaves three.

03. Five _____ two makes ten.

04. Five and two makes _____.

o m · e · m o
- divide 나누다
- leave 남기다, 떠나다

01 02 03 04 05 06 07 08 09 10 11 12 13 14 15 16 17 18 19 20

Ⓔ 기타

❶ 전화번호와 우편번호는 번호를 하나씩 차례로 읽는다. 0은 oh[ou] 혹은 zero로 읽는다.

- 237-4038 : two three seven, four, zero[oh] three eight
- 345-7743 : three four five, seven seven four three
  숫자 두개가 겹칠 땐 「double + 숫자」로 읽어도 된다. seven seven대신에 double seven도 가능
- 574-1200 : five seven four, one two oh oh
  oh oh 대신에 double oh도 가능

❷ 페이지, 기타

- p.32 : page thirty-two
- pp.12~19 : pages (from) twelve to nineteen
- World War Ⅱ : World War two 또는 the second World War
- Elizabeth Ⅱ : Elizabeth the second
- 21C(21세기) : the twenty-first century
- 22% : twenty-two percent (NOT : twenty-two percentage)
- Room 305 : Room three oh five

Exercise

K 다음을 영어로 어떻게 읽는지 쓰시오.

01. 943-2123(전화번호) _____

02. p. 4(페이지 수) _____

03. 21C(21세기) _____

04. Henry Ⅳ(헨리 4세) _____

01 다음 빈칸에 알맞지 <u>않은</u> 문장은?

> A : _____
> B : It's 4 o'clock. Let's hurry up.

① What time is it now?
② Do you have the time?
③ What's the time?
④ What time do you have?
⑤ Do you have time?

02 주관식 다음 우리말과 의미가 같도록 빈칸에 알맞은 단어를 쓰시오.

> 오늘 우리는 첫 영어 수업이 있습니다.
> = Today we have our_____ English
>   class.

03 다음 숫자를 영어로 읽은 것 중 옳지 <u>않은</u> 것은?

① 28 = twenty-eight
② 365 = three hundred and sixty-five
③ 1,354 = one three hundred fifty-four
④ 50,000 = fifty thousand
⑤ 31,601 = thirty-one thousand, six hundred
　　and one

04 다음 날짜를 읽을 때 옳지 <u>않은</u> 것은?

① 7월 1일 : July first
② 6월 12일 : June twelfth
③ 10월 8일 : October eighth
④ 2월 9일 : February ninth
⑤ 12월 25일 : December twentieth-fifth

05 주관식 다음 날짜를 영어로 쓰시오.

> A : When is your birthday?
> B : It's 8월 5일.

> → It's _____ .

06 다음 중 시간을 영어로 나타낸 말 중 <u>틀린</u> 것은?

① 04:50 - ten to five
② 10:20 - ten twenty
③ 06:30 - half past six
④ 05:15 - a quarter past five
⑤ 11:45 - a quarter to eleven

07 시각을 바르게 표현한 것을 <u>2개</u> 고르시오.

① It's fifty to five.

② It's half past four.

③ It's four forty-five.

④ It's a quarter to five.

⑤ It's a quarter past five.

08 다음 중 같은 시간을 나타내는 것은?

① It's a quarter to seven.

= It's six forty-five.

② It's half to nine.

= It's nine half.

③ It's twenty to seven.

= It's seven forty.

④ It's five to ten.

= It's ten fifty-five.

⑤ It's ten past eight.

= It's seven fifty.

09 다음 시간을 영어로 말할 때 <u>어색한</u> 것은?

① 9:20 - It's nine twenty.

② 10:10 - It's ten ten.

③ 11:30 - It's eleven thirty.

④ 8:00 - It's eight o'clock.

⑤ 7:25 - It's seven two five.

10 [주관식] 그림을 보고 현재 시간을 두 가지 영어표현으로 나타내시오.

① It's _____.

② It's _____.

11 짝지어진 시간의 의미가 서로 <u>다른</u> 것은?

① nine fifty = ten past ten

② five thirty = half past five

③ six fifteen = a quarter past six

④ eleven thirty = half past eleven

⑤ eight forty-five = a quarter to nine

12 다음은 시간을 표현한 것이다. 두 문장의 뜻이 같도록 할 때 빈칸에 알맞은 것은?

It's five forty-five.

= It's a quarter _____ six.

① on   ② past   ③ in

④ to   ⑤ at

13 주관식 다음 대화의 밑줄 친 아라비아 숫자를 영어로 쓰시오.

> A : How much are these red sneakers?
>
> B : They are ₩20,000.

→ _____

16 주관식 다음 분수를 어떻게 읽는지 영어로 쓰시오.

> $$\frac{4}{5}$$

→ _____

17 다음 중 분수를 읽는 방법이 <u>잘못된</u> 것은?

① $\frac{2}{3}$: two thirds   ② $\frac{3}{4}$: three quarters

③ $\frac{1}{2}$: a half   ④ $\frac{3}{7}$: three sevens

⑤ $\frac{23}{32}$: twenty-three over thirty two

14 년도를 영어로 바르게 읽은 것은?

① 2009 : two oh oh nine
② 1900 : one hundred ninety oh
③ 2010 : two oh ten
④ 1907 : nineteen oh seven
⑤ 2000 : twenty oh oh

18 분수를 읽은 것이 바르지 <u>못한</u> 것은?

① $\frac{2}{3}$: two thirds   ② $\frac{1}{4}$: a quarter

③ $\frac{1}{2}$: a half   ④ $\frac{3}{4}$: three quarter

⑤ $3\frac{3}{5}$: three and three fifths

15 다음 중 $\frac{1}{3}$ 을 바르게 읽은 것은?

① one three   ② one third
③ one the third   ④ first three
⑤ one thirds

19 다음 중 분수를 바르게 읽은 것은?

① $1\frac{1}{2}$: one and half ② $\frac{3}{4}$: three fours

③ $\frac{1}{4}$: a quarters ④ $\frac{1}{2}$: a half

⑤ $\frac{2}{3}$: two third

20 다음 중 주어진 수를 잘못 읽은 것은?

① $3\frac{2}{5}$: three and two five
② $\frac{11}{13}$: eleven over thirteen
③ 5-2=3 : Two from five leaves three.
④ 10÷2=5 : Ten divided by two makes five.
⑤ 1,250 : a thousand two hundred fifty

21 다음 중 같은 내용끼리 짝지어진 것이 아닌 것은?

① 5-2=3 : Two from five leaves three.
② 5×2=10 : Five times two makes ten.
③ 12÷4=3 : Twelve divided by four makes three.
④ 7+4=11 : Seven and four makes eleven.
⑤ 15÷3=5 : Fifteen times three makes five.

22 다음 밑줄 친 숫자를 바르게 읽은 것은?

① The answer is 190.
   (one hundred nineteen)
② A hamburger is $2.35.
   (two dollars three five cents)
③ I have 4,000 won.
   (forty thousand)
④ There are 300,000 fast food restaurants.
   (three hundred thousand)
⑤ November 25th, 2003.
   (twenty fiveth)

23 서술형 주어진 우리말과 같도록 영작하시오.

열한시 오분 전입니다.
→ _____

24 서술형 다음 수식을 영어로 쓰시오.

$$7 \times 7 = 49$$

→ _____

UNIT 5

05 some(any),many(much),few(little)

명확하지 않은 수나 양에 대해서 말할 때 many(much), some(any), few(little) 등을 사용한다. many, a few, few 등은 셀 수 있는 명사 앞에 쓰이고, much, a little, little 등은 셀 수 없는 명사 앞에 쓰인다.

A some / any

	셀 수 있는 명사	셀 수 없는 명사	긍정문	부정문	의문문
some	O	O	O	X	X 권유, 부탁(O)
any	O	O	X 어떤 ~라도(O)	O	O

우리말에 구체적인 수가 아닌 '약간의, 몇몇의, 좀'의 의미를 가지며 셀 수 있는 명사와 셀 수 없는 명사 앞에 모두 쓸 수 있다.

1. some은 긍정문에, any는 부정문과 의문문에 쓴다.

- I need **some** money. (NOT. I need any money.)
- We **don't** have **any** ice cream now. (NOT. We don't have some ice ...)
- A : Do you have **any** medicine for a cold?
  B : Yes, we have **some**. / No, we don't have **any**.

나는 돈이 좀 필요하다.

지금 아이스크림이 하나도 없다.

A : 감기약 있어요?
B : 예, 있습니다. / 아니요, 없습니다.

2. 권유나 부탁을 나타내는 의문문에서는 any대신에 some을 쓴다.

- Would you like **some** orange juice? 〈권유〉
- Can I have **some** chocolate cake? 〈부탁〉

오렌지 주스 좀 드시겠어요?

초콜릿 케이크 좀 주실래요?

3. 긍정문에서 쓰이는 「any + 단수명사」는 '어떤 (단수명사)라도'의 뜻으로 쓰인다.

- **Any** student can answer the question.

어떤 학생도 그 문제에 답할 수 있다.

Exercise

A 다음 괄호 안에서 알맞은 말을 고르시오.

01. She made (some, any) mistakes.

o m·e·m·o
· make a mistake 실수하다

72

01 02 03 04 05 06 07 08 09 10 11 12 13 14 15 16 17 18 19 20

02. Do you have (some, any) children?

03. I don't have (some, any) money now.

04. Do you have (some, any) special plans today?

05. I have (some, any) interesting books.

06. She doesn't have (some, any) friends in Seoul.

07. There are (some, any) people on the bus.

08. Is there (some, any) juice in the fridge?

09. There aren't (some, any) flowers in the garden.

10. Would you like (some, any) water?

11. Can I borrow (some, any) money?

12. I'm hungry. I want (something, anything) to eat.

13. I'm full. I don't want (something, anything) to eat.

14. There aren't (some, any) chopsticks on the table. Could you get (some, any)?

B many / much

	셀 수 있는 명사	셀 수 없는 명사	긍정문	부정문	의문문
many	O	×	O	O	O
much	×	O	△	O	O
a lot of = lots of = plenty of	O	O	O	O	O

many, much, a lot of, lots of는 모두 명사 앞에서 '많은'의 뜻으로 쓰인다. many는 셀 수 있는 명사(복수형) 앞에 쓰이고, much 는 셀 수 없는 명사 앞에 쓴다. a lot of와 lots of는 셀 수 있는 명사와 셀 수 없는 명사 모두를 수식할 수 있다.

1. many + 셀 수 있는 명사(복수형)

• **Many** animals have tails. (**NOT.** Much animals have ....)

• I don't have **many** English books.

• How **many** children are there? (**NOT.** How many child ....)

많은 동물들은 꼬리가 있다.

나는 영어책을 많이 가지고 있지 않다.

거기에 얼마나 많은 아이들이 있니?

2. much + 셀 수 없는 명사

셀 수 없는 명사 : money, bread, time, homework, food, trash, candy, information 등

❶ 부정문과 의문문에서 주로 쓰인다.

- There is not **much** food.　　　　　　　　　　　　　　　　　　　음식이 많지 않다.
- I don't have **much** money.　　　　　　　　　　　　　　　　　　나는 돈이 많지 않다.

❷ 긍정문에서는 much 대신에 a lot of를 많이 쓴다. 단, too much, so much, very much 등 다소 부정적이거나 정도를 과장해서 말할 때 긍정문에서도 much를 쓴다.

- I ate **a lot of** candy.　　　　　　　　　　　　　　　　　　　　나는 많은 사탕을 먹었다.
  긍정문에서 much candy 대신에 a lot of candy를 쓰는 게 일반적이다. 단, 학교 시험에서는 셀 수 없는 명사 앞에 쓰인 a lot of를 much로 바꿔 쓰는 문제가 출제되므로 주의해야 한다.
- I have **a lot of** homework to do.　　　　　　　　　　　　　　나는 해야 할 숙제가 많다.
  긍정문에서 much homework대신에 a lot of homework를 쓰는 게 일반적이다.
- She eats **too much** food. (**NOT.** too ~~a lot of~~ food)　　　그녀는 너무 많은 음식을 먹는다.
  「too much + 명사」형태로 긍정문에 자주 쓰인다.
- We had **so much** fun all day.　　　　　　　　　　　　　　　우리는 하루 종일 너무 즐겁게 보냈다.
  「so much + 명사」형태로 긍정문에 자주 쓰인다.

3. a lot of[lots of] + 셀 수 있는 명사 또는 셀 수 없는 명사

a lot of, lots of, plenty of 등은 셀 수 있는 명사와 셀 수 없는 명사 모두를 수식할 수 있다.

- She reads **a lot of** books　　　　　　　　　　　　　　　　그녀는 책을 많이 읽는다.
  = many, lots of, plenty of
- He has **a lot of** homework.　　　　　　　　　　　　　　　그는 숙제가 많다.
  = much, lots of, plenty of
- We have **a lot of** snow in winter.　　　　　　　　　　　여기는 겨울에 눈이 많이 온다.
  = much, lots of, plenty of

(Exercise)

B 다음 괄호 안에서 알맞은 말을 고르시오.

01. Hurry up! We don't have (many, much) time.

02. How (many, much) pencils do you have?

03. Mr. Kim always puts too (many, much) salt on his food.

04. There (was, were) a lot of people at the party.

05. There (was, were) a lot of food on the table.

74

06. We saw (many, much) old trees and wild animals.

07. Don't eat too (many, much, a lot of) honey.

08. Don't throw away too (many, much, a lot of) trash.

09. I have so (many, much) homework to do.

10. How (many, much) hours do you sleep a day?

(Exercise)

C 다음 밑줄 친 말과 바꿔 쓸 수 있는 단어를 고르시오.

01. They didn't take <u>a lot of</u> pictures. (many, much)

02. One hundred won is not <u>a lot of</u> money. (many, much)

03. We have <u>a lot of</u> books. (many, much)

04. We don't have <u>a lot of</u> information. (many, much)

05. I don't have <u>a lot of</u> time now. (many, much)

ⓒ (a) few / (a) little

	셀 수 있는 명사	셀 수 없는 명사	의미
few	O (복수명사)	X	거의 없는(수)
a few	O (복수명사)	X	몇 개의
little	X	O	거의 없는(양)
a little	X	O	조금의

few와 a few는 수, little과 a little은 양을 나타내는 말이다. a few, a little은 '조금 있는'의 의미이고, few, little은 '거의 없는'의 의미로 부정을 나타낸다. a few나 few가 수식하는 명사는 항상 복수명사여야 한다.

• Linda can speak **a few** foreign languages.
• **Few** people arrived at the meeting on time.
• We had **a little** rain last month.
• We have **little** food to eat.

Linda는 몇 개의 외국어를 할 수 있다.
정각에 모임에 도착한 사람은 거의 없었다.
지난달에는 비가 조금 왔다.

우리는 먹을 음식이 거의 없다.

D 다음 빈칸에 few, a few, little, a little 중에서 알맞은 말을 써 넣으시오.

01. She bought _____ books yesterday.(그녀는 어제 몇 권의 책을 샀다.)

02. The eggs will hatch _____ days later.
(그 달걀들은 며칠 후에 부화할 것이다.)

03. _____ people came to the stadium.
(경기장에 온 사람이 거의 없었다.)

04. There is _____ food in the refrigerator.
(냉장고에 음식이 거의 없다.)

05. You need _____ potatoes to make the green salad.
(너는 야채샐러드를 만들기 위해 몇 개의 감자가 필요하다.)

06. You will use _____ cream and milk.
(너는 약간의 크림과 우유를 사용할 것이다.)

07. _____ knowledge is dangerous.   (얕은 지식은 위험하다.)

- stadium 경기장
- knowledge 지식
- refrigerator 냉장고
- dangerous 위험한

- still 아직도, 여전히
- building 건물

E 다음 괄호 안에서 알맞은 말을 고르시오.

01. Few (student, students) answered the question.

02. There (is, are) little money in my pocket.

03. There (is, are) still a few old buildings.

04. I found a few (egg, eggs) in the small room.

05. Ralph has (few, little) experience in this city.

06. (A few, A little) students in my class passed the exam.

- stadium 경기장
- knowledge 지식
- refrigerator 냉장고
- dangerous 위험한

- still 아직도, 여전히
- building 건물

01 다음 빈칸에 알맞은 말로 짝지어진 것은?

> • I need _____ money.
>
> • Do you have _____ money?

① any - any   ② any - some

③ some - some   ④ some - any

⑤ one - some

02 빈칸에 들어갈 단어를 차례대로 넣으면?

> • There aren't _____ classes on Saturday.
>
> • We usually have _____ ice cream for dessert.
>
> • Would you like _____ coffee?

① some, some, any

② any, any, any

③ any, some, any

④ any, some, some

⑤ some, some, some

03 다음 중 밑줄 친 부분이 어색한 것은?

① I want <u>some</u> ice cream.

② Do you have <u>any</u> books?

③ He doesn't have <u>any</u> friends.

④ Will you have <u>some</u> more coffee?

⑤ We don't have <u>some</u> French fries.

04 주관식 다음 빈칸에 알맞은 말을 쓰시오.

> I have no pencils.
>
> = I don't have _____ pencils.

05 다음 중 밑줄 친 부분의 쓰임이 알맞지 <u>않은</u> 것은?

① There isn't <u>some</u> sugar.

② Do you have <u>any</u> sweets?

③ Can I have <u>some</u> more milk?

④ Would you like <u>some</u> grapes?

⑤ There is <u>some</u> juice in the refrigerator.

06 다음 대화의 빈칸에 들어갈 말이 모두 맞는 것은?

> A : Is there _____ milk left?
>
> B : Yes, there is _____ in the glass on the table.
>
> A : Could I drink _____ milk?
>
> B : Sure.

① some - any - some

② any - some - any

③ any - any - some

④ some - some - any

⑤ any - some - some

01 02 03 04 05 06 07 08 09 10 11 12 13 14 15 16 17 18 19 20

07 다음 대화의 빈칸에 알맞은 말은?

> A : Could I have some water, please?
> B : Sure. _____ in the fridge.

① There is some
② There is any
③ There are some
④ There are any
⑤ There are many

08 다음 두 문장의 뜻이 같도록 할 때 빈칸에 알맞은 표현은?

> You don't need any special tools.
> = You need _____ special tools.

① no   ② any   ③ some
④ other   ⑤ others

09 다음 빈칸에 들어갈 말로 알맞지 <u>않은</u> 것은?

> She isn't rich. She doesn't have _____ money.

① lots of   ② a lot of   ③ plenty of
④ many   ⑤ much

10 다음 빈칸에 올 수 <u>없는</u> 것은?

> There are _____ books in Min-su's room.

① a few   ② some   ③ many
④ a lot of   ⑤ a little

11 주관식
다음 밑줄 친 <u>a lot of</u>와 의미가 같은 한 단어를 빈칸에 넣어 문장을 완성하시오.

> I spent <u>a lot of</u> money on my clothes. But my sister didn't spend _____ money on her clothes.

12 다음 빈칸에 들어갈 알맞은 말은?

> I don't have much _____.

① time   ② friends   ③ books
④ bag   ⑤ brother

13 다음 중 어색한 문장은?

① How many child does she have?

② How much money do you have?

③ How many rings does the Olympic flag have?

④ How many letters does the word 'computer' have?

⑤ How much water do you drink a day?

14 다음 중 어법상 옳은 것을 고르면?

① There isn't many milk.

② Do you feel many interest in math?

③ I didn't spend too many money.

④ A lot of people die of hunger.

⑤ This ring will bring me many luck.

15 다음 빈칸에 알맞은 말은?

> How many _____ do you have?

① children   ② milk   ③ water

④ money   ⑤ time

16 다음 우리말을 가장 바르게 옮긴 문장은?

> 우리는 많은 고목들과 야생동물들을 보았다.

① We saw much old tree and wild animal.

② We saw much old trees and wild animals.

③ We saw many old tree and wild animal.

④ We saw many old trees and wild animals.

⑤ We saw a lot of old tree and wild animal.

17 주관식 다음 해석에 맞는 두 개의 영어 단어를 차례대로 쓰시오.

> • How _____ money do you spend?
> (얼마나 많은 돈)
> • How _____ tomatoes do you need?
> (얼마나 많은 토마토)

18 다음 밑줄 친 부분과 바꿔 쓸 수 있는 것은?

> I want to take a lot of pictures of nature.

① some   ② any   ③ much

④ lots of   ⑤ a few

19 다음 중 밑줄 친 부분과 바꾸어 쓸 수 있는 것은?

> This shop has <u>many</u> interesting things.

① a lot   ② lot of   ③ a lot of
④ much   ⑤ a little

20 다음 빈칸에 들어갈 말로 어색한 것은?

> There was _____ delicious food.

① lots of   ② plenty of   ③ many
④ some   ⑤ a great deal of

21 다음 밑줄 친 곳에 공통으로 들어갈 수 있는 것은?

> • I have _____ friends in my school.
> • It does _____ work for people.

① many   ② big   ③ little
④ a lot of   ⑤ much

22 다음 밑줄 친 부분과 바꿔 쓸 수 <u>없는</u> 것은?

> <u>A lot of</u> people came to the party.

① Plenty of   ② Lots of   ③ Much
④ Many   ⑤ A great number of

23 다음 빈칸에 알맞은 말로 짝지어진 것은?

> • I gave her _____ cheese.
> • She needs _____ dollars.
> • He is carrying _____ bags.

① a few - a few - a few
② a few - a little - a little
③ a little - a few - a few
④ a little - a little - a few
⑤ a little - little - little

24 ^{주관식} 대화에서 어법상 <u>잘못된</u> 두 부분을 찾아 바르게 고쳐 쓰시오.

> A : Did I miss much questions?
> B : No, you didn't. You missed a little
>   questions.

① _____ → _____
② _____ → _____

25 다음 두 문장의 뜻이 같도록 빈칸에 알맞은 말은?

> I have some American friends.
> = I have _____ American friends.

① many   ② a little   ③ a few
④ much   ⑤ little

26 다음 대화의 빈칸에 들어갈 말이 순서대로 바르게 짝지어진 것은?

> A : Do you have many pencils in your bag?
> B : No, I don't have many pencils. I have _____ pencils.
> A : Then, do you have money now?
> B : Yes, I have _____ money. I can buy them.

① a little - many　② many - a few
③ much - many　④ many - much
⑤ a few - much

27 다음의 빈칸에 쓸 수 <u>없는</u> 것은?

> Here are _____ examples.

① some　② a few　③ many
④ a little　⑤ lots of

28 우리말과 뜻이 같도록 다음 빈칸에 알맞은 <u>한 단어</u>를 넣으시오.

> There is too _____ garbage on the street.
> (거리에 너무 많은 쓰레기가 있다.)

29 다음 우리말에 맞도록 빈칸에 알맞은 말을 쓰시오.

> 나는 중국인 친구가 몇 명 있다.
> → I have _____ _____ Chinese friends.

30 빈칸에 들어갈 알맞은 말을 고르시오.

> Most people didn't like him, so _____ people came to his birthday party.

① little　② few　③ many
④ much　⑤ lots of

31 다음 빈칸에 들어갈 말이 모두 순서대로 맞는 것은?

> Luckily, Fiona has _____ money, so she can buy _____ bananas.

① little - a little
② few - a few
③ a little - a few
④ little - few
⑤ few - little

32 다음 글의 흐름상 빈칸에 들어갈 말이 모두 순서대로 알맞은 것은?

Unfortunately, there are _____ bananas in Paul's bag. What's worse, Paul can't buy more bananas because he has _____ money.

① few - little
② a few - a little
③ few - a little
④ a few - little
⑤ little - few

33 다음 문장의 빈칸에 들어갈 수 <u>없는</u> 것은?

You made _____ mistakes.

① a few
② a lot of
③ lots of
④ many
⑤ a little

34 다음 빈칸에 들어갈 수 <u>없는</u> 것은?

He buys a few _____ at the market.

① clothes
② apples
③ water
④ pencils
⑤ books

35 다음 빈칸에 들어갈 수 <u>없는</u> 것은?

I have _____ friends in my class.

① some
② many
③ a few
④ a little
⑤ three

36 다음 의미상 빈칸에 들어갈 말로 가장 알맞은 말은?

He had _____ friends and played alone all day.

① many
② lots of
③ few
④ a few
⑤ a little

37 다음 빈칸에 들어갈 적당한 말은?

Since there were _____ people who had cars in the past, the traffic accidents didn't cause a serious problem.

① a lot
② few
③ many
④ little
⑤ a little

38 서술형 다음을 부정문으로 바꾸시오.

I need some butter.
→ _____
(나는 버터가 조금도 필요하지 않다.)

UNIT 6 06 부사

부사는 동사, 형용사, 다른 부사 등을 꾸며주는 말이다. 행동이나 일이 어떻게 일어나는지를 나타내는 말과 장소나 시간을 나타내는 말 등이 있다.

Ⓐ 부사의 형태와 쓰임

1. 대부분의 부사는 형용사에 어미(-ly)를 붙여서 만든다.

- quick- quickly
- sad - sadly
- slow - slowly
- perfect - perfectly
- strong - strongly
- heavy - heavily
- angry - angrily
- nice - nicely

- careful - carefully
- bad - badly
- quiet - quietly
- kind - kindly
- easy - easily
- true - truly (NOT. truely)
- safe - safely
- comfortable - comfortably

빠른 – 빨리 / 조심스러운 – 조심스럽게
슬픈 – 슬프게 / 나쁜 – 나쁘게
느린 – 느리게 / 조용한 – 조용하게
완벽한 – 완벽하게 / 친절한 – 친절하게
강한 – 강하게 / 쉬운 – 쉽게
무거운 – 무겁게 / 사실의 – 진짜로
화난 – 화나서 / 안전한 – 안전하게
멋진 – 멋지게 / 편안한 – 편안하게

2. -ly로 끝나는 단어가 모두 부사는 아니다.

❶ 명사 + ly = 형용사

- friend - friendly
- month - monthly

- love - lovely
- week - weekly

친구 – 친절한 / 사랑 – 사랑스러운
달 – 매월의 / 주 – 매주의

❷ -ly로 끝나는 형용사

- lonely
- curly

- ugly
- lively

- silly
- elderly

외로운 / 못생긴 / 어리석은
곱슬머리의 / 활기찬 / 나이든

3. 형용사와 부사의 비교

- A turtle walks **slowly**. (NOT. slow)
  부사 slowly는 동사 walk가 '어떻게(how)' 하는지를 나타내는 말로 동사를 수식한다.

거북이는 느리게 걷는다.

- A turtle is **slow**. (NOT. slowly)
  형용사(slow)는 「be + 형용사」형태로 주어(a turtle)가 어떠한지 설명할 때 쓴다. 「be + 부사」형태는 주어가 어떠한지 설명하는 말로 쓰일 수 없다. 그래서 위 문장에서 slow대신에 slowly를 쓸 수 없다.

거북이는 느리다.

- A turtle is a **slow** animal. (NOT. slowly)
  형용사(slow)가 명사(animal)를 직접 수식한다. 명사를 수식하는 말은 형용사를 써야 한다.

거북이는 느린 동물이다.

- The dog looks **cute**. (NOT. cutely)
  look, smell, sound, feel, taste 등의 동사도 '형용사'와 함께 쓰여 주어가 어떠한지 설명한다. 형용사 자리에 부사가 올 수 없음에 주의한다.

그 개는 귀여워 보인다.

- The roses smell **sweet**. (NOT. sweetly)

그 장미들은 향기가 난다.

A 다음 괄호 안에서 알맞은 말을 고르시오.

01. Mike is very (slow, slowly).

02. He runs very (slow, slowly).

03. Jane was a (careful, carefully) girl.

04. She climbed up the ladder (careful, carefully).

05. Min-ho learns math (easy, easily).

06. He thinks that math is an (easy, easily) subject.

07. Your homeroom teacher looks very (friendly, kindly).

08. The poor girl looked (sad, sadly).

09. I looked at her (sad, sadly).

10. She looks (lonely, truly).

11. I tasted the food (careful, carefully).

12. It tasted (good, well).

13. My father is a (careful, carefully) driver.

14. He drives (safe, safely).

15. The question was (easy, easily).

16. Your question looks (easy, easily).

17. They solved the problem (easy, easily).

18. He looked like a (friendly, angrily) person.

o   m · e · m · o
· climb 오르다
· ladder 사다리
· homeroom teacher
  담임선생님
· look + 형용사
  = ~처럼 보이다
· taste + 형용사
  = ~한 맛이 나다
· taste + 명사 = ~을 맛보다

84

4. 형용사와 부사의 형태가 같은 단어

단어	형용사	부사
fast	빠른	빨리
early	이른	일찍
late	늦은	늦게
well	건강한	잘
pretty	예쁜	매우
hard	어려운, 근면한	열심히

well과 pretty, hard는 형용사일 때와 부사일 때의 의미가 다름에 주의한다. 부사 well과 같은 의미를 갖는 형용사는 good으로 형태가 전혀 다르다.

- He is a **fast** runner. 〈형용사〉
  = He runs very **fast**. 〈부사〉 (NOT : fastly)

  그는 빨리 달리는 사람이다.
  = 그는 빨리 달린다.

- He is a **hard** worker. 〈형용사〉
  = He works **hard**. 〈부사〉 (NOT : hardly)

  그는 근면한 일꾼이다.
  = 그는 열심히 일한다.

- He is a **good** swimmer.
  = He swims **well**.

  그는 수영을 잘하는 사람이다.
  = 그는 수영을 잘한다.

  well이 부사로 '잘'의 의미일 때는 형용사 good의 부사형으로 볼 수 있다.

Exercise

B 다음 두 문장이 같은 의미가 되도록 빈칸에 알맞은 말을 쓰시오.

01. She sings very well. = She is a very _____ singer.

02. She swims very well. = She is a _____ _____.

03. He runs very fast. = He is a very _____ _____.

04. He cooks very well. = He is a very _____ _____.

05. He sings very well. = He is _____ at singing.

06. My father is a careful driver. = My father drives _____.

07. They are fast runners. = They run _____.

08. My brother doesn't get up early in the morning.

    = My brother gets up _____ in the morning.

5. 단어에 –ly를 붙이면 뜻이 전혀 다른 말이 되는 단어

형용사	부사	ly를 붙일 때 품사와 뜻
late 늦은	late 늦게	lately 뿐 최근에
hard 어려운, 근면한	hard 열심히	hardly 뿐 거의 ～하지 않다
pretty 예쁜	pretty 매우(= very)	prettily 뿐 예쁘게
short 짧은	short 짧게, 간단히	shortly 뿐 곧(= soon)
near 가까운	near 가까이	nearly 뿐 거의(= almost)

- He was **late** for school. 〈형용사〉
- He came back **late**. 〈부사〉
- He has come back **lately**. 〈부사〉
- This book was **hard** to read. 〈형용사 : 어려운〉
- I studied English very **hard**. 〈부사 : 열심히〉
- I could **hardly** read the book. 〈부사 : 거의~않다〉
  could는 조동사 can의 과거형으로 '～할 수 있었다'의 의미

그는 학교에 늦었다.

그는 늦게 돌아왔다.

그는 최근에 돌아왔다.

이 책은 읽기가 어렵다.

나는 영어를 매우 열심히 공부했다.
나는 그 책을 거의 읽을 수 없었다.

Exercise

C 다음 형용사의 의미를 지닌 부사형을 쓰시오.

01. sad - _____

02. easy - _____

03. different- _____

04. fast - _____

05. sweet - _____

06. late - _____

o m • e • m • o
- different 다른
- sweet 향기로운

Exercise

D 다음 괄호 안에서 알맞은 말을 고르시오.

01. He worked very (hard, hardly), so he was tired.

02. We had a lot of time, so we walked (slow, slowly).

03. He always eats his dinner (quick, quickly).

04. Linda plays the piano (good, well).

05. She is a (good, well) pianist.

06. I missed the bus because I got up (late, lately) this morning.

B 부사의 역할과 위치

1. 부사의 역할

부사는 동사, 형용사, 다른 부사, 문장전체 등을 수식한다.

- They walked **slowly**. 〈동사 수식〉
- They are **very** diligent. 〈형용사 수식〉
- He spoke **very** slowly. 〈부사 수식〉
- **Happily**, he did not die. 〈문장전체 수식〉

어떤 말이 문장에서 동사, 형용사, 부사를 수식한다면 '부사로 쓰였다', '혹은 부사처럼 쓰였다'라고 말할 수 있음을 꼭 기억해 두자.

그들은 천천히 걸었다.

그들은 매우 근면하다.

그는 매우 천천히 말했다.

다행히도 그는 죽지 않았다.

2. 부사의 위치

❶ 형용사나 다른 부사를 수식할 때는 대부분 수식하는 말 앞에 온다.
- He has a **very** pretty dog.
- Don't speak **too** fast.

그에게는 아주 예쁜 개가 있다.

너무 빨리 말하지 마라.

❷ enough(충분히)가 부사로 쓰여서 형용사/부사를 수식할 땐 뒤에서 수식하고, 명사를 수식할 땐 앞에서 수식한다.
- He is strong **enough** to carry this heavy box. (NOT. He is enough strong to ...)
- I have **enough** time to help him. (NOT. I have time enough to ...)

enough(충분한)가 형용사로 명사를 수식할 때는 명사 앞에 쓴다.

그는 이 무거운 상자를 나를 수 있을 만큼 충분히 힘이 세다.
나는 그를 도울 충분한 시간이 있다.

❸ 동사를 수식할 때는 대부분 문장 뒤에 온다. 다음은 모두 동사를 수식하는 부사(구)이다.
- I get up **early in the morning**. 〈자동사 + 부사 + 부사구〉
- She swims **in the river**. 〈자동사 + 부사구〉
- He became a pilot **last year**. 〈자동사 + 보어 + 부사구〉
- I read the book **interestingly**. 〈타동사 + 목적어 + 부사〉
- I met him **on the street**. 〈타동사 + 목적어 + 부사구〉

동사 뒤에 보어나 목적어가 있다면 부사(구)는 그 뒤에 온다.

나는 아침에 일찍 일어난다.

그녀는 강에서 수영한다.

그는 작년에 비행기 조종사가 되었다.
나는 재미있게 그 책을 읽었다.

나는 거리에서 그를 만났다.

❹ 한 문장에서 부사가 겹치거나 여러 개 써야 할 때는 「방법, 장소, 시간」의 순서로 쓴다.
- We took a walk **in the park yesterday**.
  장소 / 시간
- I studied **hard in the library yesterday**.
  방법 / 장소 / 시간
- cf. I arrived **in Jejudo safely yesterday**.
  장소 / 방법 / 시간

부사의 일반적인 순서는 '방법 → 장소 → 시간'인데 동사가 go, come, arrive, start, leave 등 일 때는 '장소 → 방법 → 시간'의 순서로 쓴다.

- I will meet her **at nine o'clock tomorrow**.
  시간(작은 단위) / 시간(큰 단위)

장소부사나, 시간부사 사이에서도 작은 단위를 먼저 쓰고, 큰 단위를 나중에 쓴다.

우리는 어제 공원에서 산책을 했다.

나는 어제 도서관에서 열심히 공부했다.

나는 어제 제주도에 안전하게 도착했다.

나는 내일 9시에 그녀를 만날 것이다.

Exercise

E 다음 밑줄 친 부분이 수식하는 말을 찾아 쓰시오.

01. Daniel is a <u>really</u> smart student. _____

02. Linda plays the piano <u>very well</u>. _____

03. Laura reads books <u>quickly</u>. _____

04. He drives <u>very</u> carefully. _____

05. I am old <u>enough</u> to travel alone. _____

Exercise

F 다음 단어의 순서를 알맞게 배열하여 문장을 완성하시오.

01. is / cute / very / she

_____

02. is / it / enough / warm / for you

_____

03. him / met / yesterday / in / I / the park

_____

04. were / last year / we / in London

_____

05. my mother / the food / in the morning / made

_____

06. at home / they / spent / their holiday / last year

_____

07. play / at the party / will / on Saturday / the piano / I

_____

ⓒ 빈도부사

1. 빈도부사의 의미와 종류

빈도부사는 일정한 기간 동안 어떤 일이 얼마나 자주 일어나는지를 나타내는 부사이다.

always >	usually >	often >	sometimes >	never
(항상)	(보통)	(자주, 종종)	(때때로)	(결코 ~하지 않는)

88

2. 빈도부사의 위치

일반 동사 앞, be동사나 조동사(will, can, don't, doesn't) 뒤에 쓰인다.

- He **always** gets up at six. (NOT. He gets always)
  빈도부사 always는 일반동사 gets 앞에 온다.

  그는 항상 6시에 일어난다.

- Tony **usually** makes gifts for his friends. (NOT. Tony usually make ...)
  주어가 3인칭 단수일 때 일반동사는 빈도부사와 상관없이 주어의 영향을 받아 -s가 붙는다. makes 형태에 주의한다.

  Tony는 보통 친구들을 위해 선물을 만든다.

- She is **always** happy.
  be동사 뒤에 쓴다.

  그녀는 항상 행복하다.

- I can **always** eat delicious bread. 〈조동사 뒤〉 (NOT. I always can eat ...)
  will, can, may와 같은 동사를 조동사라 한다.

  우리는 항상 맛있는 빵을 먹을 수 있다.

- She doesn't **always** get up early in the morning. (NOT. She always doesn't get up ...)
  일반 동사의 부정문을 만드는 don't 혹은 doesn't 역시 일종의 조동사이다.

  그녀는 아침에 항상 일찍 일어나지는 않는다.

(Exercise)

G 다음 괄호 안의 단어를 넣어서 문장을 다시 쓰시오.

01. Mike is late for class. (often)

   _____

02. She goes to a movie. (sometimes)

   _____

03. I don't eat any fruit late at night. (usually)

   _____

04. I will help her. (always)

   _____

05. We can watch TV on Sunday. (never)

   _____

Ⓓ too / either와 ago / before

❶ ~ 도 (또한) : too (긍정문에서), either (부정문에서)

- If you go, I will go, **too**.

  네가 간다면 나도 가겠다.

- If you do not go, I will not go, **either**. (NOT. too)

  네가 가지 않으면 나도 가지 않겠다.

❷ ~ 전에 : ~ ago, before

- I met her three days **ago**.
  ago 앞에는 'three days'처럼 시간 혹은 기간을 나타내는 말이 꼭 와야 한다.

  나는 3일 전에 그녀를 만났다.

- I met her **before**. (NOT. I met her ago.)
  before 앞에 시간을 나타내는 말이 오지 않고 홀로 쓰일 수 있다.

  나는 전에 그녀를 만났다.

Exercise

H 다음 괄호 안에서 알맞은 말을 고르시오.

01. I often feel that way, (too, either).

02. I don't know, (too, either).

03. I like you, (too, either).

04. Remember what I said (ago, before).

05. My family lived here three years (ago, before).

06. I was a student 10 years (ago, before).

07. This food is (too, either) salty. I can't eat it.

Ⓔ 구동사(Phrasal Verb)

동사에 다른 말(부사 혹은 전치사)이 결합되어 하나의 동사처럼 쓰이는 것을 구동사 (phrasal verb)한다.

1. 동사 + 부사(up, down, on, off, away)

❶ 동사와 부사로 이루어진 주요 구동사

- wake up 깨우다
- put out (불을) 끄다
- give up 포기하다
- put on 입다, 신다
- put off 미루다, 연기하다
- turn off (전원을) 끄다

- pick up 집다, 도중에 태우다
- throw away ~을 버리다
- try on 입어보다, 신어보다
- take off (옷, 신발) 벗다
- turn on (전원을) 켜다
- look up 찾아보다

❷ 「동사 + 부사」로 이루어진 구동사의 목적어가 명사인 경우 구동사 뒤에 쓸 수도 있고, 동사와 부사 사이에 쓸 수도 있다.

- Why don't you **put on** your socks?
  = Why don't you **put** your socks **on**?

양말을 신는 게 어때?

❸ 단, 목적어가 me, them과 같은 대명사의 경우 동사와 부사 사이에 써야 한다.

- These are your socks. **Put** them **on**. (NOT. Put on them)
- Can you **wake** me **up** at 7 tomorrow morning?
  wake up me로 쓰이지 않음에 주의한다.

이것들은 너의 양말이다. 그것들을 신어라.
내일 아침 7시에 깨워 주실래요?

Exercise

I 다음 구동사의 의미를 쓰시오.

01. put out _____

02. wake up _____

01 02 03 04 05 06 07 08 09 10 11 12 13 14 15 16 17 18 19 20

03. throw away _____

04. try on _____

05. put on _____

06. take off _____

07. put off _____

08. turn off _____

09. look up _____

2. 동사 + 전치사(at, for, after...)

❶ 동사와 전치사로 이루어진 주요 구동사

- look at ~을 쳐다보다
- look for ~을 찾다
- wait for ~을 기다리다
- look after ~을 돌보다

❷ 동사와 전치사는 분리할 수 없다.

- A hen was **looking for** food. (NOT. ... looking food for)   암탉이 음식을 찾고 있었다.
- I'm **looking for** it. (NOT. ... looking it for.)   나는 그것을 찾고 있다.
  전치사의 목적어가 대명사(it)이지만 look it for 형태로 쓰이지 않는다.
- She **looks after** her children. (NOT. ... looks her children after.)   그녀는 아이들을 돌본다.

Exercise

J 다음 중 옳은 문장은 O, 옳지 않은 문장은 X표 하시오.

01. He gave the test up. (   )

02. She put the plan off. (   )

03. He gave it up. (   )

04. He gave up it. (   )

05. She put off the plan. (   )

06. Take off your shoes here. (   )

07. She looks them after. (   )

08. You can look up it in the dictionary. (   )

09. She looks them after. (   )

10. Look the baby at. She is cute. (   )

01 다음 중 단어의 관계가 <u>다른</u> 하나는?

① silent - silently   ② recent - recently

③ slow - slowly   ④ late - lately

⑤ sudden - suddenly

02 다음 단어 중 성격이 <u>다른</u> 하나는?

① lovely   ② friendly   ③ slowly

④ monthly   ⑤ weekly

03 다음 짝지어진 단어의 관계가 보기와 같은 것은?

> friend - friendly

① careful - carefully   ② nation - national

③ final - finally   ④ patient - patience

⑤ decide - decision

04 다음 중 관계가 <u>다른</u> 하나는?

① quick - quickly   ② slow - slowly

③ sad - sadly   ④ love - lovely

⑤ sincere - sincerely

05 다음 짝지어진 단어들의 관계가 <u>잘못된</u> 하나는?

① slow - slowly   ② happy - happily

③ easy - easily   ④ fast - fastly

⑤ loud - loudly

06 다음 밑줄 친 부분의 쓰임이 <u>틀린</u> 것은?

① It rolled <u>slowly</u>.

② It sang <u>happily</u>.

③ He worked <u>hardly</u>.

④ I feel <u>lonely</u>.

⑤ They were shouting <u>loudly</u>.

07 다음 밑줄 친 부분과 품사가 같지 <u>않은</u> 것은?

> <u>Luckily</u>, a Greek man helped us, and we are all right.

① kindly   ② lovely   ③ happily

④ beautifully   ⑤ sadly

08 다음 빈칸에 들어갈 수 <u>없는</u> 말은?

> I opened the door _____.

① gently   ② slowly   ③ safely

④ carefully   ⑤ friendly

09 우리말과 같은 의미가 되도록 할 때 빈칸에 들어갈 말이 순서대로 모두 맞는 것은?

> 그는 학교에 늦었기 때문에 빨리 걸었다.
>
> He walked _____ because he was _____ for school.

① fast - late   ② fastly - late

③ fast - lately   ④ fastly - lately

⑤ lately - fast

10 두 문장이 같은 뜻이 되도록 빈칸에 알맞은 말은?

> He is a good dancer.
> = He dances _____.

① like ② nice ③ too
④ well ⑤ good

[11-12] 다음 두 문장이 같은 뜻이 되도록 빈칸에 알맞은 말을 쓰시오.

11 주관식

> He sings well.
> = He is a good _____.

12

> He cooks well.
> = He is a _____ _____.

13 다음 중 짝지어진 두 문장의 의미가 같지 <u>않은</u> 것은?

① Her hair is long.
  = She has long hair.
② He is wearing a yellow shirt.
  = He is in a yellow shirt.
③ How are you doing?
  = How do you like it?
④ She is a good cook.
  = She cooks very well.
⑤ You have a large family.
  = Your family is large.

14 다음 빈칸에 공통으로 알맞은 것은?

> • There weren't _____ chairs for everyone to sit on.
> • He is strong _____ to carry the box.

① too ② enough ③ still
④ much ⑤ so

15 다음 밑줄 친 단어의 의미가 보기와 같은 것은?

> We were practicing <u>hard</u> to win the game.

① It was raining <u>hard</u> outside.
② He's trying <u>hard</u> to write a nice novel.
③ Her heart seems as <u>hard</u> as a rock.
④ The story was <u>hard</u> to understand.
⑤ The ice was too <u>hard</u> to break.

16 다음 밑줄 친 부분의 쓰임이 어색한 것은?

① She got up <u>lately</u> this morning.
② This car is <u>pretty</u> expensive.
③ Can penguins run <u>fast</u>?
④ You listen to me <u>carefully</u>.
⑤ He is shouting so <u>loudly</u>.

17 서술형 다음 주어진 단어를 빈칸에 적절한 순서로 바꾸어 넣으시오.

> He is _____ the box.
> (carry, strong, to, enough)

18 [서술형] 다음 괄호 안의 단어들을 어순에 맞게 쓰시오.

> There wasn't (her, enough, wait, for, time, to).

→ _____

19 다음 대화의 빈칸에 들어갈 수 <u>없는</u> 것은?

> A : How often do you walk to work?
> B : I _____ walk to work.

① always   ② usually   ③ often

④ really   ⑤ sometimes

20 다음 중 밑줄 친 부분의 쓰임이 나머지와 <u>다른</u> 것은?

① I don't make <u>enough</u> money to support myself yet.

② There isn't <u>enough</u> time to wait for him.

③ You have <u>enough</u> time to think it over.

④ I don't have <u>enough</u> time to go to the park tomorrow.

⑤ He is old <u>enough</u> to go to school.

21 다음 중 횟수가 빈번한 순으로 된 것은?

① always > usually > often > sometimes > never

② always > sometimes > often > usually > never

③ always > usually > sometimes > often > never

④ never > usually > often > sometimes > always

⑤ always > often > sometimes > never > usually

22 다음 문장에서 'often'이 들어갈 알맞은 위치는?

> I ① played ② baseball ③ with ④ my friends ⑤in the yard.

23 다음 문장에서 밑줄 친 부분의 쓰임이 <u>어색한</u> 것은?

① I <u>always</u> recycle paper.

② He <u>usually</u> goes to school by subway.

③ She walks <u>often</u> to school.

④ She <u>sometimes</u> washes her hair with shampoo.

⑤ We <u>never</u> use hairspray.

24 다음 중 어법상 올바른 것은?

① I often will study English.

② He never takes a shower.

③ They are late sometimes for work.

④ You can see always it from here.

⑤ That flower always is beautiful.

25 [서술형] 다음 주어진 단어를 우리말에 맞도록 알맞게 배열하시오.

> 그는 새로운 것이라면 항상 산다.
> (buys / he / always / new / anything).

→ _____

01 02 03 04 05 06 07 08 09 10 11 12 13 14 15 16 17 18 19 20

26 다음 밑줄 친 부분의 쓰임이 다른 하나는?

① Don't swim <u>too</u> long.

② That's <u>too</u> bad.

③ He is a good dancer, <u>too</u>.

④ This ruler is <u>too</u> short.

⑤ He is <u>too</u> young to go to school.

27 [주관식] 다음 두 문장이 같은 뜻이 되도록 빈칸에 알맞은 단어를 쓰시오.

> I can also tell them funny stories.
>
> = I can tell them funny stories, _____.

28 다음 중 too 또는 either의 사용이 올바른 것은?

① I don't have any homework, too.

② You can swim, either.

③ They play computer games, either.

④ We are not going to Busan, too.

⑤ He did not call me, either.

29 다음 대화의 빈칸 ⓐ와 ⓑ에 들어갈 말은?

> A : What do you like to eat?
>
> B : I like pizza.
>
> A : I like it, ___ⓐ___ . However, I don't like spaghetti.
>
> B : I don't like it, ___ⓑ___ .

	ⓐ		ⓑ
①	either	-	either
②	too	-	too
③	too	-	either
④	either	-	too
⑤	too	-	neither

30 [주관식] 다음 ⓐ와 ⓑ에 들어갈 말을 각각 쓰시오.

> • Jane studied a lot.
>
>   I studied a lot, ⓐ또한.
>
> • Ted isn't ugly. He isn't fat, ⓑ또한.

ⓐ _____   ⓑ _____

31 [주관식] 주어진 문장을 부정문으로 바꾸어 쓸 때 각 빈칸에 알맞은 영어 단어를 쓰시오.

> Anna went to the library, too.
>
> → Anna _____ _____ to the library, _____.

32 [주관식] 주어진 우리말과 같은 뜻이 되도록 빈칸에 알맞은 말을 쓰시오.

> 나는 두 시간 전에 집 청소하는 것을 마쳤다.
>
> I finished cleaning my house two hours _____.

33 다음 문장의 쓰임이 바르지 않은 것은?

① I put on the hat.

② He turned it off.

③ That music is too loud. Can you turn down it?

④ Turn on the light. Don't turn it off.

⑤ Please turn on the light.

34 다음 밑줄 친 부분이 어색한 것은?

① Can I try them on?

② He cut the tree down.

③ A man got off the bus.

④ Mike threw away it.

⑤ Please take off your shoes.

35 다음 밑줄 친 부분 중 어법상 바르지 않은 것은?

① It's too dark here. Will you turn on the light?

② It's very cold. Put your jacket on.

③ The program is so boring. Can you turn it off?

④ That dress looks good. What about trying on it?

⑤ Your gloves are dirty. Take them off.

36 다음 우리말을 영어로 옮길 때 가장 알맞은 것은?

> 종이에 모양을 그리고, 그것을 잘라내라.

① Draw a shape on the paper, and cut out.

② Draw a shape on the paper, and cut out it.

③ Draw a shape on the paper, and cut it out.

④ Cut a shape out, and draw it on the paper.

⑤ Cut it out, and draw a shape on the paper.

37 〔서술형〕 다음 우리말에 맞게 괄호 안에 주어진 단어들을 순서대로 배열하여 쓰시오. (필요시 어형변화 가능)

> Ted는 항상 친구들의 말을 주의 깊게 듣는다.
> (always, his friends, careful, listen to)
>
> → Ted _____
>
> _____ .

38 〔주관식〕 다음 주어진 우리말에 맞게 영어로 쓰시오.

> 나는 절대 수업 중에 안잔다.
>
> → _____ _____ _____ in class.

39 〔서술형〕 다음 단어를 배열하여 문장을 완성하시오.

> ① sometimes, school, is, Ben, for, late.
>
> → _____
>
> ② eats, never, Kate, fast food
>
> → _____

40 〔서술형〕 다음 Jane의 일과표를 보고 〈보기〉의 단어를 사용하여 질문에 답하시오.

〈Jane's schedule〉

Mon.	Tue.	Wed.	Thu.	Fri.	Sat.
bike	bike		bike	bike	
library		library			library

〈보기〉

always, sometimes, usually, never

> ① How often does Jane ride a bike?
>
> → She _____ .
>
> ② How often does Jane go to a museum?
>
> → She _____ .

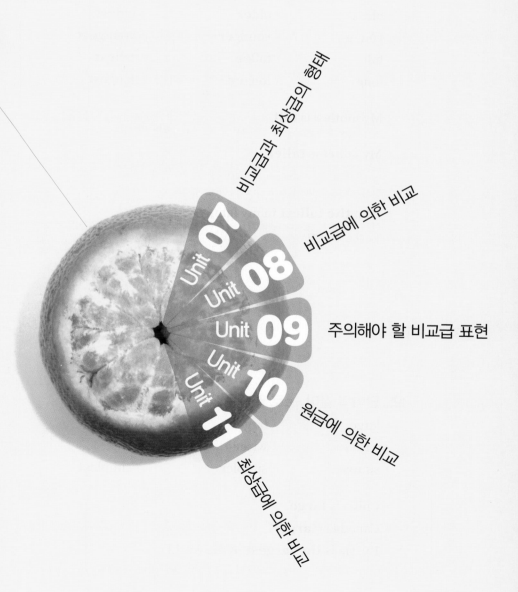

Chapter **03**

비교급과 최상급의 형태

비교(comparative)는 둘 이상의 사람이나 사물을 견주어 서로 간의 공통점, 차이점을 알아보는 것을 말한다. 비교를 할 때 형용사나 부사의 형태는 원급, 비교급, 최상급이 있다. 원급은 형용사, 부사의 원래 형태를 말한다. 비교급은 '더 ~한'의 의미를 갖는 말인데 형용사나 부사 뒤에 -er를 붙이거나 원급 앞에 more를 붙인 형태를 말한다. 최상급은 세 개 이상에서 정도가 가장 높은 것을 나타내기 위해 '가장 ~한'의 의미를 갖는 말이며, 단어 뒤에 -est 혹은 앞에 most를 붙여 만든다. 최상급이 형용사로 쓰일 때는 정관사 the를 붙인다.

Ⓐ 규칙 변화

1. 비교급에 -er, 최상급에 -est를 붙인다.

〈원급〉	〈비교급〉	〈최상급〉	
• old	▸ old**er**	▸ old**est**	나이든/더 나이든/가장 나이든
• young	▸ young**er**	▸ young**est**	젊은/더 젊은/가장 젊은
• tall	▸ tall**er**	▸ tall**est**	키가 큰/더 키가 큰/가장 키가 큰
• long	▸ long**er**	▸ long**est**	긴/더 긴/가장 긴

- **My mother is tall.**
  어떤 사람이나 사물의 상태를 말하고자 할 때는 형용사의 원급을 쓴다.

엄마는 키가 크다.

- **My father is taller.**
  다른 사람 혹은 다른 것과 비교해서 '더 ~한' 상태를 말하고자 할 때는 비교급을 쓴다. 비교하는 대상을 말할 때는 비교급 다음에 'than + 비교대상' 형태로 말한다.
  예 My father is taller than my mother. 아빠는 엄마보다 더 키가크다.

아빠는 더 키가 크다.

- **I am the tallest in my family.**
  셋 이상의 어떤 그룹이나 지역에서 '가장 ~한' 상태를 말하고자 할 때는 최상급을 쓴다. 형용사의 최상급은 정관사 'the'와 함께 쓰인다.

나는 우리 가족에서 가장 키가 크다.

2. 단어의 끝이 -e로 끝나는 것은 -r, -st를 붙인다.

• large	▸ larg**er**	▸ larg**est**	큰/더 큰/가장 큰
• wise	▸ wis**er**	▸ wis**est**	현명한/더 현명한/가장 현명한
• simple	▸ simpl**er**	▸ simpl**est**	단순한/더 단순한/가장 단순한

- **China is large.** 중국은 크다.
- **Canada is larger.** 캐나다는 더 크다.
- **Russia is the largest** in the world. 러시아는 세계에서 가장 크다.

01 02 03 04 05 06 07 08 09 10 11 12 13 14 15 16 17 18 19 20

3. 「단모음 + 단자음」으로 끝나는 단어는 자음 하나를 더 쓰고 –er, –est를 붙인다.

• big	▸ big**ger**	▸ big**gest**	더/더 큰/가장 큰
• hot	▸ hot**ter**	▸ hot**test**	더운/더 더운/가장 더운
• thin	▸ thin**ner**	▸ thin**nest**	얇은/더 얇은/가장 얇은

- Seoul is **hot**.   서울은 덥다.
- Gwangju is **hotter**.   광주는 더 덥다.
- Daegu is **the hottest** city in Korea.   대구는 한국에서 가장 더운 도시이다.

4. 「자음 + y」로 끝나는 단어는 y를 i로 고치고 –er, –est를 붙인다.

• pretty	▸ prett**ier**	▸ prett**iest**	예쁜/더 예쁜/가장 예쁜
• happy	▸ happ**ier**	▸ happ**iest**	행복한/더 행복한/가장 행복한
• easy	▸ eas**ier**	▸ eas**iest**	쉬운/더 쉬운/가장 쉬운
• heavy	▸ heav**ier**	▸ heav**iest**	무거운/더 무거운/가장 무거운
• chewy	▸ chew**ier**	▸ chew**iest**	쫄깃쫄깃한/더 쫄깃쫄깃한/가장 쫄깃쫄깃한

- Dogs are **heavy**.   개는 무겁다.
- Lions are **heavier**.   사자는 더 무겁다.
- Elephants are **the heaviest** animal in the zoo.   코끼리는 그 동물원에서 가장 무거운 동물이다.

5. –ful, –able, –ing, –ive, –ous 등으로 끝나는 형용사나 3음절 이상의 단어는 원급 앞에 more, most를 붙인다.

• beautiful	▸ **more** beautiful	▸ **most** beautiful	아름다운/더 아름다운/가장 아름다운
• useful	▸ **more** useful	▸ **most** useful	유용한/더 유용한/가장 유용한
• famous	▸ **more** famous	▸ **most** famous	유명한/더 유명한/가장 유명한
• difficult	▸ **more** difficult	▸ **most** difficult	어려운/더 어려운/가장 어려운
• interesting	▸ **more** interesting	▸ **most** interesting	재미있는/더 재미있는/가장 재미있는
• expensive	▸ **more** expensive	▸ **most** expensive	비싼/더 비싼/가장 비싼

- This book is **interesting**.   이 책은 재미있다.
- That book is **more interesting**.   저 책은 더 재미있다.
- This book is **the most interesting** book of all the books.   이 책은 모든 책 중에서 가장 재미있는 책이다.

6. 부사와 형용사의 형태가 같은 부사는 –(i)er, –(i)est를 붙인다.

- hard ▸ **hard**er ▸ **hard**est   hard ⊕ 열심히 ⊕ 어려운
- fast ▸ **fast**er ▸ **fast**est   fast ⊕ 빨리 ⊕ 빠른
- high ▸ **high**er ▸ **high**est   high ⊕ 높이 ⊕ 높은
- early ▸ **earl**ier ▸ **earl**iest   early ⊕ 일찍 ⊕ 이른

- Dogs are **fast**.   개는 빠르다.
  이 문장의 fast는 형용사이다.
- Horses are **faster**.   말은 더 빠르다.
- Cheetahs are **the fastest** animal on land.   치타는 육지에서 가장 빠른 동물이다.
  형용사의 최상급(fastest) 앞에는 정관사 the를 쓰는 것에 주의한다.

- Dogs run **fast**.   개는 빨리 달린다.
  이 문장의 fast는 부사로 동사 run을 수식한다.
- Horses run **faster**.   말은 더 빨리 달린다.
- Cheetahs run **fastest** on land.   치타는 육지에서 가장 빨리 달린다.
  부사의 최상급(fastest) 앞에는 정관사 the를 쓰지 않는 것이 일반적이다.

7. –ly로 끝나는 부사는 more, most를 붙인다.

- loudly ▸ **more** loudly ▸ **most** loudly   큰 소리로/더 큰소리로/가장 큰 소리로
- strongly ▸ **more** strongly ▸ **most** strongly   강하게/더 강하게/가장 강하게

- Could you speak **loudly**?   큰 소리로 말씀해 주시겠어요?
- Could you speak **more loudly**?   좀 더 큰 소리로 말씀해 주시겠어요?

Exercise

A 다음 형용사나 부사의 비교급과 최상급을 쓰시오.

01. short   - _____ - _____

02. nice   - _____ - _____

03. big   - _____ - _____

04. heavy   - _____ - _____

05. beautiful   - _____ - _____

06. expensive   - _____ - _____

07. important   - _____ - _____

08. slowly   - _____ - _____

o m・e・m・o

Ⓑ 불규칙 변화

종류가 많지 않으며, 규칙이 없으므로 암기해야 한다.

- good/well ▸ better ▸ best : 가장 좋은 / 가장 잘
- bad/badly ▸ worse ▸ worst : 가장 나쁜
- many ▸ more ▸ most : 가장 많은
- much ▸ more ▸ most : 가장 많은

many와 much의 비교급과 최상급은 more와 most인데, 규칙 변화에서 비교급과 최상급을 만들 때 쓰는 more(더 ~), most(가장~)와 구별해야 한다.

- little ▸ less ▸ least : 가장 적은
- late : (시간이) 늦게 ▸ later : 더 늦게 (나중에) ▸ latest : 가장 최근에
- late : (순서가) 늦은 ▸ latter : 뒤쪽에 (후자의) ▸ last : 마지막

late가 시간을 의미할 때와 순서를 의미할 때의 비교급과 최상급의 형태가 다름에 주의한다.

- I need **some** people. 사람이 (좀) 필요합니다.
- I need **many** people. 많은 사람이 필요합니다.
- I need **more** people. 좀 더 많은 사람이 필요합니다.

- I need **some** money. 돈이 (좀) 필요합니다.
- I need **much** money. 많은 돈이 필요합니다.
- I need **more** money. 좀 더 많은 돈이 필요합니다.

Exercise

B 다음 단어의 비교급과 최상급을 쓰시오.

01. good : 좋은 - _____ - _____

02. well : 잘 - _____ - _____

03. bad : 나쁜 - _____ - _____

04. many : 많은 (수) - _____ - _____

05. much : 많은 (양) - _____ - _____

06. little : 적은 (양) - _____ - _____

07. late : (시간이) 늦게 - _____ - _____

08. late : (순서가) 늦은 - _____ - _____

m • e • m • o

01 다음 중 비교급이 <u>잘못된</u> 것은?

① happy - happier ② large - larger

③ big - bigger ④ early - more early

⑤ good - better

02 다음 형용사의 비교급이 <u>잘못된</u> 것은?

① chewy - chewyer ② tasty - tastier

③ busy - busier ④ small - smaller

⑤ expensive - more expensive

03 다음 원급과 비교급의 관계가 <u>잘못된</u> 것은?

① hot - hotter

② large - larger

③ interesting - more interesting

④ good - best

⑤ busy - busier

04 다음 형용사의 비교급 변화형이 <u>잘못된</u> 것은?

① expensive - more expensive

② bad - worse

③ early - earlier

④ hot - hotter

⑤ cheap - more cheaper

05 다음의 변화형이 올바른 것을 고르시오.

① hot - hotest ② easy - easyest

③ long - longgest ④ thin - thinest

⑤ heavy - heaviest

06 다음 형용사의 비교 변화형이 바르게 짝지어지지 <u>않은</u> 것은?

① big - biger - bigest

② large - larger - largest

③ many - more - most

④ good - better - best

⑤ happy - happier - happiest

07 다음 중 비교급과 최상급이 <u>잘못</u> 연결된 것은?

① little - less - least

② many - more - most

③ pretty - prettyer - prettyest

④ good - better - best

⑤ bad - worse - worst

08 다음 단어의 관계가 왼쪽과 같게 할 때 빈칸에 알맞은 것은?

many : most = good : _____

① well ② gooder ③ better

④ best ⑤ goodest

01 02 03 04 05 06 07 08 09 10 11 12 13 14 15 16 17 18 19 20

Chapter
03

09 주관식
다음 짝지어진 두 단어의 관계가 같도록 빈칸에 알맞은 말을 쓰시오.

① late : later = well : _____

② early : earliest = little : _____

10 고난도
다음 단어의 비교급과 최상급이 바른 것은?

① soon - sooner - soonest

② late - later - last

③ early - more early - most early

④ good - worse - best

⑤ slowly - slowlier - slowliest

11 다음 빈칸에 알맞은 단어를 순서대로 짝지어진 것을 고르시오.

Eating smart is eating right. So, we should choose our food carefully. This means eating _____ vegetables and _____ fruits. Try to eat _____ junk food.

① more - more - more

② more - less - less

③ more - more - less

④ less - less - more

⑤ less - more - less

12 주관식
주어진 우리말과 같은 뜻이 되도록 빈칸에 알맞은 단어를 쓰시오.

코끼리와 고래 중에서 어느 쪽이 더 무거울까?
= Which is _____, an elephant or a whale?

13 주어진 우리말과 일치하도록 빈칸에 들어갈 말이 순서대로 짝지어진 것은?

그는 한 명의 형과 한 명의 여동생이 있다.
= He has one _____ brother and one _____ sister.

① younger - elder

② youngest - elder

③ elder - youngest

④ elder - younger

⑤ eldest - younger

14 주관식
주어진 우리말과 같은 뜻이 되도록 빈칸에 알맞은 단어를 쓰시오.

가을은 여행하기에 가장 좋은 계절이다.
= Autumn is the _____ season for traveling.

08 비교급에 의한 비교

A 비교급 than ~ : ~보다 더 …한, ~보다 더 …하게

1. 형용사의 비교급 + than

- New York is **bigger than** Seoul.

  = Seoul is **smaller than** New York.

- My nose is **longer than** my arms.

  = My arms are **shorter than** my nose.

  주어가 단수(my nose)에서 복수(my arms)로 바뀌어서 동사도 is에서 are로 바뀌었음에 주의한다.

- The Earth is **more beautiful than** the moon.

  beautiful의 비교급은 more beautiful이며 「비교급 + than」의 형태에 주의한다.

뉴욕은 서울보다 크다.

= 서울은 뉴욕보다 작다.

내 코는 내 양팔보다 길다.

= 내 양팔은 내 코보다 짧다.

지구는 달보다 더 아름답다.

2. 부사의 비교급 + than

- My father gets up **earlier than** I do.
- I like baseball **better than** soccer.

나의 아버지는 나보다 일찍 일어나신다.
나는 축구보다 야구를 더 좋아한다.

3. than 뒤에는 주격과 목적격을 모두 쓸 수 있다. 단, 동사와 함께 쓰일 경우에는 주격으로 써야 한다.

- She is taller than **I**.
- She is taller than **me**.
- She is taller than **I am**. (**NOT** : She is taller than me am.)

그녀는 나보다 키가 크다.

(Exercise)

A 다음 우리말과 같은 뜻이 되도록 빈칸에 알맞은 말을 쓰시오.

01. 코끼리는 쥐보다 크다. (big)

= An elephant is ＿＿＿＿＿＿ ＿＿＿＿＿＿ a mouse.

02. 대구는 여름에 서울보다 더 덥다. (hot)

= Daegu is ＿＿＿＿＿＿ ＿＿＿＿＿＿ Seoul in summer.

o m・e・m・o

03. 나는 야구를 축구보다 더 좋아한다. (good)

= I like baseball _____ _____ soccer.

04. 아빠는 나보다 일찍 일어나신다. (early)

= My father gets up _____ _____ I do.

05. 뉴질랜드에는 사람보다 양이 더 많다. (many)

= There are _____ sheep than people in New Zealand.

06. 내가 너보다 더 편하다. (comfortable)

= I feel _____ _____ _____ you.

07. 그는 나보다 운동을 더 잘한다.

= He plays sports _____ _____ me.

o m・e・m・o
• sheep 양 (단수와 복수형 태가 같다)
• comfortable 편안한
• get up 일어나다

Exercise

B 다음 두 문장이 같은 의미가 되도록 빈칸에 알맞은 말을 쓰시오.

01. This watch is more expensive than that one.

= That watch is _____ _____ this one.

02. The umbrella was shorter than the bat.

= The bat was _____ _____ the umbrella.

03. The red chair was smaller than the yellow.

= The yellow chair was _____ _____ the red.

04. Kelly is younger than Emily.

= Emily is _____ _____ Kelly.

05. Anthony is heavier than Candy.

= Candy is _____ _____ Anthony.

06. A croissant is softer than a baguette.

= A baguette is _____ _____ a croissant.

o m・e・m・o
• croissant 크로와상
• baguette 바게트

4. 비교하는 대상은 서로 상식적으로 일치해야 한다.

- **Ann's hair** is longer than **my hair**.
  = **Ann's hair** is longer **than mine**. (**NOT** : Ann's hair is longer than me.)

  비교하는 대상이 Ann의 머리와 내 머리이므로 my hair 혹은 mine이 와야 한다.

Ann의 머리는 내 머리보다 더 길다.

> ⚠ 소유대명사(독립소유격)
> - my+명사 = mine
> - her+명사 = hers
> - your+명사 = yours
> - 명사's+명사 = 명사's
> - his+명사 = his

- This bag is more expensive **than I thought**.
- New Zealand is more beautiful **than I expected**.

  비교하는 대상 대신에 than I thought(내가 생각했던 것보다), than I expected(내가 기대했던 것보다) 등이 올 수 있다.

이 가방은 제가 생각했던 것보다 비싸군요.
뉴질랜드는 내가 기대했던 것보다 더 아름답다.

Exercise

C 다음 밑줄 친 부분을 알맞은 형태로 고치시오.

01. My cell phone is cheaper than <u>you</u>.

02. Susan's pencil is longer than <u>Bill</u>.

03. My house is bigger than <u>you</u>.

04. She is <u>more pretty</u> than I expected.

05. The prices in this market were <u>low</u> than I thought.

o m · e · m · o
- cell phone 핸드폰
- expect 기대하다

106

Chapter

03

B 비교급의 강조

비교급 앞에 a lot, much, even, far, still을 써서 '훨씬'이라는 의미로 비교급을 강조할 수 있다. very, many, so 등은 비교급을 수식할 수 없다.

- My brother is **taller** than you. 우리 형은 너보다 키가 크다.
- My brother is **much taller** than you. 우리 형은 너보다 훨씬 키가 크다.
  much 대신에 a lot, even, far, still 등을 쓸 수 있다.
- A bear is **much larger** than a mouse. 곰은 쥐보다 훨씬 더 크다.
- Today is **a lot colder** than yesterday. 오늘은 어제보다 훨씬 더 춥다.
- The yellow T-shirt is **more expensive** than the red T-shirt. 노란색 티셔츠는 빨간색 티셔츠보다 더 비싸다.
- The yellow T-shirt is **much more expensive** than the red T-shirt. 노란색 티셔츠는 빨간색 티셔츠보다 훨씬 더 비싸다.

(NOT : ... is ~~much expensive~~ than the red T-shirt.)
비교급이 「more + 형용사」형태인 경우 주의해야 한다. 비교급을 수식하는 a lot, much, even, far 등은 생략할 수 있지만 more는 생략할 수 없다.

(Exercise)

D 다음 괄호 안에서 알맞은 말을 고르시오.

01. The Earth is (very, even, many) bigger than the moon.

02. I am even (tall, taller) than my older brother.

03. A bear is (a lot, very) larger than a mouse.

04. This question is (more, much) difficult than that question.

05. Anthony is (much, more) popular than Candy.

06. He is even (much, more) handsome than me.

07. That mountain is (very, lots of, still) higher than this building.

08. Mike walks (so, much, many) faster than his friend.

o m · e · m · o

01 빈칸에 들어갈 알맞은 단어는?

> Jane is _____ than Mike.

① fast   ② faster   ③ fastest

④ more fast   ⑤ most fast

02 다음 빈칸에 들어갈 가장 알맞은 말은?

> My pencil is _____ than your pencil.

① sadder   ② longer   ③ hotter

④ kinder   ⑤ happier

03 다음 비교급 문장 중 잘못된 것은?

① Young-hoon is taller than you.

② Su-mi is more pretty than Hye-ja.

③ I am heavier than you.

④ She is more beautiful than you.

⑤ He is faster than her.

04 밑줄 친 부분의 표현이 어색한 것은?

① New Zealand is <u>more beautiful</u> than I expected.

② This bag is <u>more expensive</u> than that bag.

③ My father is <u>older</u> than my mother.

④ A lion is <u>biger</u> than a cat.

⑤ I am <u>prettier</u> than you.

05 다음 중 표현이 옳은 것은?

① Mi-na's bag is more wonderful than Su-na's.

② The sun is biger than the earth.

③ The rabbit is more faster than the turtle.

④ Min-su is heavyer than Su-hong.

⑤ This ruler is longger than that one.

06 다음 밑줄 친 단어의 쓰임이 옳지 <u>않은</u> 것은?

① His bag is <u>heavier</u> than mine.

② I drank <u>less</u> coffee than usual.

③ Health is <u>more important</u> than money.

④ His condition was <u>worse</u> than I expected.

⑤ The ring was <u>more cheaper</u> than the necklace.

07 어법상 옳지 <u>않은</u> 것은?

① I can get better things.

② Tom spends less money.

③ Are you more careful than others?

④ Bill has most books than Kate.

⑤ Summer is hotter than fall in Korea.

01 02 03 04 05 06 07 08 09 10 11 12 13 14 15 16 17 18 19 20

Chapter **03**

08 빈칸에 알맞은 말끼리 짝지은 것은?

> • I play basketball _____ than soccer.
> • My dad goes to bed _____ than I do.

① best - late
② good - late
③ good - later
④ better - later
⑤ better – latter

09 다음 빈칸에 들어갈 가장 알맞은 말은?

> A : Do you like pizza better than chicken?
> B : _____

① Yes, I can.
② No, I can't.
③ I can't buy pizza.
④ I'm glad you like the food.
⑤ No. I think chicken is better.

10 다음 중 빈칸에 알맞은 것은?

> She is more _____ than her mother.

① fast
② pretty
③ tall
④ smart
⑤ careful

11 다음 빈칸에 올 수 없는 말은?

> This was more _____ than I expected.

① beautiful
② pretty
③ interesting
④ expensive
⑤ difficult

12 다음 두 문장을 읽고 빈칸에 알맞은 말을 고르시오.

> • Tom is 16 years old.
> • Bill is 14 years old.
> → Tom is _____ _____ Bill.

① old than
② older than
③ young than
④ younger than
⑤ taller than

13 다음 표의 내용과 일치하지 않는 것은?

	나이(year)	키(cm)	몸무게(kg)
John	12	178	55
Kevin	15	180	43
Mike	16	172	60

① John is younger than Kevin.
② Mike is older than Kevin.
③ Mike is shorter than Kevin.
④ Kevin is taller than John.
⑤ John is heavier than Mike.

14 다음 표의 내용과 일치하는 것은?

	Kate	Mike	Nick
Age(year)	14	11	13
Weight(kg)	54	61	43
Height(cm)	154	147	160

① Mike is older than Kate.

② Kate is taller than Nick.

③ Nick is lighter than Mike.

④ Kate is heavier than Mike.

⑤ Mike isn't younger than Nick.

15 _{주관식} 다음 두 문장이 같은 뜻이 되도록 빈칸에 알맞은 형용사를 쓰시오.

> Tom is taller than Bill.
>
> = Bill is _____ than Tom.

16 _{주관식} 아래 두 문장이 같은 의미가 되도록 빈칸에 알맞은 <u>한 단어</u>를 쓰시오.

> Math is more difficult than English.
>
> = English is _____ than math.

17 _{주관식} 다음 문장을 읽고 비교급 문장으로 빈칸을 채우시오.

> The watch is 100 dollars. The CD player is 70 dollars.
>
> = The watch is _____ _____ than the CD player.

18 _{주관식} 다음 빈칸에 들어갈 알맞은 말을 쓰시오.

> I like soccer _____ _____ baseball.
> (나는 야구보다 축구를 더 좋아한다.)

19 _{주관식} 다음 글의 내용에 알맞게 빈칸에 들어갈 말을 쓰시오.

> Se-ho gets up at 6:30 and Mike gets up at 7:00. So Se-ho gets up _____ than Mike.

20 [주관식] 다음 두 문장을 참고로 사실을 말하고자 할 때 빈칸에 알맞은 말을 쓰시오.

> He has 500 won. I have 300 won.
>
> → He has _____ money than I.

21 [주관식] 다음 괄호 안의 단어를 문맥에 맞게 알맞은 형태로 바꾸어 쓰시오.

> The food is bad, and the service is _____ than the food. (bad)

22 다음 중 의미가 서로 <u>다른</u> 것은?

① Seoul is bigger than Busan.

　= Busan is smaller than Seoul.

② Ann gets up earlier than Susan.

　= Susan gets up later than Ann.

③ Mi-ran is taller than her mother.

　= Mi-ran's mother is shorter than Mi-ran.

④ She has more money than he does.

　= He has some money than she does.

⑤ Kate is older than Su-jin.

　= Su-jin is younger than Kate.

23 [주관식] 다음 문장의 빈칸에 들어갈 알맞은 말을 쓰시오.

> They are much smaller _____ bears.

24 다음 중 빈칸에 쓸 수 <u>없는</u> 것은?

> There are _____ more sheep than people in New Zealand.

① much　　　② even　　　③ far

④ very　　　⑤ still

25 다음 대화의 빈칸에 들어갈 알맞은 말은?

> A : James runs fast.
>
> B : Does he? But I think his brother runs _____ faster than him.

① lot　　　② much　　　③ very

④ any　　　⑤ greatly

26 다음 우리말과 같은 뜻이 되도록 할 때 빈칸에 알맞은 것은?

> It's _____ than it looks.
>
> (그것은 보기보다 훨씬 간단해.)

① much simple　　　② many simpler

③ much simpler　　　④ even simple

⑤ lots simpler

27 다음 중 어법상 어색한 것을 고르시오.

① He did it even better than Ben.
② A rabbit is much larger than a mouse.
③ Ethiopia is a lot hotter than Greece.
④ Ted has many more apples than Gina.
⑤ This bag is a lot better than that bag.

28 〈보기〉의 밑줄 친 much와 쓰임이 같은 것은?

> The price here is <u>much</u> cheaper than in supermarkets.

① She enjoyed herself very <u>much</u>.
② How <u>much</u> is it?
③ He could catch <u>much</u> more fish than I.
④ Eating too <u>much</u> food can make you sick.
⑤ We had so <u>much</u> fun all day.

29 다음 밑줄 친 much와 쓰임이 같은 것은?

> Mine is <u>much</u> bigger than yours.

① I like her very <u>much</u>.
② Thank you very <u>much</u>.
③ He doesn't have <u>much</u> money.
④ This Christmas was so <u>much</u> colder.
⑤ How <u>much</u> do you want?

30 다음 보기의 밑줄 친 부분과 쓰임이 같은 것은?

> Rats are <u>far</u> smaller than tigers.

① We didn't go <u>far</u>.
② Have you come <u>far</u>?
③ Katie is <u>far</u> prettier than Amy.
④ How <u>far</u> is it to your house?
⑤ So <u>far</u> so good.

31 〔서술형〕 다음 주어진 설명을 읽고, 조건에 알맞게 영작하시오.

> Olivia is 158 cm.
> Her older sister is 160 cm.

〈조건〉
1. tall을 사용해야 한다.
2. 부정문이어야 한다.
3. 비교급을 사용해야 한다.

→ _____

32 〔주관식〕 다음 도표를 보고 주어진 단어를 활용하여 비교하는 문장을 완성하시오.

> short, heavy, tall, strong

	Sumi	Beth
Height	160cm	165cm
Weight	54kg	58kg

→ Sumi _____ _____ _____ Beth.
(Height를 비교)

112

33 서술형
다음 표를 보고 민지와 수진을 비교하는 문장을 완성하시오. (부정문 쓰지 말 것)

	Minji	Sujin
Weight(kg)	50	45
Age(year)	16	15

(1) Minji _____.(Weight)

(2) Sujin _____.(Age)

34 서술형
다음 주어진 문장에서 잘못된 부분을 바르게 고쳐 옳은 문장으로 다시 쓰시오.

This book is interesting than that one.

→ _____

35 서술형
다음 두 문장을 비교급을 이용하여 각각 한 문장으로 만드시오.

① Mary is 14 years old.
   Jane is 16 years old.
→ _____
② Mary is very careful.
   Jane is not careful.
→ _____

36 서술형
주어진 단어를 활용하여 우리말에 맞게 영작하시오. (동사의 시제에 주의할 것)

그는 나보다 학교에 늦게 왔다. (late, come)

→ _____

37 서술형
괄호 안에 주어진 단어들을 알맞게 배열하여 문장을 완성하시오.

There were _____.
(than, I, much, more, thought, people)

38 서술형
다음은 Sydney, Moscow, Hanoi의 여름과 겨울의 평균기온을 나타낸 표이다. 주어진 단어를 이용하여 비교급 문장 두 개를 완성하시오.

	Sydney	Moscow	Hanoi
July	13℃	17℃	29℃
December	22℃	- 6℃	20℃

In July, ①_____
_____.(hot)
In December, ②_____
_____.(cold)

09 주의해야 할 비교급 표현

Ⓐ 비교급 and 비교급 : 점점 더 ~하다

- get + 원급(형용사) : ~하게 되다 〈상태변화〉
- be getting + 원급(형용사) : ~해 지고 있다
- get + 비교급(형용사) : 더 ~하게 되다
- be getting + 비교급(형용사) : 더 ~해지고 있다
- get + 비교급 and 비교급 : 점점 더 ~하게 되다 〈점진적인 변화〉

- In winter it gets **dark** early.
- It's getting **dark**.
- It was getting **darker and darker**.
- These days it's becoming **more and more difficult** to find a job.

  (**NOT** : ... more difficult and more difficult to find a job.)
  비교급이 「more + 원급」인 경우 「more and more + 원급」형태로 쓴다.

겨울에는 일찍 어두워 진다.

날이 어두워지고 있다.

날이 점점 더 어두워지고 있었다.

요즘 직업을 구하기가 점점 더 어려워진다.

Exercise

A 다음 우리말과 일치하도록 괄호 안의 단어를 알맞은 형태로 고치시오.

01. 홍수가 더 심해지고 있다.(bad)

= The floods are becoming _____ .

02. 날씨는 점점 더 따뜻해진다.(warm)

= It is getting _____ _____ _____ .

03. 날씨가 점점 더 추워지고 있다.(cold)

= It is getting _____ _____ _____ .

04. 점점 더 좋아지고 있다.(good)

= It's getting _____ _____ _____ .

05. 상황이 점점 더 악화되고 있어.(bad)

= Things are getting _____ _____ _____ .

06. 그 가수는 점점 더 유명해지고 있다.(famous)

= The singer is getting _____ _____ _____ _____ .

o m·e·m·o

07. 낮이 점점 더 길어지고 있다.(long)

= The daytime is getting _____ _____ _____.

ⓑ A is (수량) 비교급 than B

A is (수량) 비교급 than B = A는 B보다 (수량만큼) 더 …하다

- Peter is **a year older than** Sally.
- My sister is **two years younger than** I.

Peter는 Sally보다 나이가 한 살
더 많다.
제 여동생은 저 보다 두 살 어립
니다.

(Exercise)

B 다음 우리말을 영어로 옮기시오.

01. Mary는 Peter보다 나이가 한 살 더 많다.

_____

02. Mary는 Julie보다 나이가 세 살 더 많다.

_____

03. 그는 그녀보다 5살 아래다.

_____

04. 내가 너보다 세 살 위다.

_____

o m·e·m·o

ⓒ 선택 의문문

Who ~ 비교급, A or B?	A와 B 중에서 누가 더 ~하니?
Which ~ 비교급, A or B?	A와 B 중에서 어느 것이 더 ~하니?

- Who ~ 비교급, A or B? (A와 B가 사람일 때)
  - A : **Who** is **taller**, Tom **or** Ann?
  - B : Tom is **taller**.
- Which ~ 비교급, A or B ? (A와 B가 사람이 아닐 때)
  - **Which** subject do you like **better**, art **or** English?
    Which subject do you like better, art(↑) or English(↓)?
    억양(Intonation) : A를 올려 읽고, B를 내려 읽는다.
    which는 '어느, 어느 것'의 뜻으로 선택하는 것이 한정된 경우 which를 쓰고 막연히 '무엇'인지를 물을 때는 what을
    쓴다.

Tom과 Ann 중에서 누가 더 키
가 크니?
Tom이 더 커.

미술과 영어 중에서 어느 과목
을 더 좋아하니?

Exercise

C 다음 우리말을 영어로 옮길 때 빈칸에 알맞은 말을 쓰시오.

01. Nick과 Jimmy 중에서 누가 더 힘이 세니?

= _____ is _____, Nick _____ Jimmy?

02. 서울과 평양 중에서 어디가 더 따뜻하니?

= _____ city is _____, Seoul or Pyeongyang?

03. 너는 농구와 축구 중에서 어느 운동을 더 좋아하니?

= _____ sport do you like _____, basketball _____ soccer?

04. Tom과 Jane 중에서 누가 더 키가 크니?

= _____ is _____, Tom _____ Jane?

05. 고양이와 개 중에서 어떤 것이 더 오래 살까?

= _____ lives _____, cats or dogs?

① the 비교급, the 비교급

1. 「The + 비교급 + 주어 + 동사 ~, the + 비교급 + 주어 + 동사 …」는 '~하면 할수록 더욱 …하다'의 뜻으로 비교급 앞에 정관사 the가 쓰임에 주의해야 한다.

- **The warmer** the weather is, **the better** I feel.

  = **As[When]** the weather is warmer, I feel better.

  날씨가 따뜻하면 할수록, 나는 기분이 더 좋다.

- **The fewer** classes are, **the happier** we are.

  = **As[When]** classes are **fewer**, we are **happier**.

  수업이 더 적으면 적을수록, 우리는 더 행복하다.

2. 형용사의 비교급이 명사를 수식할 때는 명사를 비교급 바로 뒤에 써야 한다.

- **The more** *homework* we have, **the less** *time* we have to play.

  = **As[When]** we have **more** homework, we have to play **less** time.

  (NOT : The more we have homework, the less we have to play time.)

  숙제가 더 많으면 많을수록, 우리는 놀 시간이 더 적다.

- **The more** *paper* we recycle, **the more** *energy* we can save.

  우리가 종이를 더 많이 재활용할수록, 더 많은 에너지를 절약할 수 있다.

3. 「the + 비교급…, the + 비교급~」구문에서 비교급 뒤에는 「주어 + 동사」의 절이 오는데, 상황을 알 수 있는 경우에는 「주어 + 동사」가 생략되는 경우가 많다.

- **The sooner, the better.**

  빠르면 빠를수록 좋다.

116

Exercise

D 다음 우리말에 맞도록 괄호 안의 단어를 알맞은 형태로 고치시오.

01. 높이 올라갈수록 더 추워진다.(high, cold)

The _____ we climb, the _____ it gets.

02. 나는 높이 올라갈수록 더 긴장된다.(high, nervous)

The _____ I go, the _____ I get.

03. 그녀가 많이 먹을수록 그녀는 더 살이 찐다.(much, fat)

The _____ she eats, the _____ she gets.

04. 나이가 들면 들수록 더욱 더 지혜로워진다.(old, wise)

The _____ we get, the _____ we are.

05. 네가 운동을 더 열심히 하면 할수록 더 건강해 질 것이다.(hard, healthy)

The _____ you exercise, the _____ you become.

o m·e·m·o

Exercise

E 다음 주어진 문장을 보기의 문장처럼 바꾸어 쓰시오.

> When[As] we recycle more paper, we can save more energy.
> → The more paper we recycle, the more energy we can save.

01. When we do more harm to the Earth, our lives get worse.

→ _____

02. When we practice more, our show will be better.

→ _____

03. When we gather more books, the children will be happier.

→ _____

04. When you lie more, your nose will be longer.

→ _____

05. When we visit them more often, they will be happier.

→ _____

o m·e·m·o

Exercise

F 다음 우리말과 같은 의미가 되도록 빈칸에 알맞은 말을 쓰시오.

01. 많이 가지고 있을수록 더 많이 원한다.

= _____ _____ we have, _____ _____ we want.

02. 호텔이 비쌀수록 서비스는 더 좋다.

= _____ _____ _____ the hotel is, _____ _____

the service is.

03. 클수록 더 좋다.

= _____ _____, _____ _____.

04. 엘리베이터 이용을 줄이면 줄일수록, 에너지를 더 많이 절약할 수 있다.

= _____ _____ we use an elevator, _____ _____

energy we can save.

Exercise

G 다음 우리말과 일치하도록 괄호 안의 말을 바르게 배열하시오.

01. 배가 고프면 고플수록 우리는 더 많이 사게 될 것이다.

(we, the more, the hungrier, we, buy, are, will)

_____

02. 네가 어리면 어릴수록 배우기가 더 쉬워진다.

(it, the younger, to learn, you, are, is, the easier)

_____

📧 기타

중학교 교과서에서 주요학습목표로 제시되는 단원은 없지만 비교급 문장전환에서 고난도문제로 자주 출제된다.
less와 prefer의 쓰임에 주의해야 한다.

1. A … less 형용사(원급) than B = A는 B보다 덜 ~하다

less는 little의 비교급이다. 「less + 명사」는 '더 적은 ~'으로. 「less + 형용사」의 경우 '덜 ~한'으로 해석한다.

- less time
- less food
- less sleep
- less happy
- less comfortable
- less interesting

  = unhappier
  = more uncomfortable
  = more boring

「less + 형용사」는 형용사의 반대말에 해당하는 단어의 비교급과 의미가 같다.

| 01 | 02 | 03 | 04 | 05 | 06 | 07 | 08 | 09 | 10 | 11 | 12 | 13 | 14 | 15 | 16 | 17 | 18 | 19 | 20 |

Chapter **03**

• She was **less happy than** her father.

= She was **unhappier than** her father.

그녀는 그녀의 아버지보다 덜 행복했다.

= 그녀는 그녀의 아버지보다 불행했다.

• She is **less old than** I.

= She is **younger than** I.

= I am **older than** she.

그녀는 나보다 나이가 적다.

= 그녀는 나보다 젊다.

= 나는 그녀보다 나이가 많다.

• He is **less foolish than** I.

= He is **smarter than** I.

= I am **more foolish than** he.

그는 나보다 덜 어리석다.

= 그는 나 보다 더 영리하다.

= 나는 그보다 어리석다.

Exercise

H 다음 주어진 문장과 같은 의미가 되도록 빈칸에 알맞을 말을 쓰시오

01. This ruler is less short than that one.

= This ruler is _____ than that one.

= That ruler is _____ than this one.

02. This restaurant is less small than that one.

= This restaurant is _____ than that one

= That restaurant is _____ than this one.

03. Mike is taller than Jane.

= Jane is _____ tall than Mike.

= Jane is _____ than Mike.

04. The green car was less cheap than the white car.

= The green car was _____ than the white car.

= The white car was _____ than the green car.

05. Candy is less popular than Anthony.

= Anthony is _____ popular than Candy.

06. I feel more comfortable than you.

= I feel _____ uncomfortable than you.

= You feel _____ uncomfortable than I.

o m • e • m • o
• popular 인기있는
• uncomfortable 불편한

2. prefer A to B

= like A better than B

= B보다 A를 더 좋아하다 (A와 B에는 동명사 혹은 명사가 온다.)

'prefer ~'는 '~를 더 좋아하다(like A better)'의 뜻으로 비교하는 대상 앞에 than이 아니라 to가 쓰임에 주의해야 한다.

- Which do you **like better**, meat or fish?
  = Which do you **prefer**, meat or fish?

육류와 생선 중 어느 것을 더 좋아하십니까?

- My sister **prefers** tea to coffee.
  = My sister likes tea **better than** coffee.

내 여동생은 커피보다 차를 더 좋아한다.

- Fred **prefers** driving **to** traveling by train.
  = Fred **likes** driving **better than** traveling by train.

Fred는 기차 여행보다 자동차 여행을 더 좋아한다.

Exercise

I 다음 밑줄 친 부분을 알맞은 형태로 바꾸시오.

01. He prefers fish <u>than</u> meat.

02. I prefer writing letters <u>to call</u> people.

03. He is less <u>older</u> than I.

○ m · e · m · o
- fish 생선
- meat 고기

Exercise

J 다음 두 문장이 같은 의미가 되도록 빈칸에 알맞은 말을 쓰시오.

01. Mike is taller than Jane.

= Jane is _____ tall than Mike.

02. I like Korean food better than Chinese food.

= I _____ Korean food to Chinese food.

03. Which do you prefer, the math club or the drama club?

= Which do you _____ better, the math club or the drama club?

Chapter **03**

01 다음 빈칸에 들어 갈 수 <u>없는</u> 것은?

> The weather got _____.

① cold

② colder

③ warmer

④ cold and colder

⑤ colder and colder

02 다음 빈칸에 가장 알맞은 말은?

> The world is getting _____.
> 세계는 점점 더 작아지고 있다.

① more and more small

② more and more smaller

③ smaller and smaller

④ the smallest

⑤ more small and more small

03 다음 빈칸에 들어갈 말로 가장 알맞은 것은?

> Computers are getting _____.
> (컴퓨터가 점점 중요해지고 있다.)

① more important and more important

② more and more important

③ most important and important

④ the more important and important

⑤ most important and most important

04 주관식 우리말과 같은 뜻이 되도록 괄호 안의 단어를 알맞은 형태로 바꾸어 빈칸에 쓰시오.

> 네 영어는 점점 더 좋아지고 있다.
> = Your English is getting _____
> _____ _____.(good)

05 빈칸에 들어갈 알맞은 것은?

> These days _____ people from other countries are interested in Korea.

① most and most

② many and many

③ more and most

④ much and much

⑤ more and more

06 다음 내용으로 보아 Peter의 나이로 알맞은 것은?

> • Peter is two years older than Sally.
> • Mary is 16 years old.
> • Sally is three years younger than Mary.

① 16

② 15

③ 14

④ 13

⑤ 12

07 다음 글을 읽고 가장 나이가 많은 사람은 누구인지 고르시오.

> I am sixteen years old.
> Sally is two years older than me.
> Mike is a year younger than Sally.
> Mary is three years older than Mike.
> Julie is three years older than me.

① I   ② Julie   ③ Mike
④ Mary   ⑤ Sally

08 다음 빈칸에 공통으로 들어갈 말은?

> • Which one do you like _____,
>   bananas or tomatoes?
> • I can get _____ things, but spend less
>   money.

① less   ② best   ③ better
④ much   ⑤ most

09 다음 밑줄 친 부분 중 쓰임이 어색한 것은?

> A : ⓐWhich is ⓑmore important, our
>   health ⓒand good taste?
> B : Our health ⓓis more important ⓔthan
>   good taste.

① ⓐ   ② ⓑ   ③ ⓒ
④ ⓓ   ⑤ ⓔ

10 다음 빈칸에 알맞은 말은?

> A : _____ do you like better, soccer or
>   baseball?
> B : I like soccer better.

① What   ② That   ③ Why
④ Which   ⑤ How

11 다음 대화의 빈칸에 알맞은 것은?

> A : _____
> B : No, I like soccer better.

① Do you prefer soccer to baseball?
② What's your favorite sport?
③ Do you like baseball better than soccer?
④ Is soccer your favorite sport?
⑤ Which do you like better, soccer or baseball?

12 다음 대화의 빈칸에 들어갈 말로 알맞지 <u>않은</u> 것은?

> A : Which do you like better, spring or fall?
> B : _____

① I like spring.
② No, I don't.
③ I like fall better than spring.
④ I prefer fall to spring.
⑤ I prefer spring to fall.

13 주관식
괄호 안의 단어를 활용하여 빈칸을 채우시오.

> Which book is _____ _____,
> *Little Mermaid* _____ *Peter Pan*?
> (interesting)

14 다음 대화의 빈칸에 가장 알맞은 말은?

> A : _____
> B : Mike is taller.

① Is Mike tall?

② Are you tall?

③ Do you think Mike is tall?

④ Who is taller, Mike or Bob?

⑤ Which is taller, Mike or Bob?

15 다음 빈칸에 들어갈 알맞은 것은?

> _____ more harm we do to the Earth,
> the worse our lives get.

① As   ② The   ③ This

④ That   ⑤ What

16 다음 문장의 빈칸에 들어갈 적절한 말은?

> The higher you climb, _____ the air
> becomes.

① the sooner   ② the thinner

③ the thicker   ④ the warmer

⑤ the hotter

17 내용상 빈칸에 가장 알맞은 표현은?

> The more communication develops,
> _____ the world becomes.

① the larger   ② the smaller

③ the bigger   ④ the more

⑤ the less

18 다음 빈칸에 들어갈 말이 순서대로 바르게 짝지어진 것은?

> _____ you study, _____ your grades
> get.

① Harder - better

② The harder - the best

③ The hard - the good

④ The harder - the better

⑤ Harder - the better

19 주관식
다음 빈칸에 알맞은 단어를 쓰시오.

> The (1)_____ homework we have, the
> (2)_____ time we have to play.
> (우리는 숙제가 더 많으면 많을수록, 놀 시간이 더 적다.)

20 [주관식] 다음 두 문장의 뜻이 같도록 빈칸을 채우시오.

> The lower the prices are, the more people will buy.
> = As the prices are _____, people will buy _____.

21 다음 두 문장의 뜻이 같아지도록 할 때 빈칸에 들어갈 말은?

> The higher the prices are, the less people will buy.
> = _____ the prices are higher, people will buy less.

① Wherever　② If　　　③ As
④ That　　　⑤ However

22 [주관식] 다음 문장을 읽고 빈칸에 알맞은 세 단어를 써 넣으시오.

> English is difficult.
> But math is more difficult.
> English is _____ _____ _____ math.

23 다음 밑줄 친 표현과 바꾸어 쓸 수 있는 것은?

> A : Which do you like better, spring or fall?
> B : I like spring better than fall.

① I like spring best.
② I prefer fall to spring.
③ I prefer spring to fall.
④ I like fall better than spring.
⑤ Spring is my favorite season.

24 다음 대화의 빈칸에 들어갈 말이 알맞은 것은?

> A : Which do you prefer, dancing or playing soccer?
> B : _____

① I prefer dancing to play soccer.
② I prefer dance to playing soccer.
③ I prefer dancing than playing soccer.
④ I prefer dancing to playing soccer.
⑤ I prefer dancing as playing soccer.

25 [주관식] 다음 빈칸에 들어갈 가장 알맞은 말을 쓰시오.

> I like apples better than grapes.
> = I _____ apples to grapes.

01 02 03 04 05 06 07 08 09 10 11 12 13 14 15 16 17 18 19 20

Chapter

03

26 주관식 다음 두 문장의 의미가 같도록 빈칸에 알맞은 말을 쓰시오.

> He prefers tea to coffee.
> = He likes tea _____ _____ coffee.

29 서술형 다음 영어질문에 자신의 의견을 완전한 문장으로 쓰시오.

> Q : Which do you like better, baseball or basketball?
> A : _____
>   _____

27 다음 빈칸에 들어갈 말로 짝지어진 것은?

> Whenever he has free time, he _____ watching TV _____ playing outside with his friends.

① enjoys, to ② likes, to ③ wants, to
④ prefers, to ⑤ would like to, to

30 서술형 다음 그림을 보고 괄호 안에 주어진 단어를 이용하여 비교하는 문장을 완성하시오.

<A rose>   <A lilly>

> A : Which flower do you like better?
> B : I like a rose better. (beautiful)
>
>   _____
>
> (장미가 백합보다 더 아름다워.)

28 주관식 다음 빈칸에 들어갈 알맞은 말을 <보기>에서 골라 번호를 쓰시오.

> ① the harder it is to climb
> ② the more energy we can save
> ③ the more tired we are
> ④ the colder it becomes

(1) The more paper we recycle, _____.

(2) The higher we go up, _____.

(3) The higher a mountain is, _____.

(4) The shorter the break time is, _____.

10 원급에 의한 비교

'A … as 형용사/부사 as B'구문을 이용해 A와 B 두 대상을 비교한다. 두 대상의 수, 양, 크기 등의 정도가 같거나 같지 않다는 의미를 표현 할 수 있다.

Ⓐ 두 대상의 정도가 같을 때 : as 형용사/부사 as

비교하는 두 대상의 성질이나 정도가 같을 때 「as + 원급 + as」구문을 이용하며 '~만큼 …하다'라고 해석한다.

1. A … as 형용사 as B : A는 B만큼 (형용사)하다

A 다음에 오는 본동사가 주어의 상태를 나타내는 be동사나 look, feel 등일 때는 「as + 형용사 + as」로 쓴다.

- He is **as** tall **as** I (am).   그는 나만큼 키가 크다.
- Its tongue is **as** heavy **as** an elephant.   그것의 혀는 코끼리만큼 무겁다.
- You look **as** pretty **as** this flower.   너는 이 꽃만큼 예쁘다.

2. A … as 부사 as B : A는 B만큼 (부사)하게 …하다

본동사가 일반동사(run, study, walk 등)일 경우 'as ~ as'사이에 일반동사를 수식하는 부사를 쓴다.

- He runs **as** fast **as** his brother does.   그는 그의 형만큼 빨리 달린다.
  fast는 runs를 수식하는 부사이다.
- I study **as** hard **as** his brother does.   나는 그의 형만큼 열심히 공부한다.
  hard는 study를 수식하는 부사이다.
- Minsu can speak Chinese **as** well **as** I do.   민수는 내가하는 만큼 중국어를 잘 할 수 있다.
  well은 speak를 수식하는 부사이다.

(Exercise)

A 다음 괄호 안에서 알맞은 것을 고르시오.

01. She is as pretty (than, as) a movie star.

02. Kate is as (tall, taller) as Mary.

03. I study as (hard, hardly) as you do.

04. Its tongue is as (heavy, heavily, heavier) as an elephant.

05. You look as (pretty, prettily) as this flower.

06. I'm as pretty (as, so) an actress.

07. Minsu can speak Chinese as (good, well) as I do.

08. You don't know about history as (many, much) as I do.

o m・e・m・o
• tongue 혀
• actress 여배우

01 02 03 04 05 06 07 08 09 10 11 12 13 14 15 16 17 18 19 20

Exercise

B 다음 표를 보고 빈칸에 알맞은 말을 쓰시오.

	Emma	Sophia	Daniel	Julian
Height(cm)	165	163	165	170
Age(year)	14	15	13	14
Weight(kg)	42	53	53	65

01. Emma is as tall as _____.

02. Emma is shorter than _____.

03. Sophia is as _____ _____ Daniel.

04. Sophia is shorter _____ Julian.

05. Daniel is _____ _____ as Emma.

m・e・m・o

Exercise

C 주어진 단어들을 순서에 맞게 배열하여 완전한 문장을 만드시오.

01. Mike (tall / as / his father / is / as).

_____

02. He (do / fast / as / I /as /runs).

_____

03. I can't read (fast / as / you / as / can).

_____

B 정도가 같지 않을 때 : not as 형용사/부사 as

1. A … not as[so] + 형용사 + as B : A는 B만큼 (형용사)하지 못하다

= B … 비교급 than A : B가 A보다 더 ~하다

= A … less + 원급 + than B : A는 B보다 덜 ~하다

• Tom **is not as[so] tall as** Jane.

= Jane is **taller than** Tom.

= Tom is **shorter than** Jane.

= Tom is **less tall than** Jane.

Tom은 Jane만큼 키가 크지 않다.

= Jane은 Tom보다 키가 크다.

= Tom은 Jane보다 키가 작다.

= Tom은 Jane보다 키가 덜 크다.

- She **is not as popular as** you.

  = She is **less popular than** you.

  = She is **more unpopular than** you.

  = You are **more popular than** she.

그녀는 너만큼 인기 있지 않다.

= 그녀는 너보다 덜 인기가 있다.

= 그녀는 너보다 더 인기가 없다.

= 너는 그녀보다 인기가 더 많다.

2. A ··· not as[so] + 부사 + as B : A는 B만큼 (부사)하게 ···하지 못하다

- She **didn't** walk **as fast as** he did.

  = She walked **less fast** than he did.

  = She walked **more slowly than** he did.

  = He walked **faster than** she did.

그녀는 그보다 빨리 걷지 않았다.

= 그녀는 그보다 덜 빨리 걸었다.

= 그녀는 그보다 더 천천히 걸었다.

= 그는 그녀보다 더 빨리 걸었다.

- This bed **isn't as comfortable as** that bed.

  = This bed is **less comfortable than** that bed.

  = This bed is **more uncomfortable than** that bed.

  = That bed is **more comfortable than** this bed.

이 침대는 저 침대보다 편안하지 않다.

= 이 침대는 저 침대보다 덜 편안하다.

= 이 침대는 저 침대보다 더 불편하다.

= 저 침대는 이 침대보다 더 편안한다.

o m · e · m · o

(Exercise)

D 다음 문장의 빈칸에 알맞은 말을 채우시오.

01. That pizza is more delicious than this pizza.

   = This pizza isn't _____ _____ _____ that one.

02. We played soccer better than them.

   = They didn't play soccer _____ _____ _____ us.

03. Busan is not as big as Seoul.

   = Seoul is _____ _____ Busan.

04. You are not as tall as him.

   = He is _____ _____ you.

   = You are _____ _____ him.

05. His father isn't as old as your father.

   = Your father is _____ _____ his father.

   = His father is _____ _____ your father.

01 02 03 04 05 06 07 08 09 10 11 12 13 14 15 16 17 18 19 20

Chapter 03

06. The table is more expensive than the desk.

= The desk is _____ than the table.

= The desk is _____ _____ expensive as the table.

= The desk is _____ expensive than the table.

07. The blue monster is shorter than the yellow monster.

= The blue monster is not as _____ _____ the yellow monster.

08. She is more popular than you.

= You are not _____ _____ _____ she.

= You are _____ _____ than she.

09. I don't run as fast as my brother does.

= I run _____ _____ than my brother does.

= My brother _____ _____ _____ I do.

10. My nose is longer than my arms.

= My arms _____ _____ than my nose.

= My arms aren't _____ _____ _____ my nose.

11. He is smarter than me.

= I am not _____ _____ _____ he.

12. She and I are the same age.

= She is _____ _____ _____ I.

13. He and his wife are the same height.

= He is _____ _____ _____ his wife.

o m • e • m • o

C 원급이 사용된 주요 구문

1. as ～ as possible : 가능한 ～하게 (= as ～ as + 주어 + can/could)

- I'd like to see you **as soon as possible**.

  = I'd like to see you **as soon as I can**.

- She shouts **as loudly as possible**.

  = She shouts **as loudly as she can**.

가능한 빨리 당신을 보고 싶습니다.

그녀는 가능한 크게 소리친다.

- He didn't run **as fast as possible**.

  = He didn't run **as fast as he could**.

  possible은 「주어 + can」으로 고쳐 쓸 수 있으며 시제가 과거일 때는 can 대신에 could를 써야 한다.

  그는 가능한 빨리 뛰지 않았다.

- I try to wash my face **as often as possible**.

  = I try to wash my face **as often as I can**.

  나는 가능한 자주 세수를 하려고 한다.

2. 숙어처럼 쓰이는 as ~ as 구문들

- as strong as a horse

  말처럼 힘이 센

  = as strong as an ox

  = 황소처럼 힘이 센

  = very strong

  = 매우 힘센

- as happy as a lark

  종달새처럼 행복한

  = happy as a clam

  = 조개처럼 행복한

  = on cloud nine

  = 아주 행복한

  = very happy

  = 아주 행복한

- as busy as a bee

  벌처럼 바쁜

  = very busy

  = 아주 바쁜

- as gentle as a lamb

  양처럼 순한

  = very gentle

  = 아주 순한

- as sick as a dog

  개처럼 아픈

  = very ill

  = 아주 아픈

3. A ···배수사 as 원급 as B : A는 B보다 몇 배 ~한

배수의 형태는 '2배'는 twice, 3배 이상은 「기수 + times」로 나타낸다. 2배(twice), 3배(three times), 10배(ten times)...

- This bag is **3 times as heavy as** that bag.

  이 가방은 저 가방보다 3배나 더 무겁다.

- Australia is a big land about **35 times as large as** Korea.

  호주는 한국보다 대략 35배나 큰 나라이다.

- The fighter plane can fly almost **three times as fast as** the speed of sound.

  전투기는 소리의 속도보다 거의 3배나 빠르게 비행할 수 있다.

4. as many[much] as ··· : ···만큼이나 많은

- He earns **as much as** a million won a month.

  그는 한 달에 백만 원이나 번다.

- I have **as many** books **as** you have.

  나는 네가 가지고 있는 만큼이나 많은 책을 가지고 있다.

- You won't complain **as much as** you did before.

  너는 전에 했던 것만큼 불평하진 않게 될 것이다.

01 02 03 04 05 06 07 08 09 10 11 12 13 14 15 16 17 18 19 20

• hide(숨기다) - hid - hidden
• hide oneself 숨다

Exercise

E 다음 두 문장의 뜻이 일치하도록 빈칸에 알맞은 말을 쓰시오.

01. Mike runs as fast as he can.

= Mike runs as fast as _____.

02. He hid himself as quickly as possible.

= He hid himself as quickly as _____ _____.

03. Let me know as soon as possible.

= Let me know as soon as _____ _____.

04. Linda is 6 years old. Her sister is 12 years old.

= Linda's sister is _____ _____ _____ as she.

05. This skirt is 25 dollars and that skirt is 75 dollars.

= That skirt is _____ _____ _____ _____ as this skirt.

Exercise

F 다음 우리말에 맞도록 주어진 단어를 알맞게 배열하시오.

01. 그는 나보다 나이가 두 배 많다.

= He is (as, twice, old, as) I am.

02. 이 상자는 저 상자보다 세 배 크다.

= This box is (as, times, as, three, big) that one.

03. 가능한 빨리 돌아올게요.

= I'll be back (soon, as, possible, as).

Exercise

G 다음 빈칸에 들어갈 말을 보기에서 찾아 쓰시오.

bee   dog   horse   lark   cloud

01. very strong = as strong as a _____

02. very happy = on _____ nine = as happy as a _____

03. very busy = as busy as a _____

04. very ill = very sick = as sick as a _____

01 다음 중 어법상 바른 것은?

① You're as taller as me.

② I study as harder as you do.

③ She is not as popular as you.

④ I am as prettier as an actress.

⑤ This hat is as cheapest as that one.

02 밑줄 친 부분의 표현이 가장 어색한 것은?

① Tom <u>is taller than</u> Ann.

② Jane is <u>as smart as</u> Mike.

③ Jeju-do is <u>as warm than</u> Busan.

④ My mother is <u>as old as</u> my father.

⑤ The desk is not <u>as expensive as</u> the table.

03 주관식 다음을 읽고 빈칸에 공통으로 들어갈 단어를 쓰시오.

> This desk is _____ expensive _____ the table.
>
> (이 책상은 그 테이블만큼 비싸다.)

04 서술형 우리말에 맞게 주어진 단어들을 바르게 배열하여 문장을 완성 하시오.

> 이 식당은 저 식당만큼 인기가 많지 않다.
>
> = This restaurant is (that / popular / as / not / as / restaurant).

→ This restaurant is _____

_____ .

05 주관식 다음 문장의 뜻이 같도록 빈칸에 알맞은 말을 쓰시오.

> John and Jane are the same age.
>
> = John is _____ _____ _____ Jane.

06 다음 우리말에 맞도록 빈칸에 들어갈 적당한 말은?

> I found a tree _____ a building.
>
> (나는 건물만큼 큰 나무를 발견했다.)

① taller　　　　　　② much taller

③ the tallest　　　　④ as taller as

⑤ as tall as

07 주관식 두 문장의 뜻이 같도록 빈칸에 알맞은 말을 쓰시오.

> You're not as strong as I.
> = I'm _____ _____ you.

08 주관식 주어진 두 문장이 뜻이 같도록 빈칸에 들어갈 알맞은 말을 쓰시오.

> Seoul is bigger than Busan.
> = Busan is not _____ _____ _____
>   Seoul.

09 다음 빈칸에 들어갈 말로 알맞은 것은?

> · Ann is fast.
> · Tom is faster than Ann.
> → So Ann is _____ Tom.

① as slow as ② as fast as
③ faster than ④ not as fast as
⑤ not as slow as

10 다음 중 의미가 나머지 넷과 다른 하나는?

① He is not as smart as his brother.
② He is more foolish than his brother.
③ He is less smart than his brother.
④ His brother is more clever than he.
⑤ His brother is less clever than he.

11 다음 중 쓰임이 올바른 문장을 고르면?

① He runs as fast as his brother does.
② This bed isn't as comfortable so that bed.
③ Minsu can speak Chinese as good as I do.
④ You don't know about history as many as I do.
⑤ This restaurant is as more popular as that one.

12 고난도 다음 밑줄 친 곳에 들어갈 알맞은 단어를 고르시오.

> She is not as popular as you.
> = She is _____ popular than you.

① more ② much ③ less
④ least ⑤ little

13 다음 문장과 의미가 같은 것은?

> This bed isn't as comfortable as that bed.

① That bed is less comfortable than this bed.
② This bed is as comfortable as that bed.
③ That bed is not so comfortable as this bed.
④ That bed is more comfortable than this bed.
⑤ This bed is more comfortable than that bed.

14 다음 문장과 의미가 가장 유사한 것은?

> She didn't study as hard as I did.

① I didn't study hard.

② She didn't study hard.

③ I studied harder than she.

④ She studied harder than me.

⑤ She studied hard. I studied hard, too.

15 다음 문장 중 의미가 나머지 넷과 <u>다른</u> 하나는?

① The bag is more expensive than the book.

② The book is cheaper than the bag.

③ The book is not as expensive as the bag.

④ The bag is not as cheap as the book.

⑤ The book is less cheap than the bag.

16 다음 도표의 내용과 일치하는 것은?

	Bill	Mike	Ted
나이(year)	14	14	16
키(cm)	170	175	170

① Bill is as tall as Ted.

② Mike is not as old as Bill.

③ Bill is older than Mike.

④ Ted is not as tall as Bill.

⑤ Mike is shorter than Ted.

17 아래 표를 보고 올바르게 표현하지 <u>못한</u> 것을 모두 고르면?

	Minwoo	Junsu
Age(year)	15	15
Height(cm)	158	160
Weight(kg)	55	58
Grade	95	87
Eyesight	1.0	0.6

① Minwoo is as old as Junsu.

② Junsu is as tall as Minwoo.

③ Minwoo is as heavy as Junsu.

④ Junsu is not as smart as Minwoo.

⑤ Junsu's eyesight is not as good as Minwoo's.

18 주관식 주어진 두 문장을 읽고 비교급을 사용하여 빈칸을 채우시오.

> • Kate is 165 cm tall.
>
> • Ben is 165 cm tall, too.
>
> → Kate is _____ _____ _____ Ben.

19 서술형 다음 괄호 안에 주어진 단어를 이용하여 문장을 완성하시오.

> I think I'm lucky and I'm satisfied with my life. So people say, "You're (as / a lark / happy /as)."
>
> → _____

01 02 03 04 05 06 07 08 09 10 11 12 13 14 15 16 17 18 19 20

[서술형]
20 다음 표를 보고, 주어진 단어와 「as ~ as」구문을 사용하여 문장을 완성하시오.

	Ted	Junho
Height(cm)	165	165
Weight(kg)	55	50

(1) Ted is _____ _____ _____
    _____.(tall)
(2) Junho is _____ _____ _____
    _____ _____.(heavy)

21 다음 밑줄 친 부분과 바꿔 쓸 수 있는 표현은?

> He ran as fast as possible.

① as fast as one can
② as fast as he can
③ as faster as he can
④ as fast as he could
⑤ as faster as he could

22 다음 문장의 빈칸에 알맞은 것은?

> He ate as _____ as he could.

① much   ② far   ③ many
④ short   ⑤ large

23 다음 밑줄 친 부분 중 어법상 어색한 것은?

① You can take as many as you could.
② She shouts as loudly as she can.
③ He didn't run as fast as he could.
④ He hid himself as quickly as possible.
⑤ He wanted to visit his hometown as soon as possible.

[주관식]
24 다음 두 문장의 뜻이 같도록 빈칸에 알맞은 말을 쓰시오.

> He came as early as possible.
> = He came as early as he _____.

25 주어진 우리말에 맞게 빈칸에 알맞은 말은?

> Nancy cried for help _____.
> (Nancy는 도와달라고 가능한 한 큰소리로 외쳤다.)

① as loudly as she can
② as loudly as she possible
③ as loudly as she could
④ loudly as she as can
⑤ as loudly as could she

26 〔서술형〕 다음 우리말에 맞도록 주어진 단어를 바르게 배열하시오.

> 나는 가능한 많이 그들과 대화하려고 노력한다.
> = I try to talk with them (much, as, I, can, as).

→ _____

27 〔주관식〕 다음 빈칸에 공통적으로 들어갈 말을 쓰시오.

> • Someday I hope that I can build buildings
> _____ beautiful _____ they are.
> • More importantly, try to read _____
> much _____ possible.

28 〔주관식〕 다음 우리말과 뜻이 같도록 빈칸에 알맞은 말을 쓰시오.

> The fighter plane can fly almost _____
> _____ as fast _____ the speed of
> sound. (전투기는 소리의 속력보다 거의 3배나 빠르
> 게 날 수 있다.)

29 〔서술형〕 다음 주어진 단어를 뜻이 통하도록 바르게 배열하시오.

> Australia is a big land about (as, times, as,
> Korea, 35, large).

→ _____

30 〔주관식〕 다음 우리말과 뜻이 같도록 빈칸에 알맞은 말을 쓰시오.

> 우리 아버지의 손은 내 손의 약 두 배나 크다.
> = My father's hands are about _____
> _____ _____ _____ mine.

31 다음 문장의 밑줄 친 부분 중 어법상 잘못된 것은?

> This house is almost three time as big as
>   ①   ②   ③   ④
> that one.
>   ⑤

01 02 03 04 05 06 07 08 09 10 11 12 13 14 15 16 17 18 19 20

32 〔주관식〕 다음 우리말과 같도록 빈칸에 알맞은 말을 쓰시오.

> He earns as _____ as a million won a month. (그는 한 달에 백만 원이나 번다.)

33 다음 문장의 밑줄 친 부분 중 어법상 잘못된 것은?

> I have as many book as you have.
> ① ② ③ ④ ⑤

34 〔주관식〕 다음 문장과 같은 뜻이 되도록 영작하시오.

> The wolf is cleverer than I.
> = I'm _____ _____ _____ _____ the wolf.

35 〔서술형〕 다음 두 문장이 의미가 같도록 「as ~ as」구문을 활용하여 문장을 완성하시오.

> Sam is older than Tom.

→ Tom _____ Sam.

36 〔서술형〕 주어진 단어를 활용하여 우리말과 같도록 영작하시오.

> (1) 북극곰의 털은 눈처럼 하얗다.
>   (a polar bear's fur, snow)
> → _____
> (2) 그의 눈은 바다처럼 파랗다.
>   (blue, eyes, the sea)
> → _____

37 〔서술형〕 틀린 부분을 찾아 바르게 고치고 문장을 다시 쓰시오.

(1) I eat not as much as a pig.

→ _____

(2) The cat is more bigger than the mouse.

→ _____

최상급에 의한 비교

어떤 사람이나 사물의 상태를 말하고자 할 때는 형용사의 원급을 쓰고, 다른 사람 혹은 다른 것과 비교해서 '더 ~한' 상태를 말하고자 할 때는 비교급을 쓴다. 그리고 어떤 그룹이나 지역에서 '가장 ~한' 상태를 말하고자 할 때는 최상급을 쓴다.

Ⓐ 원급, 비교급, 최상급

● 셋 이상의 대상 중에서 '가장 ~한'이라는 의미를 말할 때 「the + 최상급 + 명사」의 형태를 쓴다.

	Mason	William	David
Height(cm)	167	170	163

● **William is tall.**
William을 다른 사람과 비교하지 않고 키가 크다는 사실만을 나타낸다.

William은 키가 크다.

● **William is taller than David.**
William과 David 두 사람의 키를 비교하여 어느 한쪽이 '더 ~한/~하게'라고 말할 때 「비교급 + than」을 이용한다.

William은 David보다 키가 더 크다.

● **William is the tallest** (person) of the three.
셋 이상의 사람·사물 중에서 '가장 ~하다'는 뜻을 나타낼 때는 최상급을 사용한다. 형용사의 최상급은 정관사 'the'와 함께 쓰인다.

William은 셋 중에서 가장 키가 크다.

● 비교되는 범위를 나타낼 때 「in + 단수(집단, 장소)」 또는 「of + 복수(대상, 구성원)」 등을 쓴다.

the + 최상급 ~ in + 단수(집단, 장소)	in Korea, in the world, in my family, in our class, in the store
the + 최상급 ~ of[among] + 복수(대상, 구성원)	of the three, of all, among the four

● **She is the smartest** student **in** our class.

그녀는 우리 반에서 가장 똑똑한 학생이다.

● **She is the smartest** student **of** all three sisters.

그녀는 세 자매들 중에서 가장 똑똑한 학생이다.

● **My mother gets up earliest in** my family.
부사의 최상급 앞에는 정관사 the를 쓰지 않는다.

엄마는 우리 가족 중에서 가장 일찍 일어나신다.

● 최상급 만드는 법

대부분의 1음절 단어	원급 + -est	fast - faster - fastest / slow - slower - slowest tall - taller - tallest / smart - smarter - smartest
'-e'로 끝나는 단어	원급 + -st	large - larger - largest
「자음 + y」로 끝나는 2음절 단어	y → i + -st	pretty - prettier - prettiest heavy - heavier - heaviest
「단모음 + 단자음」으로 끝나는 1음절 단어	마지막 자음을 한 번 더 쓰고 -est	big - bigger - biggest hot - hotter - hottest
3음절 이상의 단어 및 '-ous, -ing, -ful' 등으로 끝나는 단어	most + 원급	expensive - more expensive - most expensive popular - more popular - most popular interesting - more interesting - most interesting
불규칙하게 변하는 단어	불규칙 변화형	many - more - most / little - less - least good - better - best / bad - worse - worst

Exercise

A 다음 빈칸에 적절한 말을 쓰시오.(밑줄에 2단어 이상 가능)

01. Fred는 셋 중에서 가장 키가 크다.(tall)

= Fred is _____ of the three.

02. Jane은 셋 중에서 가장 어리다.(young)

= Jane is _____ of the three.

03. 남극은 지구에서 가장 추운 지역입니다.(cold)

= Antarctica is _____ place on Earth.

04. 내 인생에서 가장 행복한 날이었다.(happy)

= It was _____ day of my life.

05. 준수는 모든 학생들 중에서 가장 몸무게가 많이 나간다.(heavy)

= Junsu is _____ of all the students.

06. 이것은 가게에서 가장 비싼 카메라이다.(expensive)

= This is _____ camera in the shop.

07. 축구는 이탈리아에서 가장 인기 있는 스포츠이다.(popular)

= Soccer is _____ sport in Italy.

08. 그것은 이제까지 먹어본 아이스크림 중 가장 독특한 것이었다.(unique)

= It was _____ ice cream I've ever had.

o m・e・m・o

09. 셋 중에서 누가 가장 나이가 많니?

= Who is the oldest _____ the three?

10. 저 학교가 그 도시에서 가장 오래된 건물이다.

= That school is the oldest building _____ the city.

(Exercise)

B 다음 괄호 안에서 알맞은 말을 고르시오.

01. What is the (heavy, heavier, heaviest) animal on Earth?

02. I'm (tall, taller, the tallest) than you.

03. It is the (long, longer, longest) speed skating race in the world.

04. Math is as (easy, easier, the easiest) as English.

05. Who's (beautiful, more beautiful, the most beautiful) woman in the country?

06. The houses looked (small, smaller, the smallest) than my hands.

07. The feathers are (good, better, the best) than the straw.

08. This dog is as (heavy, heavier, the heaviest) as that cat.

09. It was the (great, greater, greatest) moment of my life.

10. Fresh food like vegetables needs (little, less, the least) water than food like bread.

11. The girl came (early, earlier, the earliest) than I.

12. This is (expensive, more expensive, the most expensive) hotel in Seoul.

13. She is (funny, funnier, the funniest) than any other person I know.

14. The melon is (big, bigger, the biggest) fruit in the store.

15. It was the (amazing, more amazing, most amazing) experience of my life.

o m・e・m・o
• feather 깃털
• moment 순간
• experience 경험

140

Chapter 03

ⓑ 원급과 비교급으로 최상급의 의미를 갖는 구문

원급과 비교급으로도 최상급과 같은 의미를 갖는 문장을 만들 수 있다. 우리말 해석을 생각해가며 최상급 문장이나 최상급의 의미를 지닌 문장은 항상 서로 바꿀 수 있도록 연습해야한다.

- Seoul is **the largest** city in Korea. 〈최상급〉

  = **No** (other) city in Korea is **as[so] large as** Seoul. 〈원급〉

  = **No** (other) city in Korea is **larger than** Seoul. 〈비교급〉

  = Seoul is **larger than any other** city in Korea. 〈비교급〉

  = Seoul is **larger than all the other** cities in Korea. 〈비교급〉

- Time is **the most precious** thing. 〈최상급〉

  = **Nothing** is **as[so] precious** as time. 〈원급〉
  no thing은 nothing으로 쓸 수 있다.

  = **Nothing** is **more precious than** time. 〈비교급〉

  = Time is **more precious than any other** thing. 〈비교급〉

  = Time is **more precious than anything else**. 〈비교급〉
  any other thing 대신에 anything else(그 밖의 어떤 것)로 쓸 수 있다.

서울은 한국에서 가장 큰 도시이다.
= 서울만큼 큰 도시는 한국에 없다.
= 서울보다 더 큰 도시는 한국에 없다.
= 서울은 한국에서 어떤 다른 도시보다 더 크다.
= 서울은 한국에 있는 모든 다른 도시들보다 더 크다.

시간은 가장 귀중한 것이다.
= 시간만큼 귀중한 것은 없다.
= 시간보다 더 귀중한 것은 없다.
= 시간은 다른 어떤 것보다 귀중하다.
= 시간은 그 밖의 어떤 것보다 더 귀중하다.

Exercise

C 다음 우리말을 조건에 맞게 영작하시오.

> 미시시피강은 세상에서 가장 긴 강이다.

01. 최상급이용

= The Mississippi _____.

02. 원급이용

= No _____.

03. 비교급이용

= No _____.

04. 비교급이용

= The Mississippi _____.

05. 비교급이용

= The Mississippi _____.

m·e·m·o

o m · e · m · o

> 장미가 이 정원에서 가장 예쁜 꽃이다.

06. 최상급이용

= The rose _____ .

07. 원급이용

= No _____ .

08. 비교급이용

= No _____ .

09. 비교급이용

= The rose _____ .

10. 비교급이용

= The rose _____ .

> 브루클린 다리는 세계에서 가장 튼튼한 다리였다.

11. 최상급이용

= The Brooklyn Bridge was _____ .

12. 원급이용

= No _____ .

13. 비교급이용

= No _____ .

14. 비교급이용

= The Brooklyn Bridge _____ .

15. 비교급이용

= The Brooklyn Bridge _____ .

> 상호(Sangho)는 그의 반에서 가장 영리한 소년이다.

16. 최상급이용

= Sangho _____ .

17. 원급이용

= No other boy _____ .

01 02 03 04 05 06 07 08 09 10 11 12 13 14 15 16 17 18 19 20

18. 비교급이용

= No _____ .

19. 비교급이용

= Sangho _____ .

20. 비교급이용

= Sangho _____ .

> 그 도서관은 마을에서 가장 큰 건물이다.

21. 최상급이용

= The library _____ .

22. 원급이용

= No (other) building in town _____ .

23. 비교급이용

= No (other) building in town _____ .

24. 비교급이용

= The library is _____ .

25. 비교급이용

= The library is _____ .

> 그녀는 우리 마을에서 가장 매력적인 여자이다. (**attractive**)

26. 최상급이용

= She is _____ .

27. 원급이용

= No (other) woman in our town _____ .

28. 비교급이용

= No (other) woman in our town _____ .

29. 비교급이용

= She is _____ .

30. 비교급이용

= She is _____ .

> Mary의 탑이 가장 높은 탑이다.

31. 최상급 이용

= Mary's tower _____.

32. 원급이용

= No (other) person's tower _____.

33. 비교급이용

= No (other) person's tower _____.

34. 비교급이용

= Mary's tower _____.

> 건강은 가장 중요한 것이다.

35. 최상급이용

= Health is _____.

36. 원급이용

= Nothing _____.

37. 비교급이용

= Nothing _____.

38. 비교급이용

= Health _____.

C one of the 최상급 + 복수명사 = 가장 ~한 것들 중에 하나

- 「one of the」 최상급 뒤에는 항상 복수명사가 오는 것에 주의한다.
  - He is **one of the greatest writers** in Korea.
  - He is **one of the best teachers** in our school.
  - New York is **one of the busiest cities** in the world.
- 「one of the 최상급 + 복수명사」가 주어가 될 때 단수 취급함에 주의한다.
  - One of the longest travelers **is** the hummingbird.
  - One of the nicest birthday presents **was** an expensive, gold toothpick.

그는 한국에서 가장 훌륭한 작가들 중의 한 분이다.
그는 우리 학교에서 가장 좋은 선생님들 중 한 분이다.
뉴욕은 세계에서 가장 바쁜 도시들 중 하나이다.

가장 긴 거리를 여행하는 새들 중 하나가 벌새이다.
가장 좋은 생일 선물 중 하나는 비싼 금 이쑤시개였습니다.

144

01 02 03 04 05 06 07 08 09 10 11 12 13 14 15 16 17 18 19 20

Exercise

D 다음 빈칸에 알맞은 말을 써 넣으시오.

01. 그는 그 나라에서 가장 부유한 사람 중 한명이다.

He is one of _____ _____ _____ in the country.

02. 그녀는 세상에서 가장 유명한 가수들 중 한명이다.

She is one of _____ _____ _____ _____ in the world.

03. 야구는 한국에서 가장 인기 있는 운동 중 하나이다.

Baseball is _____ _____ _____ _____ popular sports in Korea.

04. 춤은 미술에서 가장 인기 있는 주제 중 하나이다.

Dance is one of _____ _____ _____ _____ for art.

05. 이 그림은 세상에서 가장 비싼 그림 중 하나이다.

This painting is one of _____ _____ _____ paintings in the world.

06. 세계에서 가장 건강한 음식 중 하나가 김치이다.

One of the _____ _____ in the world _____ kimchi.

07. 한국의 가장 유명한 가수들 중 한명은 Sunny이다.

One of the most _____ _____ in Korea _____ Sunny.

o m · e · m · o
• country 나라
• popular 인기있는
• painting 그림

145
juice grammar

01 다음 중 형용사와 최상급이 잘못 연결된 것은?

① happy - most happiest

② interesting - most interesting

③ expensive - most expensive

④ dangerous - most dangerous

⑤ good - best

02 다음 중 형용사의 비교급과 최상급이 바르게 짝지어진 것은?

① big - biger - bigest

② new - newer - newest

③ heavy - heavyer - heavyest

④ small - more small - most small

⑤ dangerous - more dangerouser- most
　　dangerousest

03 다음 빈칸에 들어갈 말을 순서대로 짝지은 것은?

> • Today is the _____ day of my life.
> • He is the _____ in the world.

① sadest - happiest

② saddest - happiest

③ saddest - happy

④ sadest - happyest

⑤ saddest - happyest

04 다음 우리말을 영어로 옮긴 것 중 가장 알맞은 것은?

> 그는 반에서 가장 빠르다.

① He is fast in his class.

② He is faster than his class.

③ He is the faster than his class.

④ He is fastest in his class.

⑤ He is the fastest in his class.

05 주어진 단어를 알맞게 고쳐 빈칸을 채우시오.

> The Nile is the _____ river in the world.
> (long)

06 다음 빈칸에 들어갈 가장 알맞은 말은?

> She is _____ student in my class.

① smart　　　　　　② smartest

③ the smarter　　　④ more smart

⑤ the smartest

07 다음 빈칸에 알맞은 말은?

> Which is _____ longest river in Korea?

① a　　　　② an　　　　③ the

④ best　　　⑤ most

01　02　03　04　05　06　07　08　09　10　11　12　13　14　15　16　17　18　19　20

08 다음 빈칸에 알맞은 표현은?

> He is the _____ man in the world.

① more great
② great
③ most great
④ greater
⑤ greatest

09 다음 문장의 빈칸에 차례대로 알맞은 것은?

> • That camera is the _____ of the three.
> • This is the _____ bag in this store.

① best expensive - most pretty
② best expensive - prettiest
③ more expensive - more pretty
④ most expensive - most pretty
⑤ most expensive - prettiest

10 다음 밑줄 친 부분이 **잘못** 쓰인 것은?

> I will buy ①the ②most ③coolest ④bike ⑤with this money.

11 [주관식] 다음 주어진 상황에 적절한 단어를 넣어 문장을 완성하시오.

> It was a very happy day.
> It was _____ _____ day of my life.
> 　　　　(가장 행복한)

12 다음 빈칸에 들어갈 알맞은 말은?

> American football is _____ sport in America.
> (미식 축구는 미국에서 가장 인기 있는 운동이다.)

① popular
② popularest
③ more popular
④ most popular
⑤ the most popular

13 다음 대화의 빈칸에 들어갈 말이 알맞게 짝지어진 것은?

> A : What is the _____ animal on the farm?
> B : The pig is.
> A : Is it _____ than the horse and the cow?
> B : No, it isn't.

① big - big
② big - bigger
③ big - biggest
④ biggest - bigger
⑤ bigger - biggest

14 다음 대화의 빈칸에 알맞은 말끼리 순서대로 연결된 것은?

> • So-ra is taller _____ me.
> • So-ra is _____ tallest _____ all.
> • So-ra is _____ tallest _____ our class.

① than - a - of - the - in
② the - the - in - the - of
③ the - than - of - than - in
④ than - the - in - the - of
⑤ than - the - of - the - in

15 다음의 세 자동차를 올바르게 표현한 것은?

	A	B	C
생산년도	1988	2000	2003
가격	$5,000	$30,000	$20,000

① B is the oldest of the three cars.

② A is the newest of the three cars.

③ C is the smallest of the three cars.

④ C is the cheapest of the three cars.

⑤ B is the most expensive of the three cars.

16 [고난도] [주관식]
다음 두 문장의 의미가 같도록 빈칸에 알맞은 말을 쓰시오.

He is the fastest runner in my class.
= He _____ _____ in my class.

17 다음 표의 내용과 일치하는 것은?

Name	Age(year)	Height(cm)	Weight(kg)
Su-jin	15	162	53
Jane	13	162	50
Peter	14	165	50

① Peter is the oldest of the three.

② Su-jin is the tallest of the three.

③ Su-jin is the heaviest of the three.

④ Peter is as tall as Jane.

⑤ Su-jin is taller than Jane.

18 다음 빈칸에 들어갈 말이 알맞은 것은?

He had scored _____ goals than any other soccer player at that time.

① many   ② much   ③ more

④ the most   ⑤ as

19 다음 중 어법상 바르지 <u>않은</u> 것은?

Mike eats <u>more</u> <u>hamburgers</u> <u>than</u> any
　　　　　　①　　　　②　　　　③
<u>other</u> <u>students</u>.
　④　　　⑤

20 다음 빈칸에 들어갈 말이 순서대로 바르게 짝지어진 것은?

The Brooklyn Bridge was _____ than any other bridge in the world.
= The Brooklyn Bridge was the _____ bridge in the world.

① strong - stronger

② stronger - strongest

③ strongest - strong

④ strongest - stronger

⑤ strongest - strongest

01 02 03 04 05 06 07 08 09 10 11 12 13 14 15 16 17 18 19 20

21 주관식 다음 빈칸에 들어갈 말로 가장 알맞은 것은?

> I think Lee Jungseop is more famous than any other artist.
>
> = I think _____ _____ artist is more famous than Lee Jungseop.

22 다음 빈칸에 들어갈 알맞은 말은?

> She is the most popular singer in Korea.
>
> = She is _____ than any other singer in Korea.

① popular
② more popular
③ better popular
④ much popular
⑤ most popular

23 주관식 두 문장의 뜻이 같아지도록 빈칸에 알맞은 표현을 쓰시오.

> Health is the most important thing.
>
> = _____ is more important _____ health.

24 다음 문장과 의미가 같은 문장은?

> He is the tallest boy in his class.

① He is not taller than any boy in his class.
② He is not as tall as any boys in his class.
③ He is as tall as any boys in his class.
④ He is taller than any other boy in his class.
⑤ No one is not as tall as he in his class.

25 주관식 문장들의 의미가 같도록 빈칸에 공통으로 들어갈 말을 순서대로 쓰시오.

> The pink car is the cheapest.
>
> = The pink car is _____ _____ any other car.
>
> = No car is _____ _____ the pink car.

26 다음 문장 중 의미가 <u>다른</u> 하나는?

① Jane is the tallest student in her class.
② Jane is taller than any other student in her class.
③ No other student in her class is taller than Jane.
④ No other student in her class is as tall as Jane.
⑤ Jane isn't as tall as other students in her class.

27 다음 중 의미가 <u>다른</u> 것은?

① Nothing is more important than health.
② Nothing is as important as health.
③ Health is the most important thing.
④ Health is more important than anything else.
⑤ Health is not so important as anything else.

28 다음 중 의미가 <u>다른</u> 하나는?

① Time is the most important thing.

② Nothing is as important as time.

③ Nothing is more important than time.

④ Time is more important than any other thing.

⑤ Nothing is so important than time.

29 다음 두 문장의 의미가 서로 같지 <u>않은</u> 것은?

① The tree in front of the school is the tallest tree in town.

= The tree in front of the school is taller than any other tree in town.

② Tim's restaurant is the most popular in town.

= Tim's restaurant is more popular than any other restaurant in town.

③ No other student in the class runs so fast as Amy.

= Amy runs faster any other student in the class.

④ My mother cooks best in the world.

= No other cook in the world cooks better than my mother.

⑤ She sings better than any other singer in Korea.

= No other singer in Korea sings better than any other singer.

30 주관식 다음 우리말을 영어로 쓸 때, 빈칸에 들어갈 알맞은 표현을 쓰시오.

> Rome is one of the _____ _____ in the world.
>
> 로마는 세계에서 가장 오래된 도시 중의 하나다.

31 다음 중 어법상 바르지 <u>않은</u> 것은?

> The <u>Korean flag</u> <u>is</u> <u>one of the most</u>
>   ①   ②   ③
> <u>beautiful flag</u> I <u>have ever seen</u>.
>   ④   ⑤

32 다음 중 어법상 옳은 문장은?

① Nothing is most precious than time.

② No other player is strongest than Jim.

③ Minsu can speak Chinese as good as I do.

④ He runs as faster as I do.

⑤ This pizza isn't as delicious as that one.

01 02 03 04 05 06 07 08 09 10 11 12 13 14 15 16 17 18 19 20

33 다음 중 어법상 어색한 것은?

> One of the most popular jobs were being
> ①   ②   ③   ④
> an interpreter.
>   ⑤

34 다음 중 어법상 옳지 않은 것은?

① He is the most famous artist in Korea.

② The worst movie of this year is "Matrix 3."

③ This is the cheapest one.

④ English is the easiest subject for me.

⑤ He is one of the greatest person in the world.

35 다음 중 어법상 옳은 문장은?

① This is one of the most popular dish in all of China.

② One of the most longest travelers is the hummingbird.

③ One of the healthiest foods in the world is Kimchi.

④ One of the most famous singers in Korea are Psy.

⑤ One of the most delicious street foods in Korea are tteokbokki.

36 주관식 그림을 보고 비교급 또는 최상급을 사용하여 동물의 나이를 비교하는 문장을 완성하시오

8 months old   2 years old   1 year old

(1) The cat is _____ the panda.

(2) The rabbit is _____ of all.

37 고난도 다음 조사 내용과 일치하도록 ⓐ~ⓒ에 알맞은 말이 바르게 짝지어진 것은?

> What time do you usually get up in the morning?
>
> Ron : I usually get up at 6:30.
>
> Jason : I usually get up at 6:50.
>
> Sunny : I usually get up at 7:30.

> Ron gets up ⓐ_____ of the three.
> Sunny gets up ⓑ_____ than Jason.
> Jason gets up ⓒ_____ than Sunny.

	ⓐ	ⓑ	ⓒ
①	earliest	latter	earlier
②	the earliest	latter	earlier
③	the earliest	later	more early
④	earliest	later	earlier
⑤	the earliest	latter	more early

38 서술형 〈보기〉와 같이 최상급 문장으로 바꾸시오.

> Jane is a smart student. (in my class)
> → Jane is the smartest student in my class.

> ① He is a good singer. (in Korea)
> → He is _____ _____ _____ in Korea.
> ② Russia is a big country. (in the world)
> → Russia is _____ _____ _____ in the world.

39 서술형 우리말과 의미가 같도록 빈칸에 알맞은 영어를 쓰시오.

> 남극 얼음 마라톤은 세계에서 가장 힘든 마라톤 중에 하나이다. (tough)
> → The Antarctic Ice Marathon is _____
> _____ _____ _____ _____
> in the world.

40 서술형 우리말과 같은 의미가 되도록 괄호 안의 단어를 이용하여 어법에 맞는 문장을 쓰시오.

> (1) Noah는 그의 학급에서 가장 좋은 학생이다. (good)
> → _____
> in his class.
> (2) 그녀는 내가 아는 다른 어떤 사람보다 더 재미있다. (funny)
> → _____
> person I know.

41 서술형 다음 빈칸에 들어갈 알맞은 말을 쓰시오.

> Jinho is the smartest student in my class.
> = (1) Jinho is _____ _____ _____ other student in my class.
> = (2) _____ other student in my class is _____ than Jinho.
> = (3) No other student in my class is _____ smart _____ Jinho.

42 서술형 다음 우리말을 영어로 옮길 때 빈칸에 알맞은 말을 쓰시오.

> 그녀는 세계에서 가장 유명한 작가들 중 한 명이 되었다.
> = She became _____ _____ _____
> _____ _____ _____ in the world.

Chapter **04**

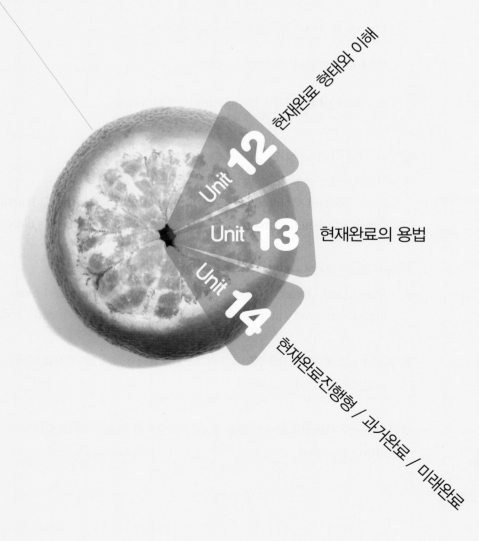

UNIT 12 현재완료 형태와 이해

과거에 '완료된 동작'이나 '변화된 상태'가 현재도 그대로임을 나타낼 때 현재완료를 쓴다. 현재완료의 형태는 「have + 과거분사(p.p.)」이다.

Ⓐ 현재완료 형태

1. have[has] + 과거분사

주어	현재완료 형태
I, We, You, They	**have + p.p.**
He, She, It	**has + p.p.**

현재완료는 「have + 과거분사(p.p.)」로 나타내는데, 주어가 3인칭 단수이면 「has + p.p.」로 쓴다.

- I **have known** her for three years.
  for + 숫자 + 시간단위명사(hour, day, month, year 등) : ~ 동안

  나는 3년 동안 그녀를 알고 지내왔다.

- He **has helped** me with science.
  help A with B : A가 B하는 것을 돕다

  그는 내가 과학 공부하는 것을 도와주었다.

- She **has played** the gayageum for five years.
  악기(gayageum)를 '연주하다'라고 말할 때 악기이름 앞에 정관사 the를 쓴다.

  그녀는 5년 동안 가야금을 연주했다.

2. 과거분사의 규칙 변화

❶ 대부분의 동사는 −ed를 붙여 과거, 과거분사를 만든다.

- look - looked - looked
- learn - learned - learned

보다, ~처럼 보이다/배우다

- finish - finished - finished
- clean - cleaned - cleaned

끝마치다/청소하다

❷ −e로 끝나는 동사는 −d만 붙여서 과거, 과거분사를 만든다.

- live - lived - lived
- bake - baked - baked

살다/굽다

- arrive - arrived - arrived
- reduce - reduced - reduced

도착하다/줄이다

❸ 「자음 + y」로 끝나는 동사는 y를 i로 고치고 −ed를 붙여서 과거, 과거분사를 만든다.

- study - studied - studied
- cry - cried - cried

공부하다/울다

❹ 「단모음 + 단자음」으로 끝나는 1음절 동사는 자음 하나를 더 쓰고 −ed를 붙인다.

- stop - stopped - stopped
- plan - planned - planned

멈추다/계획하다

3. 과거분사의 불규칙 변화

❶ 형태가 같은 것(A − A − A)

- cut - cut - cut
- read - read - read

- put - put - put
- hurt - hurt - hurt

자르다/놓다
읽다/상처를 주다

❷ 원형과 과거분사가 같은 것(A − B − A)

- come - came - come

- run - ran - run

오다/달리다

❸ 과거형과 과거분사형이 같은 것(A − B − B)

- make - made - made
- feel - felt - felt
- fight - fought - fought
- buy - bought - bought
- build - built - built
- leave - left - left
- lose - lost - lost
- spend - spent - spent
- teach - taught - taught
- win - won - won

- say - said - said
- find - found - found
- meet - met - met
- bring - brought - brought
- catch - caught - caught
- lend - lent - lent
- sell - sold - sold
- hear - heard - heard
- send - sent - sent
- sleep - slept - slept

만들다/말하다
느끼다/찾다
싸우다/만나다
사다/가져오다
짓다/잡다
떠나다/빌려주다
잃다/팔다
소비하다, 보내다/듣다
가르치다/전송하다
이기다/잠자다

❹ 원형, 과거형, 과거분사형이 모두 다른 것 (A − B − C)

- be(am/are/is) - was/were - been
- see - saw - seen
- take - took - taken
- eat - ate - eaten
- know - knew - known
- fly - flew - flown
- steal - stole - stolen
- wear - wore - worn
- draw - drew - drawn
- blow - blew - blown
- speak - spoke - spoken

- do - did - done
- go - went - gone
- give - gave - given
- break - broke - broken
- fall - fell - fallen
- sing - sang - sung
- write - wrote - written
- ride - rode - ridden
- begin - began - begun
- forget - forgot - forgotten
- rise - rose - risen

~이다, 있다/~하다
보다/가다
가져가다/주다
먹다/부수다
알다/떨어지다
날다/노래하다
훔치다/쓰다
입다/(말, 자전거 등)을 타다
그리다/시작하다
(바람이) 불다/잊다
말하다, 연설하다/(해, 달이) 뜨다, (가격이) 오르다

⑤ 과거와 과거분사의 형태가 헷갈리기 쉬운 동사

목적어의 유무와 문장에서의 의미를 확인해서 알맞게 써야 한다. 특히 과거형 구별에 유의해야 한다.

- find - found - found   찾다

- found - founded - founded   (건물을) 설립하다, 세우다

- lie - lied - lied   거짓말하다
  자동사이므로 목적어가 필요 없다.

- lie - lay - lain   눕다, 놓여있다
  자동사이므로 목적어가 필요 없다.

- lay - laid - laid   ~을 놓다, 눕히다
  타동사이므로 목적어가 필요하다.

Exercise

A 다음 동사의 뜻 그리고 과거형과 과거분사형을 쓰시오.

	뜻	과거	과거분사
01. be			
02. do			
03. have			
04. go			
05. finish			
06. lose			
07. hear			
08. hide			
09. leave			
10. arrive			
11. hurt			
12. meet			
13. read			
14. see			
15. sell			
16. spend			

o　m・e・m・o

17. know

18. write

19. come

20. put

21. draw

22. wear

23. eat

24. drink

25. ride

26. find

27. forget

28. run

29. bring

30. blow

31. steal

32. hit

33. sleep

34. begin

35. speak

36. win

37. rise

38. make

39. break

40. found

41. lie

42. lie

43. lay

o m·e·m·o

B 다음 빈칸에 괄호 안의 동사를 현재완료 형태로 바꾸시오.

01. I _____ _____ in Seoul for 5 years. (live)

02. She _____ _____ Japanese for three years. (study)

03. Julie _____ just _____ a vase. (break)

04. I _____ _____ this computer for two years. (use)

05. My father _____ _____ his bike. (lose)

06. We _____ _____ the Earth so much. (hurt)

07. Susan _____ _____ care of her dog for 6 months. (take)

08. He _____ _____ information on the Internet. (find)

09. They _____ _____ at the camp for three days. (be)

o m·e·m·o

Ⓑ 현재완료의 이해

1. 현재완료는 과거와 현재의 정보를 모두 포함하는 시제이다.

과거시제는 과거에 있었던 일을 말할 뿐 현재에 대한 정보는 알 수 없음에 반해 현재완료는 과거에 있었던 일을 말하지만 그 목적은 현재에 완료된 상태 혹은 그 결과를 말할 목적으로 쓰는 시제이다.

- **Spring came.** 〈과거〉
  지금 봄인지 아닌지 알 수 없다.

  봄이 왔었다.

- **Spring has come.** 〈현재완료〉
  말하는 사람의 목적은 '지금 봄이다'라는 것이다.

  봄이 왔다.(그리고 지금 봄이다.)

- I **lost** my key. So I couldn't open the door. 〈과거〉
  과거에 열쇠를 잃어 버렸고 현재 그 열쇠를 찾아서 가지고 있는지 아니면 아직도 찾지 못했는지는 알 수 없다.

  나는 열쇠를 잃어 버렸다. 그래서 나는 문을 열 수 없었다.

- I **have lost** my key. So I can't open the door now. 〈현재완료〉
  열쇠를 잃어 버렸고 그래서 현재 열쇠를 갖고 있지 않다는 의미이다.

  나는 열쇠를 잃어 버렸다. 그래서 지금 나는 문을 열 수 없다.

2. 현재완료는 다음과 같은 경우에 주로 사용된다.

❶ 어떤 일이 현재 입장에서 완료되었는지 아닌지를 말할 때

- **She ate** breakfast. 〈과거〉
  아침밥을 먹었다는 단순한 사실만을 말하고 있고 현재의 상태는 알 수 없다.

  그녀는 아침밥을 먹었다.

- She **has** already **eaten** breakfast. 〈현재완료〉
  아침밥을 먹어서 현재 배가 부르다든지 혹은 아침밥을 먹었기 때문에 현재 다른 것을 먹을 수 없다는 의사표시이다.

  그녀는 이미 아침밥을 먹었다.

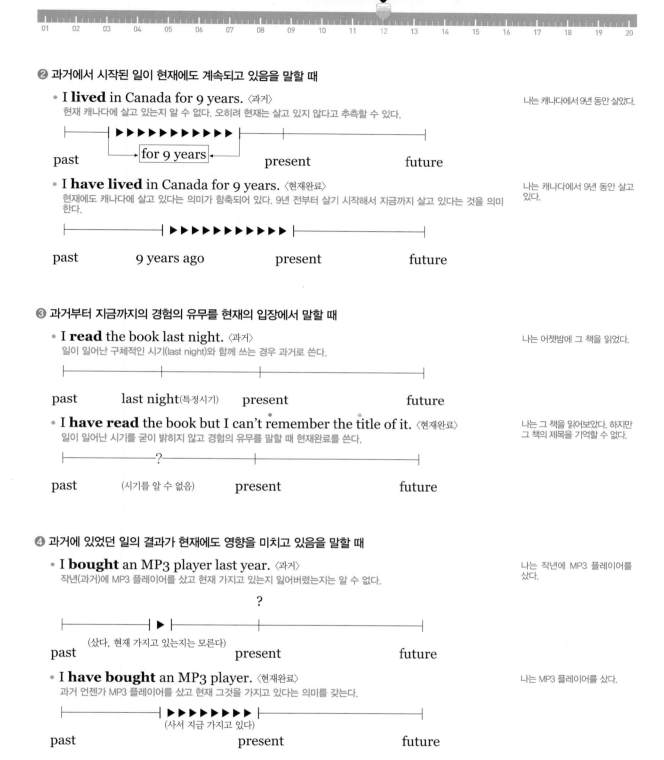

② 과거에서 시작된 일이 현재에도 계속되고 있음을 말할 때

- I **lived** in Canada for 9 years. 〈과거〉
  현재 캐나다에 살고 있는지 알 수 없다. 오히려 현재는 살고 있지 않다고 추측할 수 있다.

  나는 캐나다에서 9년 동안 살았다.

  for 9 years
  past — present — future

- I **have lived** in Canada for 9 years. 〈현재완료〉
  현재에도 캐나다에 살고 있다는 의미가 함축되어 있다. 9년 전부터 살기 시작해서 지금까지 살고 있다는 것을 의미한다.

  나는 캐나다에서 9년 동안 살고 있다.

  past — 9 years ago — present — future

③ 과거부터 지금까지의 경험의 유무를 현재의 입장에서 말할 때

- I **read** the book last night. 〈과거〉
  일이 일어난 구체적인 시기(last night)와 함께 쓰는 경우 과거로 쓴다.

  나는 어젯밤에 그 책을 읽었다.

  past — last night(특정시기) — present — future

- I **have read** the book but I can't remember the title of it. 〈현재완료〉
  일이 일어난 시기를 굳이 밝히지 않고 경험의 유무를 말할 때 현재완료를 쓴다.

  나는 그 책을 읽어보았다. 하지만 그 책의 제목을 기억할 수 없다.

  past — ? (시기를 알 수 없음) — present — future

④ 과거에 있었던 일의 결과가 현재에도 영향을 미치고 있음을 말할 때

- I **bought** an MP3 player last year. 〈과거〉
  작년(과거)에 MP3 플레이어를 샀고 현재 가지고 있는지 잃어버렸는지는 알 수 없다.

  나는 작년에 MP3 플레이어를 샀다.

  ?
  past (샀다, 현재 가지고 있는지는 모른다) — present — future

- I **have bought** an MP3 player. 〈현재완료〉
  과거 언젠가 MP3 플레이어를 샀고 현재 그것을 가지고 있다는 의미를 갖는다.

  나는 MP3 플레이어를 샀다.

  past (사서 지금 가지고 있다) — present — future

3. 현재완료는 현재와 관련된 과거의 동작이나 상태를 표현하기 때문에 과거의 특정한 한 시점만을 나타내는 when, ago, yesterday, last year[week, night], then, in 2002, just now 등과 같은 부사(구)와 함께 쓰이지 못한다. (시험에 가장 많이 출제된다.)

- John **visited** Korea last year. (NOT : John has visited Korea last year.)　　John은 작년에 한국을 방문했다.
  last year가 있으므로 과거시제로 써야 하며 현재완료로 쓸 수 없다.

- When **did** you **write** the letter? (NOT : When have you written the letter?)　　너는 그 편지를 언제 썼니?
  의문사 when도 한 시점만을 가리키는 말이므로 두 시제(과거 + 현재)를 동시에 표현하는 현재완료와 쓰이지 못한다.

- I **read** Harry Potter a month ago. (NOT : I have read Harry Potter a month ago.)　　나는 한 달 전에 Harry Potter를 읽었다.
  before는 현재완료와 함께 쓸 수 있지만 ago는 「숫자 + 시간단위명사(day, month, year 등) + ago」 형태로 과거시제에 쓰이고 현재완료시제와는 함께 쓰지 않는다.

- He **arrived** just now. (NOT : He has arrived just now.)　　그는 방금 도착했다.
  just now는 a moment ago(방금 전)의 의미이므로 과거시제와 함께 쓰이며 현재완료와 쓰일 수 없다. 하지만 just(막)와 now(지금)는 현재완료와 함께 쓰일 수 있다.

- He **has** just **arrived**.　　그는 막 도착했다.
- He **has arrived** now.　　그는 지금 도착했다.

4. 주의해야 할 표현

have gone	가버렸다(그래서 지금 여기 없다)
have been	가 본 적이 있다, 갔다 왔다

have[has] gone은 가버리고 지금은 여기에 없다는 의미이므로 대화에 참여하고 있는 1인칭(I,we)과 2인칭(you)은 주어가 될 수 없다.

- They **have gone** shopping. (NOT : I, We 또는 You have gone shopping)　　그들은 쇼핑을 갔다. (그래서 지금 여기 없다.)
- I **have been** to Florida twice.　　나는 플로리다 주를 두 번 가 본 적이 있다.

(Exercise)

C 우리말과 같은 의미가 되도록 괄호 안에서 알맞은 말을 고르시오.

01. 그는 어제 그의 핸드폰을 잃어 버렸다.

He (lost, has lost) his cell phone yesterday.

02. 그는 핸드폰을 잃어 버렸다. (그래서 지금 가지고 있지 않다.)

He (lost, has lost) his cell phone.

03. 봄이 왔다. (그래서 지금도 봄이다)

Spring (came, has come).

04. 나는 디지털카메라를 샀다. (그래서 지금 가지고 있다.)

I (bought, have bought) a digital camera.

o　m · e · m · o

01 02 03 04 05 06 07 08 09 10 11 12 13 14 15 16 17 18 19 20

Chapter 04

Exercise

D 다음 괄호 안에서 알맞은 말을 고르시오.

01. I (lived, have lived) in Busan a year ago.

02. I (saw, have seen) the movie yesterday.

03. John (visited, has visited) Korea last year.

04. When (did you have, have you had) lunch?

05. He has arrived (yesterday, now).

06. I have known her (in 1995, since 1995).

07. Boram isn't at home. She (has been, has gone) shopping.

08. I have never (been, gone) to America, but I have (been, gone) to Jeju twice.

o m · e · m · o

Exercise

E 다음 문장의 쓰임이 옳으면 ○, 틀리면 ×를 하시오.

01. She saw that movie yesterday. ( )

02. She has seen that movie yesterday. ( )

03. Tom visited Korea last month. ( )

04. Tom has visited Korea last month. ( )

05. When did you have dinner? ( )

06. When have you eaten dinner? ( )

07. I heard about Korea a week ago. ( )

08. I have heard about Korea a week ago. ( )

09. How long has your uncle lived with you? ( )

10. Sarah has gone to the USA to study. ( )

11. My parents have been to Paris, so they are not here. ( )

12. I have been to the dentist. My tooth doesn't hurt now. ( )

o m · e · m · o

ⓒ 현재완료의 부정문과 의문문

1. 부정문 : 「have[has] not + 과거분사」

주어	현재완료 형태	
I / You / We / They	**have not been** [= haven't been]	to Paris before.
He / She / It	**has not been** [= hasn't been]	to Paris before.

- I **haven't seen** Aladdin before.
- I **haven't seen** you for a long time.
- = I **haven't seen** you in ages.
- = It**'s been** a long time.
- = Long time no see
  '오랜만입니다.' 표현 모두 암기해 두세요.
- She **hasn't lived** in Seoul.
  주어가 3인칭 단수이면 has not[= hasn't]를 씀에 주의해야 한다.

나는 전에 알라딘을 본 적이 없다.

오랜동안 당신을 보지 못했다.
(= 오랜만입니다.)

그녀는 서울에 살고 있지 않다.

2. 의문문 : 「Have[Has] 주어 + 과거분사 ~?」, have[has]로 답한다.

조동사	주어	
Have	I / you / we / they	**been** to Paris before?
Has	he / she / it	**been** to Paris before?

- A : **Have** you ever **met** a foreigner?
  B : Yes, I **have**. / No, I **haven't**.
- A : **Has** she **eaten** dinner?
  B : Yes, she **has**. / No, she **hasn't**.

A : 외국인을 전에 만난 적이 있니?
B : 네, 있어요. / 아니요, 없어요.
A : 그녀는 저녁을 먹었니?
B : 네, 먹었어요. / 아니요, 안 먹었어요.

01 02 03 04 05 06 07 08 09 10 11 12 13 14 15 16 17 18 19 20

Chapter 04

Exercise

F 다음 문장을 모두 부정문으로 고쳐 쓰시오.

01. I have touched your cakes.

02. She has finished her homework.

03. I have eaten Thai food.

○ m・e・m・o
• touch 만지다
• finish 끝마치다
• Thai 타이의, 타이사람의
• speak to~ ~에게 말을 걸다
• foreigner 외국인

Exercise

G 다음 괄호 안에서 알맞은 말을 고르시오.

01. A : Hi, Lucy! Long time no see. How (do / have) you been?

   B : I've (be / been) fine. Thanks.

02. A : Have you ever visited New York?

   B : Yes, I (am / do / has / have / visit). I went to New York last summer.

03. A : Have you ever spoken to a foreigner?

   B : No, I (don't / am not / hasn't / haven't).

04. A : Have you seen the movie, Interstellar, Linda?

   B : No, I (didn't / haven't). (Do / Have) you?

05. A: Have you ever (travel / traveled) to foreign countries?

   B: I have (be / been) to some European countries, but I have (never be / never been) to America.

○ m・e・m・o

[01-02] 다음 중 동사 변화가 바르지 <u>않은</u> 것을 고르시오.

01
① teach - taught - taught
② see - saw - seen
③ spend - spended - spended
④ hear - heard - heard
⑤ say - said - said

02
① steal - stole - stolen
② do - does - done
③ have - had - had
④ put - put - put
⑤ build - built - built

03 다음 중 동사의 변화가 바른 것은?
① fall - fell - fell
② begin - beginned - beginned
③ cut - cutted - cutted
④ is - was - been
⑤ hear - heared - heared

04 어법상 빈칸에 적절하지 <u>않은</u> 것은?

> Have you ever _____?

① been to Paris
② studied French
③ eaten Thai food
④ saw a falling star
⑤ met a famous singer

05 다음 중 밑줄 친 부분이 어법상 맞는 것은?
① I <u>have studied</u> English for five years.
② She <u>has not eating</u> anything all day long.
③ The girl <u>has finishing</u> her homework already.
④ She <u>has bought not</u> the cake and flowers yet.
⑤ I <u>have stay</u> here for two years to learn English.

06 다음 중 어법상 바르지 <u>않은</u> 것은?
① Jane have been to England twice.
② I have not eaten Mexican food.
③ I haven't been to Paris.
④ Have you ever thought about helping others?
⑤ Have you seen the movie?

07 다음 중 어법상 옳은 문장은?
① Has they ever been to Seoul?
② She has just finish her homework.
③ Min-ho and I have eaten Thai food.
④ Sally has riding a horse three times.
⑤ Have you went to Japan before?

08 다음 밑줄 친 부분이 어법상 <u>어색한</u> 것은?

① They have <u>met</u> her.

② She has <u>lose</u> her shoe.

③ I haven't <u>made</u> the bed yet.

④ Have you <u>baked</u> cookies for your parents?

⑤ Tom and I have <u>cleaned</u> my room for 2 hours.

09 다음 중 밑줄 친 부분이 <u>잘못된</u> 것은?

① In-suk <u>has broken</u> the window.

② Young-mi <u>has washed</u> her car.

③ Tai-hun <u>has cut</u> his finger by mistake.

④ Su-mi <u>has written</u> a letter in English.

⑤ I <u>have knew</u> him for five years.

10 다음 밑줄 친 부분의 표현이 <u>어색한</u> 것은?

① He has <u>seen</u> a sci-fi film many times.

② He has just <u>went</u> out.

③ She has <u>caught</u> a fish.

④ They have <u>hidden</u> themselves behind a tree.

⑤ I have <u>written</u> a letter to her.

11 다음 밑줄 친 부분이 <u>잘못</u> 쓰인 것은?

① Have you <u>watched</u> the film already?

② I haven't <u>readed</u> the book you gave me.

③ He's <u>sent</u> a letter to his girl friend.

④ She has <u>tried</u> to learn the language.

⑤ Has he <u>forgotten</u> your telephone number?

12 다음 중 밑줄 친 부분이 어법상 적절한 것은?

① Somebody <u>has took</u> my bag.

② I <u>have never seen</u> a rainbow.

③ She <u>hasn't take</u> the dog for a walk.

④ She <u>have smelled</u> the cake.

⑤ I <u>have stole</u> your cake.

13 다음 밑줄 친 부분이 어법상 <u>어색한</u> 것은?

① She <u>has lived</u> in the house for two years.

② I <u>have known</u> her for five years.

③ Tom <u>has broken</u> the window.

④ Mike <u>has lost</u> the book.

⑤ We <u>have finish</u> our homework.

14 다음 현재완료의 쓰임이 가장 올바른 것은?

① Have you hear of it, Jisu?

② Yuna haven't found her wallet yet.

③ Yeah, I've eaten Kimchi many times.

④ How long have you use your computer?

⑤ They have knew each other for five years.

15 서술형 다음 문장을 의문문과 부정문으로 바꾸시오.

> He has studied English for 5 years.

(1) 의문문으로

→ _____

(2) 부정문으로

→ _____

16 밑줄 친 부분이 어법상 어색한 것은?

① She has raised a pet in 2008.

② It has rained since last Sunday.

③ He has studied English for 6 years.

④ I have lived in Daegu for 15 years.

⑤ I have played the game three times.

17 밑줄 친 부분의 쓰임이 옳은 것은?

① When have you met Sumi?

② I have been sick yesterday.

③ I have raised my dog since 2013.

④ Suji has heard the news an hour ago.

⑤ Jim have studied Korean for five years.

18 다음 중 어법상 옳은 문장은?

① I have seen her for three months ago.

② How long have you lived in New York?

③ They have not eaten anything yesterday.

④ He has traveled not to many countries since last year.

⑤ Have you ever worked as a flight attendant last year?

19 [주관식] 다음 대화의 밑줄 친 부분에 공통으로 들어갈 알맞은 것을 주어진 단어를 사용하여 완성하시오.

A : Have you ever _____ a big fish?(catch)

B : No, I haven't. How about you?

A : I have _____ a big fish.(catch)

20 [주관식] 다음 밑줄 친 부분을 현재완료로 바꾸시오.

(1) Steve take care of his bird for six months.

→ _____

(2) Susan live with her cat for two years.

→ _____

21 다음 문장을 부정문으로 바르게 고친 것은?

I have finished my homework.

① I didn't have finished my homework.

② I can't have finished my homework.

③ I have not finished my homework.

④ I have finished not my homework.

⑤ I am not have finished my homework.

22 다음 빈칸에 들어갈 말로 가장 알맞은 것은?

> I'm not a thief. I _____ anything.

① not stole   ② have stolen not

③ not have stolen   ④ haven't stolen

⑤ don't have stolen

23 다음 빈칸에 들어갈 가장 알맞은 말은?

> Someone _____ my cell phone. So, I can't call my mom now.

① breaks   ② broken

③ is broken   ④ has broken

⑤ won't break

24 다음 문장을 의문문으로 바르게 고친 것은?

> She has finished reading the book.

① Does she finished reading the book?

② Have she finished reading the book?

③ Is she finished reading the book?

④ Did she finish reading the book?

⑤ Has she finished reading the book?

25 다음 대화의 빈칸에 알맞은 것은?

> A : _____ he ever been to Seoul?
> B : Yes, he has. He said it was wonderful.

① Do   ② Are   ③ Is

④ Have   ⑤ Has

26 다음 질문에 대한 대답으로 알맞은 것은?

> A : Have you finished your homework?
> B : _____

① Yes, I have.   ② Yes, I do.

③ Yes, I am.   ④ No, I don't.

⑤ No, I have.

27 주관식 빈칸에 들어갈 알맞은 두 단어를 쓰시오.

> A : _____ _____ ever done this quiz before?
> B : Yes, I have.

28 다음 대화의 응답으로 알맞은 것은?

> A : Have you ever been to Jeju-do?
> B : _____

① Yes, I do that again.

② No, I don't think so.

③ Yes, I haven't been there.

④ No, I have never been there.

⑤ Yes, I have to go there.

29 다음 대화의 빈칸에 가장 알맞은 것은?

> A : Have you ever _____ of e-mail?
> B : Yes, I have.

① heard   ② hear   ③ hearing

④ hearen   ⑤ heared

30 다음 문장의 빈칸에 알맞은 말은?

> Have you ever _____ the movie?

① see　　② saw　　③ to see

④ seen　　⑤ seeing

31 다음 대화의 빈칸에 적당한 말은?

> A : Have you made any special plans for this year?
> B : _____ I'm planning to exercise regularly.
> A : That's a good plan.

① No, I haven't.　　② Yes, I do.

③ No, I don't.　　④ Yes, I have.

⑤ Yes, I am.

32 다음 두 문장을 한 문장으로 만들 때 가장 올바른 것은?

> My father lost his car key last night. He doesn't have it now.

① My father lost his car key.

② My father has lost his car key.

③ My father has lost his car key last night.

④ My father hasn't had his car key.

⑤ My father hasn't had his car key now.

33 다음 우리말을 바르게 영어로 옮긴 것은?

> 우리 가족은 서울에서 2001년부터 살고 있다.

① My family lived in Seoul in 2001.

② My family lived in Seoul from 2001.

③ My family has lived in Seoul for 2001.

④ My family has lived in Seoul since 2001.

⑤ My family has lived in Seoul in 2001.

34 다음 밑줄 친 부분이 어법상 옳지 않은 것은?

① I've known them for a long time.

② I have heard about Korea yesterday.

③ I haven't made any new friends lately.

④ John visited Korea last year.

⑤ John has visited Korea recently.

[35-36] 다음 어법상 어색한 문장을 고르시오.

35 ① I have been to Seoul.

② He has already finished the homework.

③ She has lived here 3 years ago.

④ I have lost my book.

⑤ Have you ever been there?

36 ① He went to Tokyo last Wednesday.

② I found that she had gone to America.

③ I have seen him ago.

④ When did you read this book?

⑤ I have seen your father once.

Chapter **04**

[37-39] 다음 문장 중 옳은 것을 고르시오.

37
① I have just written a letter.
② I have see the movie twice.
③ He has gone to Europe last year.
④ When has she gone downtown?
⑤ I didn't finished my homework yet.

38
① I have seen that movie yesterday.
② John has visited Korea last year.
③ I have heard about Korea a week ago.
④ I haven't seen that movie yesterday.
⑤ Have you finished your homework?

39
① She has never went to India before.
② He has fails the test many times.
③ He has gone to school on foot yesterday.
④ How long have you learn piano?
⑤ She has never seen a UFO.

40 다음 중 밑줄 친 부분이 어법상 틀린 것은?
① David has not taken a trip to New York last year.
② He's never been late for school.
③ Have you washed all the dishes?
④ I haven't made the bed yet.
⑤ He has gone to Manhattan to see his friend.

41 다음 빈칸에 have를 쓸 수 없는 것은? (대 · 소문자 구별 X)
① _____ they made any special plans?
② You _____ finished your homework.
③ _____ you kept a diary?
④ I _____ just written a letter.
⑤ _____ you watch TV last night?

42 다음 대화의 빈칸에 알맞은 것은?

A : My dad _____ to America.
B : Is he still in America?
A : Yes, he is.

① have been   ② have gone   ③ has gone
④ has been   ⑤ goes

43 Which of the following has a grammatical error?
① I have seen EXO before.
② I have met Suho three times.
③ She has known Tao for two years.
④ Kai has been absent since last Friday.
⑤ He has just bought the album of EXO three hours ago.

주관식
44 다음 두 문장을 한 문장으로 만들 때 빈칸에 알맞은 단어를 쓰시오.

• We began living here six months ago.
• We still live here.

→ We _____ _____ here for six months.

45 주관식 다음 두 문장이 같은 의미가 되도록 빈칸에 알맞은 말을 <u>두 단어</u>로 쓰시오.

> • He moved to Seoul in 2005.
> • He still lives in Seoul.
> = He ＿＿＿＿＿ ＿＿＿＿＿ in Seoul since 2005.

46 주관식 주어진 두 문장을 현재완료를 사용하여 완전한 문장으로 나타내시오.

> • I started to learn French three years ago.
> • I still learn it.
> → ＿＿＿＿＿＿＿＿＿＿ for three years.

47 두 문장을 한 문장으로 쓸 때 빈칸에 알맞은 말은?

> • Somebody took my bag.
> • So I don't have the bag.
> → Somebody ＿＿＿＿＿＿ my bag.

① have took   ② has took   ③ have taken
④ has taken   ⑤ had taken

48 서술형 다음 대화에 어울리는 질문을 영어로 쓰시오. (6 단어)

> A : ＿＿＿＿＿＿＿＿＿＿＿＿
> B : No, I haven't been to Paris.

49 서술형 다음 우리말을 현재완료시제를 사용하여 영어문장으로 완성하시오.

> 그녀는 3년 동안 영어를 공부해 왔다.

→ ＿＿＿＿＿＿＿＿＿＿＿＿

50 주관식 다음의 조건에 맞게 문장을 바꾸어 빈칸에 들어갈 세 단어를 쓰시오.

> <조건>
> 1. 괄호안의 낱말을 현재완료를 사용하여 고칠 것.
> 2. 부정문을 만들 것.

> We ＿＿＿＿＿ ＿＿＿＿＿ ＿＿＿＿＿ a horse before. (ride)
> (우리는 전에 말을 타본 적이 없다.)

51 서술형 주어진 문장을 현재완료를 이용하여 한 문장으로 만드시오.

(1) I started to play the piano two years ago. I still play the piano.
→ ＿＿＿＿＿＿＿＿＿＿＿＿

(2) Minji started to work as a flight attendant in 2012. She still does.
→ ＿＿＿＿＿＿＿＿＿＿＿＿

Chapter **04**

01 02 03 04 05 06 07 08 09 10 11 12 13 14 15 16 17 18 19 20

52 [서술형] 〈보기〉에서 알맞은 동사를 골라 주어진 단어와 함께 재배열하여 문장을 완성하시오.

〈보기〉

finished / have finished / have been / have gone / lived / have lived

(1) (I, the homework, ago, two days)

→ _____

(나는 이틀 전에 숙제를 마쳤다.)

(2) (in Jeju, last year, they, since)

→ _____

(그들은 작년 이후로 제주에 살고 있다.)

53 [서술형] 밑줄 친 부분의 오류를 바르게 고치시오.

① What time have you gotten here?

→ _____

② John has lost all his money yesterday.

→ _____

③ Have you ever gone to Hawaii?

→ _____

④ Have you ever fly in a helicopter?

→ _____

⑤ I have been to China two years ago.

→ _____

54 [주관식] 다음 두 문장이 같은 의미가 되도록 빈칸에 알맞은 말을 쓰시오.

(1) I lost my bike. So I don't have it now.

= I _____ _____ my bike.

(2) I bought this laptop three months ago. I still use it.

= I _____ _____ this laptop for three months.

55 [서술형] 다음 우리말과 같은 뜻이 되도록 빈칸을 채우시오.

(1) 너는 방 청소를 끝냈니?

→ Have you _____ _____ your room?

(2) 나는 제주도에 가 본 적이 있다.

→ I have _____ to Jeju-do.

(3) 그는 중국 음식을 먹어본 적이 있다.

→ He _____ _____ Chinese food.

(4) 나는 태국 음식을 먹어본 적이 없다.

→ I _____ _____ _____ Thai food.

(5) 그녀는 전에 판다를 본 적이 있다.

→ She _____ _____ a panda before.

13 현재완료의 용법

현재완료는 과거에서 현재까지의 과정에서 전달하고자 하는 정보의 성격에 따라, '완료', '경험', '계속', '결과'의 용법으로 구별할 수 있다. 함께 쓰이는 어구 등을 기억하여 구별하는 것이 쉽다. ※ 학교시험에서 현재완료의 용법을 구별하는 문제들이 출제되므로 함께 쓰이는 부사(구)와 함께 기억해 두자.

Ⓐ 완료

- 어떤 일이 현재 혹은 최근에 완료되었다는 정보를 표현할 때 쓴다.
- just(막), now(지금), already(이미), yet(부정문 : 아직 ～하지 않다) 등의 부사와 주로 쓰인다.

- I **have just finished** my homework. (**NOT** : I have finished my homework just now.)
  just와 now는 현재완료와 쓸 수 있지만 just now는 현재완료와 쓸 수 없음에 주의한다.

  나는 방금 숙제를 끝마쳤다.

- She **has already had** breakfast.
  already는 긍정문과 의문문에 쓰이고 예상했던 것 보다 빨라서 놀라 말할 때 쓴다. '이미, 벌써'

  그녀는 이미 아침 식사를 했다.

- I **haven't had** breakfast **yet**.
  not ~ yet : 아직 ~ 않다. 완료의 유무와 상관없이 완료에 대한 정보를 나타내므로 완료용법이라 한다.

  나는 아직 아침 식사를 하지 않았다.

- *cf.* She is **still** having breakfast.
  긍정문에서 '아직도'는 still을 쓴다.

  cf. 그녀는 아직도 아침 식사를 하고 있다.

Exercise

A 다음 괄호 안에서 알맞은 말을 고르시오.

01. Have you had lunch (already, still)? It's only eleven o'clock.

(벌써 점심 식사를 했니? 11시 밖에 안됐어.)

02. I have (just, already) finished my homework.

(나는 이미 숙제를 끝냈다.)

03. I haven't finished my work (yet, already).

(나는 아직 일을 끝마치지 못했다.)

04. It hasn't rained this month (yet, already).

(이번 달에는 아직 비가 오지 않았다.)

05. She has come home (now, just now).

(그녀는 지금 집에 왔다.)

06. Is it (still, yet) raining?

(아직도 비가 오고 있니?)

o m・e・m・o

Ⓑ 경험 : ~한 적이 있다

- 과거에서 현재까지 반복된 경험의 유무 또는 횟수를 나타낸다.
- ever(이제까지), before(전에), recently(최근에), often(자주), once(한 번), twice(두 번), never(한 번도 ~않다) 등의 부사와 함께 쓰인다.

- I **have seen** a UFO. 나는 UFO를 본 적이 있다.

- **Haven't** we **met before**? (**NOT** : Haven't we met ago?) 전에 우리 만난 적이 없나요?
  ago는 현재완료와 쓰일 수 없으므로 before대신에 ago를 쓸 수 없다.

- Jane **has been** to England **twice**. Jane은 영국에 두 번 갔다 왔다.
  '~에 갔다 왔다'는 표현으로 have been to를 쓴다. have gone to는 '~에 가고 지금 여기에 없다'는 의미이므로 구별해야 한다.

- I **have never seen** a rainbow. 나는 결코 무지개를 본 적이 없다.
  '경험이 없다'도 현재까지의 경험에 대한 정보를 주고 있으므로 '경험'용법이다.

- Some of you probably **have not heard** them. 여러분들 중에 몇 분은 아마도 그것들을 들어본 적이 없을 것이다.
  probably : 아마도

Exercise

B 다음 보기 중에서 알맞은 단어를 찾아 빈칸에 쓰시오.

〈보기〉
been, gone, have, ever, never, ago, before

01. I have _____ been to America.
(나는 미국에 가 본 적이 없다.)

02. Have you _____ heard of such a thing?
(그런 얘기를 들은 적이 있니?)

03. I haven't seen Aladdin _____.
(나는 전에 알라딘을 본 적이 없다.)

04. He has _____ to New York twice.
(그는 뉴욕에 두 번 갔다 왔다.)

05. How many times _____ you been to United States?
(미국을 몇 번이나 갔다 왔니?)

o m·e·m·o

C 계속 : ~해 왔다

- 과거에서 시작된 동작이나 상태가 현재에도 계속되고 있음을 나타낼 때 쓰인다.
- How long ~?, for + 기간(~동안), since(~이후로)등의 어구와 함께 쓰인다.
- for 뒤에는 '시간의 기간'에 해당하는 말이 오고 since뒤에는 '시작된 과거의 한 시점'에 해당하는 말이 온다.

- He **has lived** here **for 5 years**.
  for 다음의 5 years는 살았던 기간에 해당된다. 현재에도 살고 있음을 의미한다.

  그는 5년 동안 여기에 살고 있다.

- I **have lived** in Seoul **since** I was 6 years old.
  since 뒤의 'I was 6 years old(6살 때)'는 살기 시작한 시점에 해당된다.

  6살 이후로 계속 서울에 살고 있다.

- We **have been** friends **since** our childhood.
  since뒤에 명사(구)가 올 수도 있다.

  우리는 어려서부터 친구로 지내고 있다.

- **How long have** you **worked** there?
  how long : 얼마나

  거기에서 일한 지 얼마나 됐어요?

Exercise
C 다음 괄호 안에서 알맞은 말을 고르시오.

01. I have stayed here (since, for) a year to learn English.

02. Minjun has been the captain of our team (since, for) March.

03. We have known each other (since, for) 2011.

04. Sam has reduced food waste (since, for) last year.

05. They have lived here (since, for) five years.

06. (Since, For) then, we have been best friends.

07. Dojin have recycled things (since, for) three years.

08. A : How long have you been in Korea?

    B : (Since, For) three years.

09. A : How long have you been in Korea?

    B : (Since, For) 1992.

10. Mr. Kim is a teacher. He has taught English in this school

    (since, for) last year.

Exercise
D 다음 주어진 단어를 빈칸에 알맞은 형태로 고쳐 쓰시오.

01. I bought this computer two years ago, and I still use it.

    = I _____ this computer for two years. (use)

01 02 03 04 05 06 07 08 09 10 11 12 13 14 15 16 17 18 19 20

02. They began to live here five years ago and still live now.

= They _____ here for five years. (live)

03. I came to Korea five years ago. I am still in Korea.

= I _____ in Korea for five years. (be)

04. I began to work in the store six months ago. I still work in the store.

= I _____ in the store for six months. (work)

05. I started to learn French three years ago. I still learn it.

= _____ for three years. (learn)

06. James and Mark became friends ten years ago. They are still friends.

= James and Mark _____. (be)

o m·e·m·o
• store 가게
• learn 배우다

ⓓ 결과

과거에 일어났던 동작의 결과가 현재까지 영향을 미칠 때 쓰인다. 주로 go, come, become, lose 등의 동사가 현재완료로 쓰일 때 결과의 의미를 지니는 경우가 많다.

• He **has lost** the watch.
   = He lost the watch, and he doesn't have it now.
   과거의 동작(잃어버렸다) 그리고 현재의 결과(지금 가지고 있지 않다)에 대한 정보를 알 수 있다.

• He **has gone** to America. (**NOT** : I have gone to America.)
   = He went to America, and he is not here now.
   'have[has] gone to'는 '~에 가고 여기에 없다'는 의미이므로 I와 you는 주어가 될 수 없다.

그는 시계를 잃어버렸다.

그는 미국에 갔다.

⚠ '~에 갔다 왔다'의 표현은 'have[has] been to ~'를 쓴다.
   I **have been** to America **once**. 나는 미국에 (한 번) 갔다 왔다. 〈경험〉
   I **have just been** to America. 나는 미국에 갔다가 (방금) 왔다. 〈완료〉

(Exercise)
E 다음 주어진 두 문장을 한 문장으로 고칠 때 빈칸에 알맞은 말을 쓰시오.

01. He went to Canada. He's not in Korea now.

= He _____ _____ to Canada.

02. Somebody took my watch. I can't find it now.

= Somebody _____ _____ my watch.

o m·e·m·o
• somebody 누군가
• take 가져가다
• find 찾다

03. I lost my camera. So I don't have it now.

    = I _____ _____ my camera.

Exercise

F 다음 문장을 해석하고 현재완료의 쓰임을 완료, 계속, 경험, 결과 중에서 골라 쓰시오.

01. I've just finished my work.

_____ (   )

02. How long has Mi-na been sick?

_____ (   )

03. I've been to Jeju-do three times.

_____ (   )

04. He has gone to Jeju-do.

_____ (   )

05. I've just been to the supermarket.

_____ (   )

06. I've never played such an interesting game.

_____ (   )

07. He has lost his watch.

_____ (   )

08. I have lived here for two years.

_____ (   )

09. I have never been to Paris.

_____ (   )

10. It has been such a long time.

_____ (   )

11. I have lived in New York City for ten years.

_____ (   )

12. James and Mark have been friends for ten years.

_____ (   )

13. Have you ever read a story about Aladdin?

_____ (   )

14. I have already written the report.

_____ (   )

15. I have studied English for 5 years.

_____ (   )

o m · e · m o

01 다음 밑줄 친 부분의 의도로 알맞은 것은?

> A : <u>Have you ever seen a female fire fighter before?</u>
>
> B : No, I haven't.

① 이유 묻기　　② 경험 묻기　　③ 결과 묻기

④ 계획 묻기　　⑤ 허락 요청하기

02 다음 대화의 밑줄 친 부분은 무엇을 묻는 말인가?

> A : Have you ever heard his music?
>
> B : Yes, I have. <u>Have you?</u>
>
> A : No, I haven't.

① 경험　　② 결과　　③ 완료

④ 소망　　⑤ 이해

03 다음 대화의 빈칸에 알맞은 것은?

> A : Have you ever been to Los Angeles?
>
> B : _____ I hope to visit the city someday.

① Yes, I have.

② I was born there.

③ No, I haven't.

④ Yes. My aunt lives there.

⑤ I visited it and came back last week.

04 다음 대화의 빈칸에 들어갈 수 있는 것은?

> A : Have you ever been to Europe, Su-mi?
>
> B : _____ I have been to England, France and Italy, but I have never been to Germany.

① Yes, I do.　　　② Yes, I have.

③ Yes, I haven't.　④ No, I don't.

⑤ No, I have.

05 다음 대화의 빈칸에 알맞은 말은?

> A : Have you ever heard of Picasso?
>
> B : _____ Who is he?
>
> A : He is a famous painter.

① Yes, I did.　　② No, I didn't.

③ Yes, I have.　④ No, I haven't.

⑤ No, I won't.

06 서술형 다음 주어진 단어들을 사용하여 우리말에 맞도록 문장을 완성하시오.

> (Jeju-do, you, been, ever, to, have)?
>
> 제주도에 가 본 적이 있니?

→ _____

07 주어진 우리말을 현재완료형의 문장으로 어법에 맞게 쓰시오.

> She _____ _____ _____ Indian food.
>
> (그녀는 결코 인도 음식을 먹어 본 적이 없다.)

08 다음 두 문장을 한 문장으로 만들 때 빈칸에 알맞은 말은?

> Su-jin started to study English three years ago. She still studies it.
> → Su-jin _____ English for three years.

① studies   ② been studied

③ have studied   ④ to study

⑤ has studied

09 다음 물음에 대답으로 알맞은 것은?

> How long have you studied English?

① I studied English for 2 years.

② I am studying English.

③ I have studied English for 2 years.

④ I'll study English.

⑤ I study English for 2 years.

10 다음 빈칸에 들어갈 말이 나머지 넷과 <u>다른</u> 하나는?

① He has lived here _____ 5 years.

② I have never seen her _____ last week.

③ Mike has lived in Seoul _____ 2002.

④ He hasn't work _____ last Wednesday.

⑤ I've had my house _____ 1996.

11 다음 두 문장을 한 문장으로 쓸 때 빈칸에 적당한 말을 쓰시오.

> • I came to Seoul 10 years ago.
> • I am still in Seoul.
> → I _____ _____ in Seoul _____ 10 years.

12 다음 두 문장이 같은 뜻이 되도록 할 때 빈칸에 알맞은 말은?

> I lost my watch and I don't have it now.
> = I _____ my watch.

① don't lost   ② have lost

③ haven't lost   ④ has lost

⑤ didn't lost

01 02 03 04 05 06 07 08 09 10 11 12 13 14 15 16 17 18 19 20

13 보기의 밑줄 친 부분과 쓰임이 같은 것은?

> We have known each other since 2011.

① Paul has just finished dinner.
② I have lost my shoe.
③ We have been at the camp for three days.
④ Have you ever learned Chinese?
⑤ Have you done your homework yet?

14 다음 밑줄 친 부분의 쓰임이 다른 하나는?

① I have met a movie star.
② I have been to Florida once.
③ He has never been at the beach before.
④ I have read it three times.
⑤ He has played baseball for twelve years.

15 다음 밑줄 친 부분과 쓰임이 같은 것은?

> Have you heard about the new math teacher?

① They have gone shopping.
② I have seen a panda.
③ How long have you lived here?
④ She has just sent e-mails to her friends.
⑤ He has not written the report yet.

16 다음 밑줄 친 부분과 쓰임이 같은 것은?

> The Spanish people have celebrated this Tomato War Festival since 1944.

① Nina has done her homework.
② Have you finished the work?
③ John has just written a letter.
④ She has not bought flowers yet.
⑤ Paul has raised his rabbit for one year.

17 다음 밑줄 친 부분의 쓰임이 다른 하나는?

① I've never been there.
② Have you heard expressions like these?
③ I have been sick for a day.
④ I have read Harry Potter before.
⑤ Some of you probably have not heard it.

18 다음 보기의 밑줄 친 부분과 쓰임이 같은 문장은?

> Jack and Paul have just finished dinner.

① I have lost my bag.
② I have been to Africa before.
③ I have been sick for five days.
④ I haven't done my homework yet.
⑤ I have studied English since 2002.

19 다음 보기의 밑줄 친 부분과 쓰임이 같은 것은?

> Some of you probably <u>have not heard</u> them.

① <u>Have</u> you <u>already eaten</u> lunch?

② Mr. Han <u>has been</u> to China before.

③ I <u>have just arrived</u> at the bus stop.

④ I <u>haven't finished</u> my homework yet.

⑤ This statue <u>has been</u> here for 10 years.

20 다음 중 현재완료의 쓰임이 나머지 넷과 다른 하나는?

① Have you ever been to Kyungju?

② He has eaten cup noodles before.

③ Jina has lived in Busan for ten years.

④ Have you ever made a robot in class?

⑤ I have visited the Japanese restaurant once.

21 〈보기〉 중 밑줄 친 부분의 쓰임이 같은 문장끼리 묶인 것은?

> ──〈보기〉──
> a. <u>Have</u> you ever <u>read</u> a story about Aladddin?
> b. James and Mark <u>have been</u> friends for ten years.
> c. I <u>have never been</u> to Jindo.
> d. I <u>have lived</u> in Pocheon for ten years.

① a - b, c, d   ② a, d - b, c   ③ a, c - b, d

④ b, c - a, d   ⑤ c - a, b, d

22 ^{주관식} 다음 두 문장을 같은 뜻의 한 문장으로 바꿀 때, 빈칸에 들어갈 알맞은 두 개의 단어를 쓰시오.

> • I started to learn English five years ago.
> • I still learn English.
> → I _____ _____ English for five years.

23 ^{서술형} 다음 문장을 어법에 맞게 고쳐 쓰시오. (네 단어)

> We are friends since 2008.
> → _____ since 2008.

24 ^{서술형} 다음 두 문장을 어법에 알맞게 한 문장으로 만드시오. (단, for를 반드시 사용할 것)

> 1. Sumi and Minsu were friends 15 years ago.
> 2. Sumi and Minsu are still friends now.
> → _____

01 02 03 04 05 06 07 08 09 10 11 12 13 14 15 16 17 18 19 20

Chapter 04

25 [서술형] 의미가 통하도록 다음 두 문장을 'have been'을 이용하여 하나의 문장으로 완성하시오. (12단어)

- I was a teen volunteer at a hospital a month ago.
- I am still a teen volunteer at a hospital.

→ _____

26 [주관식] 다음의 두 문장의 의미를 나타내는 하나의 문장을 쓰시오.

- Anna went to Hawaii.
- She is not here any more.
→ Anna _____ .

27 [서술형] 다음 밑줄 친 부분을 의미에 맞게 바르게 고쳐 문장을 다시 쓰시오. (필요시 어휘수정 가능)

(1) I <u>ride</u> a horse.
   (나는 말을 타본 적이 있다.)
(2) Have you ever <u>gone</u> to U.S.?
   (너 미국에 가봤니?)

→ (1) _____
   (2) _____

28 [서술형] 예문을 참고하여 답을 영어로 쓰시오.

e.g. I have read *The Little Prince*.

나는 자전거를 타본 적이 있다.
→ ____ ____ ____ ____ ____
____ . (5단어)

29 [서술형] 다음 〈보기〉와 같이 주어진 두 문장을 한 문장으로 고칠 때 빈칸에 알맞은 말을 쓰시오.

〈보기〉
She went to Paris. So she is not here now.
→ She has gone to Paris.

(1) I lost my camera. So I don't have it now.
→ I _____ _____ my camera.
(2) I bought this bike three years ago. I still use it.
→ I _____ _____ this bike for three years.

30 [서술형] 다음 표를 보고 Ted, Sarah, John, 그리고 Jane이 <u>경험한 일(O)</u>과 <u>경험하지 않은 일(X)</u>에 대해 반드시 현재완료시제를 사용하여 각 문장을 완성하시오.

①	Ted	visit London	O
②	Sarah	eat Greek food	X
③	John & Jane	write letters in French	X

① Ted _____ .
② Sarah _____ .
③ John and Jane _____ .

31 ^{서술형} 다음 글에서 문법적으로 **틀린** 부분을 찾아 쓴 후 바르게 고치시오.

There is a boy walking on the beach. He has never gone at the beach before. He has lose his way. He is very tired. He looks for some water. Then he meets a man riding a horse. The boy asks for a ride. The man has a heart of gold. The man gives all his water to the boy. Both of them ride the horse and go on.

〈틀린 부분〉   〈바르게 고쳐 쓴 부분〉

(1) _____ → _____

(2) _____ → _____

32 ^{주관식} 다음 대화를 읽고 물음에 대한 답을 주어진 빈칸 수에 맞게 완성하시오.

Dio   : Have you ever been to Canada?
Woomin : Yes, two times. I've gone skiing there.
Dio   : Wow! You must have been happy.
Woomin : How about you?
Dio   : I've never been there before.
Woomin : I hope you visit Canada someday.
Dio   : Okay, I'd love to.

(1) A : How many times has Woomin been to Canada?

  B : He has been to Canada _____ .

(2) A : Has Dio been to Canada before?

  B : No. He has _____ _____ _____ Canada.

14 현재완료진행/과거완료/미래완료

Ⓐ 현재완료진행형

1. 형식과 쓰임

● 형식 : have[has] been + ~ing = (계속) ~ 하고 있는 중이다

● 과거에서 시작된 일이 현재까지 계속될 때 현재완료와 현재완료진행형을 모두 쓸 수 있다. 특히 현재에도 진행 중인 동작을 강조할 때는 현재완료진행형으로 쓴다.

- They **have been playing** a computer game for two hours.

    = They began playing a computer game two hours ago, and they are still playing.

  그들은 두 시간 동안 컴퓨터게임을 하고 있는 중이다.

- He **has been working** at the store for 3 years.

    = He started to work at the store 3 years ago, and he is still working.

  그는 3년 동안 그 가게에서 일하고 있는 중이다.

2. 상태를 나타내는 동사는 현재완료진행형으로 쓰지 않는다.

love, like, know 등 상태를 나타내는 동사는 현재완료진행형으로 쓰지 못한다.

- I've **known** him for a long time. (NOT : I've been knowing ...)
- Min-su and Su-mi **have loved** each other for two years.

    (NOT : ...have been loving ...)

  나는 오랫동안 그와 알고 지낸다.
  민수와 수미는 2년 동안 서로 좋아하고 있다.

Exercise

A 다음 두 문장과 같은 의미가 되도록 빈칸에 알맞은 말을 쓰시오.

○ m・e・m・o
• wait for ~를 기다리다

01. We started waiting for her an hour ago. We're still waiting now.

    = We _____ her for an hour.

02. I started studying English five hours ago. I am still studying.

    = I _____ English for five hours.

o m・e・m o
• plant ~를 심다
• grow ~를 재배하다
• talk on the phone 통화
  하다

03. My father started to watch TV at 7 p.m. and he is still watching
    TV now.
    = My father _____ TV since 7 p.m.

04. It began raining two hours ago and it's still raining.
    = It _____ for two hours.

05. It began to rain at one o'clock in the afternoon and it's still
    raining now.
    = It _____ one o'clock in the afternoon.

06. My brother began to use the computer 2 hours ago and he is still
    using it.
    = My brother _____ the computer for 2 hours.

07. I began to plant trees when I was ten and I am still planting trees.
    = I _____ trees _____ I was ten.

08. Jake began to grow tulips in his garden two years ago and he is
    still growing them.
    = Jake _____ tulips in his garden _____
    two years.

09. He began to talk on the phone two hours ago and he is still
    talking on the phone.
    = He _____.

10. Mr. Jones began to teach here in 1997 and he is still teaching now.
    = Mr. Jones _____.

11. It started to snow yesterday and it is still snowing now.
    = It _____.

12. They began to play games two hours ago and they are still
    playing now.
    = They _____.

Exercise

B 다음 빈칸에 괄호 안의 말을 이용하여 현재완료진행형의 문장을 완성하시오.

01. We _____ for her since 2 o'clock. (wait)

02. They _____ badminton for 3 hours. (play)

03. We _____ trees to stop pollution. (plant)

04. My mother _____ for an hour. (cook)

05. I _____ Spanish for 5 years. (learn)

06. I _____ to school to save energy. (walk)

Ⓑ 과거완료

1. 과거완료 형식과 쓰임

- 형식 : had + p.p.
- 과거의 어느 때를 기준으로 하여 그때까지의 동작의 완료, 결과, 경험, 계속 등을 나타낸다. 현재완료를 과거 쪽으로 옮겨 놓은 것으로 생각하면 된다.

  - He **has done** it now. 〈현재완료〉
  - He **had done** it then. 〈과거완료〉

그는 방금 그것을 끝냈다.

그는 그 때 그것을 (이미) 다 끝냈다.

2. 과거완료의 예

  - I **had** just **finished** my homework when my mother came.
    'when my mother came'이 '과거의 기준이 되는 시점'이 된다. 숙제는 그 기준 이전에 완료했다는 의미이다.
  - She **had** already **left** when I got to the restaurant.
    '내가 도착한 것'보다 '그녀가 떠난 것'이 더 이전의 일이다.

나는 엄마가 오셨을 때 막 숙제를 끝냈었다.

내가 그 식당에 도착했을 때 그녀는 이미 떠나고 없었다.

3. 과거완료진행형 : had been + ~ing

  - When my mother woke me up, I **had been sleeping** for 15 hours.
    과거의 한 시점에서 엄마가 깨울 때까지 15시간을 잔 것이다.

엄마가 나를 깨웠을 때, 나는 15시간 동안 자고 있었다.

Exercise

C 다음 빈칸에 괄호 안의 동사를 알맞은 형태로 고쳐 쓰시오.

01. When I arrived at the party, Tom wasn't there. He _____ home. (go)

02. Bill was sick because he _____ a lot of ice cream. (eat)

03. Min-su couldn't go to school yesterday because he _____ his arm in a traffic accident last week. (break)

04. I _____ him for a long time before I met his family. (know)

05. When I woke up, his mother _____ already _____ breakfast. (prepare)

06. I found the watch that I _____ yesterday. (lose)

07. I lost the glasses I _____ the day before. (buy)

08. The bus _____ already _____ when the boy got to the bus stop. (leave)

09. I wasn't hungry. I _____ just _____. (eat)

10. They were tired. They _____ _____ _____ for 24 hours. (sleep)

11. When I arrived at the theater, the movie _____ already _____. (begin)

12. I didn't know who he was. I _____ never _____ him before. (see)

ⓒ 미래완료

1. 미래완료 형식과 쓰임

- 형식 : will have + p.p.
- 미래의 어느 때를 기준으로 하여 그때까지의 동작의 완료, 결과, 경험, 계속 등을 나타낸다. 현재완료를 미래 쪽으로 옮겨 놓은 것으로 생각하면 된다.

> - He **has finished** it now. 〈현재완료〉   그는 방금 그것을 끝냈다.
> - He **will have finished** by then. 〈미래완료〉   그는 그때까지는 그것을 끝마칠 것이다.
>   by then(그때까지), by Monday(월요일까지), in a week(일주일 후에), until ~ (~까지) 등의 부사구와 함께 쓰인다.

2. 미래완료의 예

> - In two days he **will have crossed** the Pacific by boat.   이틀 후면 그는 보트로 태평양 횡단을 완료하게 될 것이다.
>   in two days(이틀 후에)가 '미래의 기준이 되는 시점'이 된다.
> - If I visit the place again, I **will have been** there four times.   내가 그곳에 다시 간다면, 나는 거기를 네 번 가게 될 것이다.

3. 미래완료진행형 : will have been + ~ing

> - It **will have been raining** for a week by tomorrow.   내일까지면 비가 일주일째 계속 내리고 있는 것이다.
>   미래의 어떤 시점까지 동작이 계속되고 있는 것을 말할 때 쓴다.

Exercise

D 다음 우리말과 일치하도록 괄호 안의 동사를 알맞은 형태로 빈칸에 쓰시오.

01. He _____ the news by now. (hear)
    그는 지금쯤 그 소식을 들었을 것이다.

02. He _____ Seoul by now. (leave)
    그는 지금쯤 서울을 떠나 있을 것이다.

03. He _____ the work by the time she comes back. (finish) 그녀가 돌아올 즈음에 그는 그것을 끝내 놓고 있을 것이다.

04. I _____ in the company for ten years next year. (work) 나는 내년이면 그 회사에서 10년 동안 일하는 것이 된다.

05. He _____ his homework before his mother comes back. (finish) 그는 엄마가 돌아 올 때까지 숙제를 끝마치지 못할 것이다.

o m·e·m·o

01 다음 밑줄 친 wait의 형태로 알맞은 것은?

> Sorry, I'm late. Have you been <u>wait</u> long?

① wait   ② to wait   ③ waiting

④ waited   ⑤ to waiting

02 다음 우리말을 영어로 올바르게 영작한 것은?

> 그는 2년 동안 영어를 공부해 오고 있다.

① He studied English for two years.

② He has been studying English for two years.

③ He has been studied English for two years.

④ He has studying English for two years.

⑤ He had been studying English for two years.

03 다음 우리말을 바르게 영작한 것은?

> 어제부터 눈이 내리고 있다.

① It snows since yesterday.

② It has snowing since yesterday.

③ It is snowing since yesterday.

④ It has been snowed since yesterday.

⑤ It has been snowing since yesterday.

04 다음 빈칸에 들어갈 말로 알맞은 것은?

> I have _____ planting trees since I was ten.

① be   ② being   ③ been

④ is   ⑤ was

05 다음 두 문장을 한 문장으로 바르게 나타낸 것은?

> Mr. Jones began to teach here in 1997. He is still teaching.

① Mr. Jones is teaching here since 1997.

② Mr. Jones has taught here for 1997.

③ Mr. Jones has been taught here since 1997.

④ Mr. Jones has been teaching here for 1997.

⑤ Mr. Jones has been teaching here since 1997.

06 다음 두 문장을 연결할 때 빈칸에 알맞은 말은?

> • Sarah began listening to music two hours ago.
> • She is still listening to music.
> → Sarah _____ to music for two hours.

① have been listened

② have been listening

③ has been listened

④ has been listening

⑤ had been listening

01 02 03 04 05 06 07 08 09 10 11 12 13 14 15 16 17 18 19 20

Chapter
04

07 빈칸에 들어갈 적절한 말은?

> A : What are you doing here?
> B : I'm waiting to see the manager.
>   I _____ for half an hour.

① is waiting   ② was waiting

③ have waiting   ④ had been waiting

⑤ have been waiting

08 다음 중 빈칸에 공통으로 들어갈 단어로 알맞은 것은?

> • My brother has been _____ a computer for 2 hours.
> • I am _____ my own cup to reduce garbage.

① used   ② use   ③ uses

④ using   ⑤ be using

09 다음 중 어법상 잘못된 문장은?

① It been raining since one o'clock in the afternoon.

② I have been learning Spanish for 5 years.

③ My mother has been cooking for an hour.

④ My family has been living in Paris since last year.

⑤ He has been fixing his car for 30 minutes.

10 다음 중 어법상 잘못된 문장은?

① I also have been using my own cup, and recycling cans to reduce garbage.

② My brother has been using a computer for 2 hours.

③ I've been planting trees with my friends since then.

④ I have been planting trees to stop pollution.

⑤ I have been knowing her since I was 15.

11 다음 중 시제 표현이 어색한 것은?

① It has been snowing since yesterday.

② Mr. Jones has been teaching here since 1997.

③ How long have you been knowing him?

④ They have been playing games for two hours.

⑤ He has been watching TV for five hours.

12 다음 중 어법상 잘못된 것은?

> Tropical rain forests in Africa and South America have been rapidly ⓐdisappeared. I'm ⓑplanning to plant trees there. I ⓒwant a lot of young volunteers ⓓaround the world to ⓔparticipate in our campaign.

① ⓐ   ② ⓑ   ③ ⓒ

④ ⓓ   ⑤ ⓔ

13 주관식 다음 우리말과 같은 뜻이 되도록 주어진 단어를 알맞은 형태로 고쳐 쓰시오.

> I _____ Korean history since last week. (read)
>
> (나는 지난주부터 한국 역사책을 계속 읽고 있는 중이다.)

14 다음 밑줄 친 우리말을 영어로 옮길 때 알맞은 표현은?

> I 계속 쓰고 있다 this letter for two hours.

① were writing

② have been writing

③ been writing

④ am writing

⑤ have been written

15 주관식 다음의 두 문장을 하나의 문장으로 만들기 위해 필요한 단어들을 빈칸에 쓰시오.

> • Jane began to do her homework two hours ago.
> • Jane is still doing her homework now.
> → Jane _____ _____ _____ her homework _____ two hours.

16 주관식 뜻이 같도록 빈칸을 채우시오.

> • He started to use the computer in 2011. He is still using it.
> → He _____ _____ _____ the computer _____ 2011.

17 다음 중 빈칸에 들어갈 말이 나머지와 다른 것은?

① He has been watching TV _____ 7 p.m.

② They have been playing games _____ two hours.

③ It has been snowing _____ yesterday.

④ I have been planting trees _____ I was twelve.

⑤ She has been living here _____ last year.

18 주관식 다음 밑줄 친 rain의 알맞은 형태를 쓰시오.

> It has been rain all day and it hasn't stopped yet. (하루 종일 비가 오는데 아직 그치지 않고 있다.)
>
> → _____

19 다음 우리말을 영어로 옮길 때 빈칸에 알맞은 말은?

> I _____ him since he was a child. (나는 그가 어렸을 때부터 그를 알고 있다.)

① know

② have known

③ have been known

④ have been knowing

⑤ had been knowing

20 다음 빈칸에 들어갈 알맞은 말은?

> The thief was not in the house. He _____ away through the window.

① runs   ② ran   ③ had run

④ has run   ⑤ must run

21 주관식
주어진 두 문장을 한 문장으로 바꿀 때 의미가 같도록 빈칸에 알맞은 말을 쓰시오.

> The train left at 4:00 p.m. I arrived at the station at 4:10 p.m.
>
> → When I arrived at the station, the train _____ already.

22 주관식
다음 우리말을 참고하여 괄호 안에 주어진 동사를 알맞은 형태로 바꾸어 빈칸에 쓰시오. (세 단어)

> 나는 그가 누구인지 몰랐다. 나는 그를 전에 한 번도 본 적이 없었다.
>
> → I didn't know who he was. I _____ _____ _____ him before. (see)

23 다음 보기의 두 문장을 한 문장으로 바르게 고친 것은?

> • I lost the bag yesterday.
> • I found the bag.

① I found the bag I had lost yesterday.

② I lost the bag yesterday I found.

③ I had lost the bag.

④ I found the bag I have lost yesterday.

⑤ I had found the bag I lost yesterday.

24 주관식
그림과 주어진 표현을 사용하여 〈보기〉와 같이 문장을 완성하세요.

〈보기〉

(won first prize, practiced a lot)

→ He won the first prize because he <u>had practiced</u> a lot.

〈질문〉

(didn't have anything, didn't go shopping)

→ He didn't have anything to eat because he _____ _____ _____ shopping.

25 다음 밑줄 친 부분을 어법에 맞게 고친 것은?

> He remembered something his mother <u>say</u>.

① have said   ② says

③ has said   ④ had said

⑤ saying

26 다음 빈칸에 들어갈 알맞은 말은?

> Jane was no longer there. She _____ away.

① will go   ② goes   ③ is going

④ has gone   ⑤ had gone

27 다음 중 시제가 <u>잘못</u> 사용된 문장은?

① She talked about the movie she saw with him.

② She became a nurse in the hospital where she had been a patient.

③ Sam had already left when Anna got to the restaurant.

④ Tim couldn't buy a book because he had spent all his money.

⑤ Bill was sick because he had eaten too much food.

28 서술형 의미가 같도록 빈칸에 알맞은 말을 쓰시오.

> • The man took 100 dollars from her.
>
> • The police later caught him.
>
> → The police caught the man who
>
> _____ from her.

29 서술형 다음 〈보기〉와 같이 주어진 두 문장을 한 문장으로 바꾸어 쓰시오.

> ┌─〈보기〉─────────────
> • Gina finished her homework.
>
> • Then her mom came home.
>
> → When her mom came home, Gina had finished her homework.

> • Jane broke the pot.
>
> • I found the fact later.
>
> → I found that Jane _____.

30 서술형 다음 두 문장의 상황을 한 문장으로 완성할 때 괄호 안에 들어갈 단어를 순서대로 써 넣으시오. (필요시 단어 첨가할 것)

> ① We are waiting for the bus.
>
> +
>
> We started waiting 20 minutes ago.
>
> → We _____ _____ _____
>
> _____ _____ _____
>
> 20 minutes.
>
> ② Julia is working in London.
>
> +
>
> She started working there on January 18th.
>
> → Julia _____ _____ _____
>
> _____ January 18th.

Chapter **05**

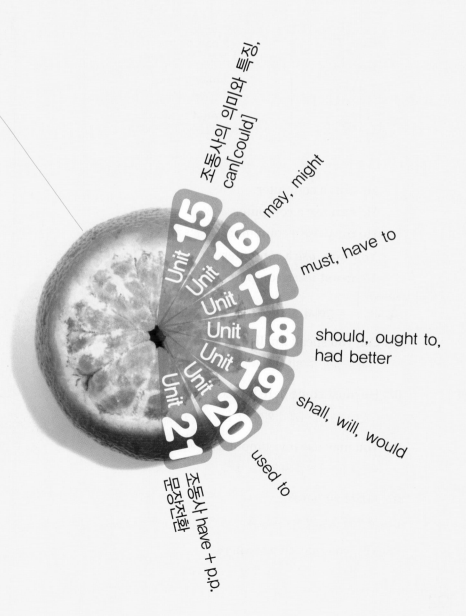

조동사의 의미와 특징,
can[could]

Unit **15**

Unit **16** may, might

Unit **17** must, have to

Unit **18** should, ought to,
had better

Unit **19** shall, will, would

Unit **20** used to

Unit **21** 조동사 have + p.p.
문장전환

UNIT 15 조동사의 의미와 특징, can[could]

조동사는 동사 앞에 쓰여서 동사에 미래, 가능, 추측, 의무 등의 의미를 더해주는 말이다. 조동사는 주어의 인칭이나 수에 영향을 받지 않고 항상 같은 형태로 쓰며, 조동사 뒤에는 항상 동사원형이 온다.

A 조동사의 의미

조동사는 동사 앞에 쓰여서 그 동사에 추측, 가능, 허가, 의무, 충고 등의 의미를 추가한다.

	추측	그 외
can	It **can** be true. 그것은 사실일 수 있어.	I **can** jump rope.〈가능〉 나는 줄넘기를 할 수 있다.
may	It **may** be true. 그것은 사실 일지도 몰라.	You **may** jump rope here.〈허가〉 너는 여기에서 줄넘기를 해도 좋아.
must	It **must** be true. 그것은 사실임에 틀림없다.	You **must** jump rope now.〈의무〉 너는 지금 줄넘기를 해야 해.

- He *uses* a computer. 〈본동사〉   그는 컴퓨터를 사용한다.
- He **can** *use* a computer. 〈가능〉   그는 컴퓨터를 사용할 수 있다.
- He **may** *use* a computer. 〈추측〉   그는 컴퓨터를 사용할지도 모른다.
- You **may** *use* a computer. 〈허가〉   너는 컴퓨터를 사용해도 된다.
- He **must** *use* a computer. 〈의무〉   그는 컴퓨터를 사용해야 한다.

Exercise

A 다음 각 문장에서 조동사에 해당하는 말을 고르시오.

01. Can you speak English?
영어를 말할 수 있니?

02. He must come here by six o'clock.
그는 6시까지 여기에 와야 한다.

03. You may use my computer.
너는 내 컴퓨터를 사용해도 좋다.

04. May I sit here?
제가 여기에 앉아도 되나요?

05. Yes, you may sit anywhere.
네, 당신은 어느 곳이든지 앉아도 됩니다.

o m·e·m·o

194

01 02 03 04 05 06 07 08 09 10 11 12 13 14 15 16 17 18 19 20

Chapter **05**

Ⓑ 조동사의 특징

1. 주어가 3인칭 단수(he, she)라도 조동사에 −s를 붙이지 않는다.
- He **can** speak English. (NOT : He cans speak English.)
- It **may** rain tomorrow. (NOT : It mays rain tomorrow.)

그는 영어를 말할 수 있다.

내일 비가 올지도 모른다.

2. 조동사 뒤에는 항상 동사원형을 쓴다.
- He can **play** the guitar. (NOT : He can plays the guitar.)
- She may **come** here tomorrow. (NOT : She may comes here tomorrow.)
- He may **be** at home today. (NOT : He may is at home today.)
  am, are, is의 동사원형은 be이다.

그는 기타를 연주할 수 있다.

그녀는 내일 여기에 올지도 모른다.

그는 오늘 집에 있을지도 모른다.

3. 부정문을 만들 때 조동사 바로 뒤에 not을 쓴다.
- He **can not** swim. (NOT : He doesn't can swim.)
  can not은 can't로 줄여 쓸 수 있고 cannot으로 can과 not을 붙여 쓸 수도 있다.

그는 수영할 수 없다.

4. 의문문을 만들 때는 「조동사 + 주어 + 동사원형 ~?」으로 조동사를 주어 앞에 둔다.
대답 역시 조동사를 사용한다.
- A : **Can** he speak English? (NOT : Does he can speak ...?)
  B : Yes, he **can**. / No, he **can't**. (NOT : Yes, he does. / No, he doesn't.)

그는 영어를 말할 수 있니?

응, 할 수 있어. / 아니, 할 수 없어.

5. 두 개의 조동사를 나란히 쓸 수 없다.
- He **will be able to** speak English. (NOT : He will can speak English.)
  will도 조동사이다. 「be able to + 동사원형」은 '~할 수 있다'의 의미로 can과 같은 의미

그는 영어를 말할 수 있게 될 것이다.

Exercise

B 괄호 안의 조동사를 알맞은 위치에 넣어 우리말과 같은 의미가 되도록 문장을 완성하시오.

01. My mother is angry. (may)

엄마는 화가 났을지도 모른다.

→ _____

02. Susan speaks Chinese. (can)

Susan은 중국어를 말할 수 있다.

→ _____

03. Do you help me with my homework? (can)

내 숙제를 도와줄 수 있니?

→ _____

04. He doesn't swim. (can)

그는 수영을 할 수 없다.

→ _____

05. They don't come to the party. (can)

그들은 파티에 올 수 없다.

→ _____

o m • e • m • o
- angry 화난
- help A with B
  A가 B하는 것을 돕다

ⓒ **can, could**

1. 능력, 가능(= be able to)

- can이 능력을 나타낼 때 be able to로 바꿔 쓸 수 있다.
  - She **can** write with her left hand.
    = She **is able to** write with her left hand.

그녀는 왼손으로 쓸 수 있다.

- 조동사 can 뒤에 not을 추가하여 부정문을 만들 수 있다.
  - She **can not** write with her left hand.
    can not은 can't, cannot으로도 쓸 수 있다. can not = isn't able to

그녀는 왼손으로 쓸 수 없다.

- 조동사 can이 주어 앞으로 오고 문장 끝에 물음표를 써서 의문문을 만든다. 대답할 때도 조동사 can을 쓴다는 것에 주의해야 한다.
  - A : **Can** you play rugby?
    B : Yes, I **can**. / No, I **can't**.

A : 럭비할 수 있니?

B : 응, 할 수 있어. / 아니, 할 수 없어.

01 02 03 04 05 06 07 08 09 10 11 12 13 14 15 16 17 18 19 20

- '~할 수 있을 것이다'처럼 미래의 일에 대한 가능을 말할 때 will can처럼 조동사 둘을 나란히 쓸 수 없으므로 will be able to로 써야 한다.

  - You **will be able to** get up early tomorrow morning.
    (NOT : You ~~will can~~ get up early tomorrow morning.)

  너는 내일 아침에 일찍 일어날 수 있을 것이다.

- could는 was[were] able to로 바꿔 쓸 수 있지만 단, was[were] able to는 과거의 어떤 구체적인 상황에서 그 순간에만 할 수 있었던 일을 말할 때만 쓰인다. 단, 학교시험에서는 차이를 구별하지 않고 서로 바꿔쓰는 문제가 출제되기도 한다.

  - We **could[=was able to]** persuade her then.
  - He **could** speak five languages then.
    (NOT : He ~~was able to~~ get up speak five languages then.)
    언어를 말하는 것은 어떤 한 순간만 할 수 있고 그 순간이 지나면 할 수 없는 것이 아니라 지속적으로 할 수 있는 일이므로 was able to로 바꿔 쓰면 어색하다. could not은 관계없이 wasn't[weren't] able to로 바꿔 쓸 수 있다.

  우리는 그때 그녀를 설득할 수 있었다.
  그는 그때 5개 언어를 말할 수 있었다.

2. 요청, 허가

- **Can** you open the door? 〈요청〉

  = **Will** you open the door?

  = **Could** you open the door?
  'Can[Will] you~?' 보다 'Could[Would] you~?'가 좀 더 공손한 표현이다.

  문 좀 열어 주실래요?

- You **can[may]** use my bike until tomorrow. 〈허가〉
  can이 허가의 의미로 쓰일 때 may와 바꿔 쓸 수 있는데 may가 더 격식을 갖춘 표현이다.

  너는 내일까지 내 자전거를 사용해도 좋다.

- A : **Can** I ask you a question?

  = **May** I ask you a question?

  B : Sure. What is it?

  A : 제가 질문 하나 해도 되나요?

  B : 물론이죠. 뭔데요?

- You **can't** play with Dad's shoe. 〈금지〉
  이 문장에서 can't는 '능력이 없음'을 이야기 하는 것이 아니라 '허락하지 않는다(=금지)'는 의미이다.

  너는 아빠의 신발을 가지고 놀면 안 된다.

- You **can't** give food to the zoo animals. 〈금지〉

  너는 동물원의 동물들에게 음식을 주면 안 된다.

3. 부정적 추측(~일 리가 없다)

- That **can't** be true.
  말하는 사람이 어떤 일이 불가능하다고 확신하고 말할 때 쓴다. 추측은 대화에 참여하지 않은 제 3자에 관한 추측이 많다. 그래서 주어가 3인칭일 가능성이 많다.

  그것은 사실일 리가 없다.

C 다음 문장을 지시대로 바꾸시오.

01. He can speak Chinese. (부정문으로)

_____

02. You can call me after school.(의문문으로)

_____

03. He can cook spaghetti very well. (be able to를 이용)

_____

04. Without parents' love, the baby can't grow up safe. (be able to를 이용)

_____

D 다음 빈칸에 알맞은 말을 보기에서 골라 쓰시오.

┌─〈보기〉──────────────────────────────┐
│   can,   can't,   could,   couldn't   │
└──────────────────────────────────────┘

01. A : What kind of food _____ you make?

   B : Well, I can make bulgogi.

02. A cat _____ jump, but it can't swim.

03. My friends didn't help me with my homework. So I _____
   finish my homework.

04. I looked for my bag all day but I _____ find it.

05. A : Hello, _____ I speak to Tom, please? (on the phone)

   B : This is he speaking.

06. She is riding a bike with her friends now. She _____ be sick.

01 다음 밑줄 친 부분의 의도는?

> A : Can you draw a dinosaur now?
> B : I'm not sure.
> A : Come on. <u>You can do it.</u>

① 후회   ② 격려   ③ 사과

④ 감사   ⑤ 초대

02 다음 대화의 밑줄 친 곳에 들어가기에 적합하지 <u>않은</u> 것은?

> A : Can you walk the dog, please?
> B : _____, no problem.

① No   ② OK   ③ Yes

④ Sure   ⑤ Of course

03 다음 대화의 응답으로 <u>어색한</u> 것은?

> A : Can you come to the party?
> B : _____

① Yes, I'm okay. I can't.

② No, I can't.

③ Sure, I can.

④ No problem.

⑤ I'm sorry, but I can't.

04 다음 대화의 빈칸에 알맞은 것은?

> A : I can skate. Can you skate?
> B : No, I _____. But I can swim.

① am   ② do   ③ don't

④ can't   ⑤ can

05 다음 빈칸에 들어갈 말로 알맞은 것은?

> In the evenings, Sonya's father cooks dinner.
> He _____ *kimchi* stew very well.

① cook   ② cans cook

③ can cooks   ④ can cook

⑤ can cooking

06 다음 중 어법상 옳은 것은?

① Do you good at it?

② Do you like to music?

③ Can you play soccer?

④ Does he reads books?

⑤ Can she cooks well?

07 다음 대화의 빈칸에 들어갈 수 <u>없는</u> 것은?

> A : Can you close the door?
> B : _____

① I'm afraid I can't.

② Of course.

③ Sorry, but I can't.

④ No problem.

⑤ Yes, you can.

08 다음 중 질문에 대한 답으로 알맞지 <u>않은</u> 것은?

> A : Can you bring the newspaper?
>
> B : _____

① Yes, I can.

② Sure, no problem.

③ Okay, I can do that.

④ I'm sorry, but I can't.

⑤ No problem. No, I can't.

09 다음 중 어법상 옳은 것은?

① You can swim with your pets.

② He cans play the piano.

③ She can walks fast.

④ They can wanting the dog.

⑤ The students can sleeping well.

10 다음 문장 중 어법상 <u>어색한</u> 것은?

① Su-jin can play the violin.

② I can't dance very well.

③ Can you play the piano?

④ She can rides a bike.

⑤ What can I do for you?

11 다음 중 옳은 문장은?

① Alfred cans play the guitar.

② Susan cannot makes cake well.

③ Jenny cannot to speak English.

④ Does he can play golf?

⑤ Mary can't use a computer.

12 다음 중 빈칸에 알맞은 말은?

> Can it swim or _____?

① flies   ② flying   ③ to fly

④ be flies   ⑤ fly

13 다음 질문의 응답으로 가장 알맞은 것은?

> Q : I can't swim. Can penguins swim?
>
> A : _____

① Yes, I can.

② Yes, it can.

③ No, it can't.

④ Yes, they can.

⑤ No, you can't.

14 주관식 빈칸에 들어갈 알맞은 단어를 우리말을 참고하여 쓰시오.

> 나는 한국말을 할 수 있지만 중국어는 할 줄 모른다.
>
> → I _____ speak Korean, but I _____
>
> speak Chinese.

15 다음 두 문장의 의미가 같도록 할 때 빈칸에 들어갈 가장 알맞은 말은?

> I am not a good swimmer.
> = I _____ swim well.

① may ② can ③ must
④ may not ⑤ can not

16 주관식 두 문장의 뜻이 같도록 문장을 완성하시오.

> He is a good swimmer and a good cook.
> = He _____ _____ and _____
> very well.

17 다음 빈칸에 들어갈 알맞은 말은?

> She is able _____ with you.

① play ② plays ③ playing
④ to play ⑤ can play

18 다음 빈칸에 알맞은 형태는?

> The turtle cannot _____ fast.

① run ② runs ③ ran
④ to run ⑤ running

19 주관식 다음 두 문장이 같은 의미가 되도록 빈칸에 알맞은 말을 쓰시오.

> I can speak English well.
> = I _____ _____ _____ speak
> English well.

20 주관식 주어진 문장과 그 의미가 같도록 알맞은 표현을 쓰시오.

> She can't draw her face.
> = She _____ _____ _____
> _____ _____ her face.

21 다음 밑줄 친 단어의 의미가 <u>다른</u> 하나는?

① I'm afraid I <u>can't</u> help you.
② She <u>can't</u> eat raw fish.
③ I <u>cannot</u> find my bag.
④ He <u>can't</u> be hungry.
⑤ <u>Can't</u> she play the piano?

22 밑줄 친 can의 쓰임이 <u>다른</u> 하나는?

① I <u>can</u> speak Chinese.
② <u>Can</u> I go home now?
③ <u>Can</u> you play soccer?
④ I <u>cannot</u> draw your face.
⑤ He <u>can</u> cook shashlik very well.

23 밑줄 친 부분의 쓰임이 나머지 넷과 다른 것은?

① Can you run fast?

② What can you do?

③ He can't speak Korean.

④ Can you solve this problem?

⑤ Can you walk the dog, please?

24 다음 중 밑줄 친 부분과 쓰임이 다른 것은?

I can ride a bike.
(나는 자전거를 탈 수 있어.)

① Can you swim well?

② I can't speak Korean.

③ She can dance like a robot.

④ You can't give food to the zoo animals.

⑤ The bird can fly high in the sky.

25 다음 빈칸에 들어갈 알맞은 표현은?

I'm going to go to London next year. So
I am studying English very hard. I hope
I _____ speak English very well next
year.

① will be able to   ② must

③ could   ④ have to

⑤ won't have to

26 다음 우리말에 맞도록 빈칸에 알맞은 것은?

He _____ see from now on.
(그는 이제부터 앞을 볼 수 없을 것이다.)

① can't will be able to

② will not be able to

③ can't be able to

④ will be not able to

⑤ wouldn't be able to

27 주관식 다음 두 문장이 뜻이 같도록 빈칸을 채우시오. (4단어)

I couldn't play the piano.
= I _____ play the piano.

28 다음 빈칸에 알맞은 말은?

My grandfather can't run fast now.
But he _____ run fast when
he was young.

① can   ② can't   ③ could

④ couldn't   ⑤ was

29 다음 대화의 빈칸에 들어갈 알맞은 말은?

A : Can you play tennis?
B : Yes. I _____ play tennis last year, but
    I can now.

① can   ② could   ③ can't

④ will can ⑤ couldn't

30 주관식 내용상 빈칸에 알맞은 말을 영어로 쓰시오.

> A : Do you like music?
> B : Yes, I do. I love it.
> A : Can you play the piano?
> B : _____, _____ _____, but I can
>   play the violin.

31 서술형 다음 표를 보고 'can / can't'를 이용하여 빈칸을 채우시오.

	Speak Japanese	Ride a bike	Play the guitar
Jane	O	X	O
Tom	O	X	X

> (1) A : Can Jane ride a bike?
>   B : _____, _____ _____.
> (2) A : Can Tom speak Japanese?
>   B : _____, _____ _____.
> (3) Jane _____ _____ the guitar.
> (4) Tom _____ _____ a bike.

32 짝지어진 대화 중 가장 자연스러운 것은?

① A : What's your hobby?
   B : I can play chess.
② A : What kind of food can he cook?
   B : He is a really kind cook.
③ A : I like playing badminton. How about you?
   B : I'm OK. Next time.
④ A : Can I get the free tickets?
   B : Yes, you can. You are lucky.
⑤ A : Are you good at swimming?
   B : Sure. Let me know how to swim.

33 다음 빈칸에 알맞은 조동사는?

> The box was very heavy. So I _____
> carry it.

① may   ② must   ③ do
④ could   ⑤ couldn't

34 다음 우리말에 맞도록 빈칸에 알맞은 것은?

> A : When can you go to the concert?
> B : I _____ go on Sunday.
>   (일요일에 갈 수 있을 거야.)

① am able to   ② must
③ have to   ④ will can
⑤ will be able to

35 다음 빈칸에 가장 알맞은 표현은?

> Joe has had enough. He _____ hungry.

① must be   ② may be   ③ can be
④ can't be   ⑤ will be

36 다음 보기의 밑줄 친 부분과 쓰임이 같은 것은?

> He hasn't lived here for long. He <u>cannot</u>
> know many people.

① I <u>cannot</u> play the guitar.
② The news <u>cannot</u> be false.
③ He <u>cannot</u> go to the party.
④ We <u>cannot</u> live without air.
⑤ I <u>cannot</u> stand on my hands.

37 〔서술형〕 다음 대화를 읽고, 틀린 문장 두 개를 골라 번호를 쓰고 올바른 문장으로 고쳐 쓰시오.

> A : ①You can understand English?
>
> B : ②No, I can't understand English.
>
> A : ③Can she makes cookies?
>
> B : ④Yes, she can.

> (1) (　　)번
>
> → _____
>
> (2) (　　)번
>
> → _____

38 〔서술형〕 다음 문장을 괄호 안의 지시대로 바꾸어 쓰시오.

> (1) He can swim. (부정문으로)
>
> → _____
>
> (2) She can play the piano. (의문문으로)
>
> → _____

39 〔주관식〕 다음 표지판이 나타내는 의미를 'can'을 활용하여 완전한 문장으로 쓰시오.

>
> → _____ _____ _____ _____
>
> here.

40 〔서술형〕 다음 문장을 괄호 안의 단어를 이용하여 같은 의미가 되도록 영작 하시오.

> She can't swim. (be able to)
>
> = _____

41 〔서술형〕 'can(could)', 'be able to'를 이용하여 다음 문장을 바꾸시오.

> (1) Mina climbed a tree.
>
> → _____
>
> → _____
>
> (2) They ride a bike.
>
> → _____
>
> → _____

42 〔서술형〕 주어진 단어를 사용하여 두 문장의 뜻이 같도록 문장을 영작 하시오.

> Can you cook? (able)
>
> = _____

16 may, might

may는 '~일지도 모른다'는 추측의 의미와 '~해도 좋다'는 허가의 의미로 쓰인다. 추측은 대화에 참여하지 않은 제 3자를 이 야기할 때 많이 쓰이므로 주어가 3인칭인 경우가 많고, 허가는 내가 상대방에게 허가를 구할 때는 「May I + 동사원형?」, 상대 방에게 어떤 것을 허가하는 경우에는 「You may + 동사원형」의 형태가 된다.

Ⓐ 부탁, 허가 : ~해도 좋다

1. May I ~? : ~해도 되나요? (= Can I ~?)

- A : **May** I see the photographs?

  사진을 봐도 되나요?

- B : Yes, you **may(= can)**. / Of course. / Certainly. / Sure.

  예, 봐도 됩니다./물론이죠.

  'May I ~?'는 격식을 갖춰서 허가를 구하거나 부탁을 할 때 쓰는데 일상 대화에서는 'Can I ~?'를 많이 쓴다.

- A : **May** I use your telephone?

  당신의 전화를 사용해도 되나요?

- B : No, you **may not**. 〈허가하지 않음〉 /

  아니요. 안되는데요.

  I'm sorry, but you can't. / No, you **must not**. 〈강한 금지〉

  죄송하지만, 사용할 수 없습니 다./아니요. 사용해서는 안 됩니 다.

2. You may ~ : ~ 해도 된다 (= You can ~)

- You **may(= can)** leave my room.

  당신은 제 방을 나가셔도 좋습니다.

Ⓑ 추측 : ~일지도 모른다

- 현재 혹은 미래의 일에 대한 불확실한 추측을 나타낼 때

  - A : Where is Peter?

    Peter는 어디 있니?

  - B : He **may** be at home.

    그는 집에 있을지도 모른다.

    = He **might** be at home.

    = **Perhaps** he **is** at home.

    may의 과거형 might도 같은 추측의 의미로 쓰인다. might가 과거의 일에 대한 추측으로 착각하지 않도록 주의한다.

  - She **may not** come to the party.

    그녀는 파티에 오지 않을 지도 모른다.

    = **Perhaps** she **will not** come to the party.

    미래의 일에 대한 추측을 말할 때도 may 혹은 may not을 쓸 수 있다. 추측은 대화에 참여하지 않은 제 3자에 관한 추측이 많아서 주어가 3인칭일 가능성이 많다.

(Exercise)

A 다음 밑줄 친 부분에 유의하여 우리말로 옮기시오.

01. You <u>may</u> stay here.

02. He <u>may</u> be tired.

03. <u>May</u> I ask you a question?

04. He <u>may</u> come here the day after tomorrow.

05. It <u>might</u> rain tomorrow.

o m • e • m • o
• the day after tomorrow
  모레

Exercise

B 다음 문장의 밑줄 친 부분을 알맞은 형태로 바꾸시오.

01. It may <u>sunny</u> this Saturday. _____

02. He may <u>being</u> at the library. _____

03. She <u>mays</u> come here tomorrow. _____

04. He may <u>arrives</u> soon. _____

05. She may <u>can</u> solve the problem. _____

06. It may <u>rain not</u> tomorrow. _____

07. They may <u>met</u> at the bus stop. _____

08. May I <u>asked</u> you a question? _____

Exercise

C 다음 우리말과 같은 뜻이 되도록 (   ) 안의 말을 이용하여 문장을 완성하시오.

01. 그 이야기는 사실일지도 모른다. (be)

= The story _____ _____ true.

02. 가셔도 됩니다. (go)

= You _____ _____ now.

03. 눈 때문에 그녀는 파티에 늦을지도 모른다. (be)

= Because of the snow, she _____ _____ late for the party.

04. 그 남자는 어떤 특별한 재능도 없을지도 모른다. (have)

= The man _____ _____ _____ any special talent.

05. 이 우산을 가져가라. 나중에 비가 올지도 모른다. (rain)

= Take this umbrella. It _____ _____ later.

06. 그는 아직 여기 오지 않았지만, 곧 도착할지도 모른다. (arrive)

= He's not yet here, but he _____ _____ soon.

07. 준호는 11시에 그의 집을 떠날지도 모른다. (leave)

= Junho _____ _____ his house at 11 o'clock.

08. 길을 여쭤 봐도 되나요? (ask)

= _____ I _____ for directions?

01 다음 밑줄 친 말의 의도는?

> A : May I come in?
>
> B : <u>Yes, you may.</u>

① 동의   ② 용서   ③ 허락

④ 금지   ⑤ 약속

02 밑줄 친 말의 의도로 알맞은 것은?

> A : <u>May I ride my bike here?</u>
>
> B : No, you may not. It's dangerous.

① 사과하기   ② 제안하기   ③ 추측하기

④ 허락 구하기   ⑤ 충고 구하기

03 다음 대화의 빈칸에 들어갈 말로 가장 <u>어색한</u> 것은?

> A : May I use your pencil?
>
> B : _____

① Yes, I will.   ② No, you must not.

③ Sure.   ④ Not now.

⑤ I'm sorry, but you can't.

04 다음 대화의 응답으로 쓸 수 <u>없는</u> 것은?

> A : May I use your telephone?
>
> B : _____

① Yes, you may.   ② Not now.

③ Sure.   ④ No, you don't.

⑤ I'm sorry, but you can't.

05 빈칸에 알맞지 <u>않은</u> 것은?

> A : May I sit here?
>
> B : _____

① Sure. You can sit here.

② Sorry, but it's taken.

③ Not at all. Go ahead.

④ Of course. Go ahead.

⑤ Absolutely, you can.

06 다음 대화의 빈칸에 들어갈 말로 <u>어색한</u> 것은?

> A : _____
>
> B : Of course. See you tomorrow.

① May I go home now?

② Could I go home now?

③ May you go home now?

④ Is it OK if I go home now?

⑤ Can I go home now?

07 주어진 물음에 대한 답으로 어울리지 <u>않는</u> 것은?

> May I take pictures here?

① Yes, you may.

② Sure, go ahead.

③ No, you may not.

④ I don't agree with you.

⑤ I'm sorry, but you can't.

08 다음 우리말을 영어로 표현할 때 빈칸에 알맞은 말은?

> 그는 어쩌면 아플지도 모른다.
> → He _____ be sick.

① must   ② will   ③ may

④ won't   ⑤ may not

09 다음 대화에서 밑줄 친 부분 대신에 쓸 수 있는 것은?

> A : <u>May</u> I use your knife?
> B : Yes, here it is.

① Can   ② Will   ③ Must

④ Would   ⑤ Should

10 다음 문장을 부정문으로 바꿔 쓴 것으로 맞는 문장은?

> He may be able to come.

① He may be able not to come.

② He isn't able to come.

③ He may be not able to come.

④ He may not be able to come.

⑤ He not be able to come.

11 다음 중 어법상 <u>어색한</u> 문장은?

① Can penguins swim?

② I can run fast.

③ They may be at the library.

④ It not may be true.

⑤ May I help you?

12 어법상 올바른 문장은?

① It may be not true.

② Ted may can meet you.

③ Jenny may be sick today.

④ You may don't buy a new car.

⑤ The weather may not good tomorrow.

13 어법상 올바른 문장을 고르시오.

① It rain may later.

② He may arrives soon.

③ She may has a son.

④ He may be at the library.

⑤ They may can help you fly.

14 다음 중 어법상 <u>어색한</u> 문장은?

① Yuna may sick today.

② It may not be a rumor.

③ Ted may be able to meet you.

④ He may not come to the party.

⑤ He may be at school.

15 다음 중 어법상 올바른 것은?

① They didn't may see this movie.

② He mays miss you in New York.

③ I could may go to Europe next summer.

④ She may likes this book. It has a short story.

⑤ I think that chocolate may not be good for babies.

16 다음 우리말을 바르게 영작한 것은?

> 당신은 차가 필요하지 않을지도 모릅니다.

① You don't may need your car.

② You are not may need your car.

③ You may need not your car.

④ You not may need your car.

⑤ You may not need your car.

17 서술형
다음 우리말에 맞도록 주어진 단어를 바르게 배열하시오.

> (He, come, may, tomorrow, not).
> 그는 내일 오지 않을지도 모른다.

→ _____

18 다음 대화의 빈칸에 가장 알맞은 말은?

> A : _____ I speak to Mike?
> B : Speaking.

① May   ② Must   ③ Shall
④ Will   ⑤ Might

19 다음 밑줄 친 부분의 쓰임이 다른 하나는?

① You <u>may</u> sit here.

② You <u>may</u> use my phone.

③ You <u>may</u> go to bed.

④ <u>May</u> I come in?

⑤ He <u>may</u> be a doctor.

20 밑줄 친 부분의 의미가 나머지 넷과 다른 하나는?

① It <u>may</u> be false.

② The baby <u>may</u> be hungry.

③ He <u>may</u> be late for school.

④ She <u>may</u> want to eat pizza.

⑤ You <u>may</u> use my cellphone.

21 밑줄 친 may의 의미가 다른 하나는?

① John <u>may</u> be late.

② It <u>may</u> rain tomorrow.

③ He <u>may</u> like the idea.

④ You <u>may</u> come in now.

⑤ She <u>may</u> know the man.

22 다음 보기의 밑줄 친 부분과 같은 의미로 쓰인 것은?

> You <u>may</u> go home now.

① It <u>may</u> rain tomorrow.

② He <u>may</u> be an American.

③ <u>May</u> I use your pencil?

④ They <u>may</u> be glad to hear the news.

⑤ Some of you <u>may</u> be taller than your mother.

23 다음 밑줄 친 부분의 쓰임이 다른 하나는?

① You think I <u>may</u> be lonely.

② She <u>may</u> be late for the meeting.

③ The cat <u>may</u> be in the kitchen.

④ <u>May</u> I ask you a question?

⑤ He <u>may</u> be visiting his friend at the hospital.

24 밑줄 친 may와 의미가 <u>다른</u> 것은?

> This project <u>may</u> be easy for my friends, but I still can't think of my special talent.

① It <u>may</u> rain. Take an umbrella.
② You <u>may</u> have some special talents.
③ He didn't have lunch. He <u>may</u> be hungry.
④ You <u>may</u> go out if you do your homework.
⑤ She <u>may</u> be late for the party because of the work.

25 다음 중 의도하는 바가 <u>다른</u> 하나는?

① Can you do me a favor?
② May I do you a favor?
③ Could you do me a favor?
④ May I ask you a favor?
⑤ May I ask a favor of you?

26 밑줄 친 부분 중 쓰임이 <u>다른</u> 하나는?

① <u>May</u> I ask you a question?
② It <u>may</u> snow today.
③ You <u>may</u> go back home.
④ You <u>may</u> not smoke in here.
⑤ <u>May</u> I use your book?

27 다음 대화의 빈칸에 들어갈 말로 가장 알맞은 것은?

> A : Josh doesn't answer the phone.
> B : Really?
> A : _____

① He may meet a bear.
② He may not take a shower.
③ He may not like chocolate.
④ He may like her.
⑤ He may not be at home now.

28 ⓐ ~ ⓔ 중 그 의미가 <u>다른</u> 하나는?

> Kevin : ⓐ<u>May</u> I go to Jihun's house, Mom?
> Mom : Yes, you ⓑ<u>may</u>. But come back by 7 o'clock.
> Kevin : OK, Mom. ⓒ<u>May</u> I take Spot with me?
> Mom : No, you ⓓ<u>may</u> not. Jihun's mom ⓔ<u>may</u> not want a dog in her house.
> Kevin : All right, Mom.
> Mom : Don't forget to say hello to Mrs. Kim for me.
> Kevin : OK. I won't.

① ⓐ　② ⓑ　③ ⓒ　④ ⓓ　⑤ ⓔ

29 다음 문장과 의미가 <u>다른</u> 것은?

> May I take a look at it?

① Is it okay for me to take a look at it?
② Do you mind if I take a look at it?
③ Can I have a look at it?
④ Is it okay if I take a look at it?
⑤ Can you take a look at it?

30 대화의 흐름이 어색한 것은?

① A : May I use your phone?

　　B : Yes, you may.

② A : Take this umbrella. It may rain later.

　　B : Okay. Thank you.

③ A : I'm here to see Miss Han.

　　B : She is not yet here. She may be upset.

④ A : Can you lend me a pen?

　　B : Sorry, I don't have any. Ask Mina. She may have one.

⑤ A : Math is so difficult for me.

　　B : You may need more study.

31 우리말에 맞게 빈칸에 알맞은 조동사는?

> (새로운 자전거 이용자들은 자신들이 다칠까봐 두려워 할지도 모른다.)
>
> New bicycle riders _____ be afraid of hurting themselves.

① can　　　② will　　　③ should

④ need　　⑤ might

32 다음 빈칸에 들어갈 말이 나머지 넷과 다른 것은?

① It is cloudy now. It _____ rain soon.

② He has a bad cold. He _____ come here today.

③ Susan _____ go out tonight. She isn't feeling well.

④ They _____ come to the party tonight. They have a lot of things to do at home.

⑤ Don't worry too much about your mistake. It _____ be important.

33 고난도 다음 두 문장이 같은 의미가 아닌 것은?

① He may know the truth.

　　= He might know the truth.

② Perhaps she is Korean.

　　= She may be Korean.

③ May I go out?

　　= Can I go out?

④ We may as well go home.

　　= We have good reason to go home.

⑤ It is natural that he should think so.

　　= He may well think so.

34 서술형 다음 문장에 may를 넣어서 다시 쓰시오.

> She is tired today.
>
> → _____

35 서술형 다음 주어진 우리말을 영어 문장으로 쓰시오.

> 내일 비가 올 지도 모른다.
>
> → _____

36 〈보기〉에서 제시된 단어들 중 알맞은 것을 골라 우리말을 영어로 완성하시오

> A : Can you lend me a pencil?
> B : Sorry, I don't have any. Ask Olive.
> 　　<u>그녀가 몇 개 가지고 있을지 몰라.</u>

> 〈보기〉
> may should any can have has some

→ She _____ .

37 주어진 단어와 조동사 may 또는 may not을 사용하여 〈보기〉의 문장 및 대화를 완성하시오.

> rain later　 arrive soon　 come

> (1) He _____ _____ _____ to the
> 　　party. (그는 파티에 오지 않을 지도 모른다.)
> (2) A : Take this umbrella.
> 　　　It _____ _____ _____ .
> 　　　(이 우산을 가져가. 나중에 비가 올지도 몰라.)
> 　　B : Okay, thank you.

38 주어진 문장을 보기와 같이 <u>추측하는</u> 문장으로 바꾸시오.

> 〈보기〉
> He has many good friends.
> → He may have many good friends.

> She is good at dancing.
> → _____

39 주어진 문장을 부정문으로 바꾸시오.

> Kevin may be late.
> → _____

40 may를 넣어 문장을 다시 쓰고 우리말로 옮기시오.

> She knows his email address.

→ _____

_____

41 다음 우리말을 영어로 옮길 때 빈칸에 들어갈 알맞은 말을 쓰시오.

> → There _____ a lot of treasures.
> 　(많은 보물들이 없을지도 모른다.)

17 must, have to

must와 should는 모두 '~해야 한다'로 해석할 수 있다. 하지만 must는 하지 않으면 손해를 보거나 피해를 볼 수 있으니 해야 한다는 의미로 '필요, 의무'를 나타내고, should는 일반적인 상식으로 판단해 볼 때 도덕적으로 당연히 '~해야 한다'는 의미로 '충고, 조언' 등을 할 때 사용한다.

A 필요 · 의무 : ~해야 한다

1. must = have[has] to : ~해야 한다

• You **must** get up at six.

= You **have to** get up at six.

너는 6시에 일어나야 한다.

must가 '~해야 한다'의 의미로 쓰일 때 「have[has] to + 동사원형」으로 바꿔 쓸 수 있다.

2. don't[doesn't] have[need] to = need not : ~할 필요가 없다

• She **doesn't have[need] to** get up at six.

= She **need not** get up at six.

그녀는 6시에 일어날 필요가 없다.

「need + 동사원형」에서 need는 조동사로 쓰여 주어가 3인칭 단수라도 needs로 쓰지 않는다는 점에 주의한다. need를 일반동사로 쓸 수도 있는데, 이 때 위 문장은 'She doesn't need to get up at six.'로 쓸 수 있으며 need다음에 to를 빠뜨리면 안 된다.

3. must not : ~하면 안 된다

• You **must not** swim in the lake.

그 호수에서 수영하면 안 된다.

must not은 '~하면 안 된다'는 강한 금지를 나타낸다. don't have to(~할 필요가 없다)와는 다른 의미이다.

4. had to : ~해야 했었다

• I **had to** get up at six yesterday.

나는 어제 6시에 일어나야 했다.

must의 과거형은 「had to + 동사원형」으로 쓰고, must의 미래형은 「will have to + 동사원형」으로 쓴다.

(Exercise)

A 다음 두 문장이 같은 의미가 되도록 빈칸에 알맞은 말을 쓰시오.

01. You must go to bed now.

= You _____ _____ go to bed now.

02. She must get there early.

= She _____ _____ get there early.

03. You don't have to worry.

= You _____ _____ worry.

04. He doesn't have to worry.

= He doesn't _____ _____ worry.

m · e · m · o
• go to bed 자러 가다
• worry 걱정하다

B 다음 문장에 have to를 넣어 다시 쓰시오. (필요시 형태를 바꾸시오.)

01. She is careful.

_____

02. Does she save money?

_____

03. You are quiet. We are in the library.

_____

C 다음 빈칸에 알맞은 표현을 고르시오.

01. We _____ eat too much instant food.

02. You _____ lock the door. My sister locked already.

03. He _____ be careful when he drives.

04. Do I _____ bring my textbook tomorrow?

D 다음 중 **틀린** 부분을 바르게 고쳐 쓰시오.

01. You has to brush your teeth.

02. She have to clean her room.

03. You must to take the medicine.

04. They have to wearing uniforms.

05. They musted get up early yesterday.

06. He don't have to worry.

07. He needs not worry.

08. I will must finish my homework by this Friday.

B 단정적 추측 : ~임에 틀림없다

1. must be : ~임에 틀림없다

- She won first prize in the math contest. She **must be** smart.

(NOT : She has to be smart.)
must가 추측의 의미로 쓰일 때는 'have to'로 바꿔 쓸 수 없다.

그녀는 수학 경시 대회에서 우승을 했다. 그녀는 영리함에 틀림없다.

2. must be ↔ can't be (~ 일리가 없다)

- She failed in the exam again. She **can't be** smart.

(NOT : she must not be smart.)
must be(~임에 틀림없다)의 반대말은 can't be(~일 리가 없다)를 쓴다. must not(~하면 안 된다)을 쓰지 않도록 주의한다.

그녀는 그 시험에 다시 실패했다. 그녀는 영리할 리가 없다.

Exercise

E 다음 우리말과 같은 뜻이 되도록 할 때 괄호 안에 쓸 수 있는 말을 모두 <u>고르시오</u>.

01. You (may, must) come to school early tomorrow.

(너는 내일 학교에 일찍 와야 해.)

02. We (have, must) to be quiet in class.

(우리는 수업 시간에 조용히 해야 한다.)

03. I (have to, must to) do my science homework.

(나는 과학숙제를 해야 한다.)

04. He (may, must) be a criminal.

(그는 범죄자임에 틀림없다.)

o m·e·m o
- certain 확실한
- honest 정직한
- impossible 불가능한
- criminal 범죄자

Exercise

F 다음 두 문장이 같은 의미가 되도록 빈칸에 알맞은 말을 쓰시오.

01. It is certain that he is honest.

= He _____ _____ honest.

02. It is impossible that he is honest.

= He _____ _____ honest.

03. It is necessary that you should go there.

= You _____ _____ there.

01 다음 중 밑줄 친 단어의 의미가 나머지 넷과 다른 하나는?

① We <u>must</u> protect animals.

② We <u>must</u> obey traffic laws.

③ You <u>must</u> go and see it.

④ You <u>must</u> be tired.

⑤ I <u>must</u> do the work right now.

02 주어진 우리말에 맞게 각 문장에 들어갈 알맞은 표현끼리 짝지어진 것은?

> (1) You _____ be quiet.
>   (조용히 해야 한다.)
> (2) You _____ eat fast food.
>   (패스트 푸드를 먹어서는 안된다.)

    (1)   (2)   (1)   (2)

① must - must   ② must - must not

③ can - cannot   ④ cannot - can

⑤ must - can

03 _{주관식} 다음 두 문장에 공통으로 들어갈 단어를 쓰시오.

> • He _____ be very sick.
>   (그는 아픈 것이 틀림없다.)
> • You _____ do the work at once.
>   (너는 당장 이 일을 해야 한다.)

04 _{주관식} 다음 두 문장의 의미가 같도록 할 때 빈칸에 알맞은 말을 쓰시오.

> You must wear a seat belt.
> = You _____ _____ wear a seat belt.

05 다음 중 어법상 표현이 잘못된 것을 고르시오.

① Minsu must keep the rules.

② He must be quiet in the library.

③ Junho must be the best singer in my class.

④ They have to take care of sick people.

⑤ She have to come to school early tomorrow.

06 다음 밑줄 친 부분과 바꿔 쓸 수 있는 말은?

> He <u>has to</u> help his mother.

① can   ② may   ③ will

④ must   ⑤ could

07 _{주관식} 내용의 흐름상 빈칸에 알맞은 말을 넣으시오.

> School starts 8:00. It's 7:50 now. Jenny
> _____ _____ get up.

08 다음 중 주어진 문장의 의미와 다른 하나는?

> I'm sorry, but I have to go now.

① I have to leave now.

② I must be going now.

③ It's time to say good-bye.

④ I'm sorry, but I can't go now.

⑤ I'm sorry, but I should go now.

09 다음 문장을 부정문으로 고쳐 우리말과 같은 의미가 되도록 할 때 알맞은 문장은?

> You have to follow his will.
> → _____
> (너는 그의 유언을 따를 필요가 없다.)

① You have not to follow his will.
② You don't have to follow his will.
③ You must not follow his will.
④ You will not follow his will.
⑤ You are not able to follow his will.

10 다음 우리말에 맞도록 빈칸에 알맞은 말은?

> You _____ visit her again.
> (너는 그녀를 다시 방문할 필요가 없다.)

① had to ② have to
③ will have to ④ dont' have to
⑤ must not

11 주어진 대화의 상황에 맞게 have to를 이용하여 문장을 완성하시오.

> A : The party is at 8 o'clock.
> B : OK. What should I bring?
> A : You _____ _____ _____ _____ anything. I'll prepare everything.

12 다음 문장의 빈칸에 들어갈 알맞은 말은?

> In the future people _____ go to the office at all to do their work.

① won't have to ② have to
③ will be able to ④ will have to
⑤ won't be able to

13 다음 중 어법상 틀린 문장은?

① You don't have to wash them.
② She must will teach her.
③ He will be able to write a letter.
④ Will they be able to go there?
⑤ Are you going to go to high school?

14 다음 중 어법상 올바른 문장은?

① I must to keep the school rules.
② She musts be on time.
③ They mustn't break the window.
④ He must not plays soccer.
⑤ We must not to take pictures.

15 다음 중 어법상 올바른 문장을 고르시오.

① He would to do that.
② She may not comes here.
③ We have to careful in the mountain.
④ She doesn't have to buy the book.
⑤ They ought to not arrive late.

16 다음 밑줄 친 부분의 쓰임이 옳지 <u>않은</u> 것은?

① Boys <u>have</u> to be stronger than girls.

② The knife is sharp, so you <u>have</u> to be careful.

③ He <u>has</u> to do his homework now.

④ What time does he <u>have</u> to leave?

⑤ Where does she <u>has</u> to go now?

17 다음 중 어법상 어색한 것을 <u>모두</u> 고르시오.

(a) We have be quiet in the library.

(b) We has to listen to the guides.

(c) We must keeps the library's rules.

(d) We don't have to late for returning books.

(e) We must not run on the floor.

① (a)(c) ② (b)(d)(e) ③ (a)(b)(c)(d)

④ (b)(c)(d) ⑤ (a)(b)(c)(e)

18 주관식
다음 두 문장의 의미가 같도록 빈칸을 채우시오.

It is necessary that you should go there.
= You _____ go there.

19 다음 빈칸에 알맞은 말은?

The clothes are clean. So you _____ wash them.

① don't have to ② can

③ will have to ④ will be able to

⑤ have to

20 다음 밑줄 친 부분과 의미가 같은 것은?

This is my room. Come on in. Oh, my! You <u>don't have to</u> take off your shoes.

① can't ② won't

③ need not ④ need

⑤ may not

21 주관식
빈칸에 알맞은 말을 쓰시오.

Kate는 은행에 갈 필요가 없다.
→ Kate _____ _____ _____ go to the bank.

22 다음 중 조동사의 쓰임이 어색한 것은?

① I couldn't hear well, but I made great music.

② She has a test today. So, she has to study hard yesterday.

③ You should not drink coffee. Then you will be healthy.

④ I was very sick yesterday. So, I couldn't go to school.

⑤ I could play the piano well before, but I can't now.

23 다음 주어진 문장이 의미가 자연스럽도록 빈칸에 알맞은 표현을 고르시오.

The boys have a bad cold, so they _____ stay in bed.

① have to ② had to ③ would

④ has to ⑤ was going to

24 다음 중 어법상 어색한 것은?

① I have to lose weight.

② You must not miss the class.

③ He mustn't smoke here.

④ Jane has to go to school last Sunday.

⑤ The cafeteria must be the best place to have dinner on a special day.

25 다음 두 문장이 같은 의미가 되도록 할 때 빈칸에 알맞은 말은?

Don't tell me a lie.
= You _____ _____ tell me a lie.

① have to   ② need not   ③ must not

④ cannot   ⑤ will not

26 다음 보기의 밑줄 친 부분과 같은 의미로 쓰인 것은?

When we meet foreigners, we <u>must</u> be kind to them.

① He <u>must</u> be tired today.

② She <u>must</u> be busy now.

③ Her story <u>must</u> be interesting.

④ She <u>must</u> be hungry after running.

⑤ You <u>must</u> go there right now.

27 다음 밑줄 친 부분과 쓰임이 같은 것은?

He <u>must</u> be very sick. He must see a doctor right away.

① You <u>must</u> get up early in the morning.

② He <u>must</u> be an American.

③ He <u>must</u> do the work well.

④ Children <u>must</u> obey their parents.

⑤ You <u>must</u> not go.

28 다음 밑줄 친 부분의 쓰임이 나머지 넷과 다른 하나는?

① You <u>must</u> not be late for school.

② You didn't have breakfast. So you <u>must</u> be hungry now.

③ You <u>must</u> not tell a lie.

④ I <u>must</u> help my mother at home.

⑤ His room is dirty. He <u>must</u> clean it now.

29 보기의 밑줄 친 부분과 쓰임이 같은 것은?

I just said you <u>must</u> be joking with me.

① You <u>must</u> study hard.

② You <u>must</u> love yourself.

③ You <u>must</u> be very happy now.

④ You <u>must</u> brush your teeth after lunch.

⑤ You <u>must</u> not make a noise in the library.

30 다음 밑줄 친 must를 have[has] to로 바꾸어 쓸 수 없는 것을 고르시오.

① I can't do this alone. You <u>must</u> help me.

② Jane was not in class today. She <u>must</u> be sick.

③ We're very late now. We <u>must</u> hurry.

④ My mom is busy tonight. I <u>must</u> make dinner alone.

⑤ You have a fever. You <u>must</u> go see a doctor right now.

31 다음 주어진 문장이 서로 어울리지 <u>않은</u> 것은?

① He has a big house. He may be rich.

② She sings very well. She may be a singer.

③ He doesn't look well. He can't be sick.

④ She won first prize in the math contest. She must be smart.

⑤ You have worked all day. You must be very tired.

32 다음 우리말을 영어로 알맞게 옮긴 것은?

> 그녀는 지금 운전을 하면 안 된다.

① She must not drive now.

② She must not to drive now.

③ She doesn't have to drive now.

④ She has not to drive now.

⑤ She didn't have to drive now.

33 다음 보기의 문장과 의미가 같은 것은?

> It is certain that he is a doctor.

① He may be a doctor.

② He can't be a doctor.

③ He must be a doctor.

④ He may not be a doctor.

⑤ He can be a doctor.

34 다음 빈칸에 들어갈 가장 알맞은 말은?

> Mrs. Kim doesn't look well. She _____ be sick.

① should   ② must   ③ can't

④ has to   ⑤ is able to

35 다음 밑줄 친 부분의 의미가 가장 <u>다른</u> 것을 고르시오.

① You <u>have to</u> do the homework.

② They <u>must</u> be quiet in the library.

③ She <u>needs to</u> go there early.

④ He <u>should</u> keep the rules during a game.

⑤ He <u>must</u> be a teacher because he is teaching math to the students.

01 02 03 04 05 06 07 08 09 10 11 12 13 14 15 16 17 18 19 20

[36-38] 다음 빈칸에 들어갈 알맞은 말을 보기에서 골라 쓰시오.
(필요시 어형 변형가능)

〈보기〉 must, must not, need not, don't have to

36
Mike caught a bad cold, so he _____ _____ swim now.

37
A : May I go out?
B : Yes, but you _____ be home before nine o'clock.

38
She isn't going to work tomorrow, so she _____ _____ _____ get up early tomorrow morning.

39 다음 우리말을 가장 알맞게 표현한 것은?

우리는 어제 도서관에서 조용히 해야 했다.

① We have to quiet in the library yesterday.
② We must be quiet in the library yesterday.
③ We have to be quiet in the library yesterday.
④ We had to be quiet in the library yesterday.
⑤ We should be quiet in the library yesterday.

40 [주관식] 대화가 자연스럽도록 빈칸에 알맞은 단어를 쓰시오.

A : What does Jenny _____ _____ do to buy a new MP3 player?
B : It is necessary for Jenny to save her allowance.

41 [주관식] 다음 우리 가족이 해야 할 일 목록을 보고 보기처럼 문장을 완성하시오.

To-do list
My brother : 숙제하기
My sister : 방 청소하기

〈보기〉 I have to study for the English Exam.

(1) My brother _____ _____ _____ _____ _____.

(2) My sister _____ _____ _____ _____ _____.

42 서술형
다음 문장을 괄호 안의 지시대로 바꿔 쓰세요.

> They must wear a school uniform. (부정문으로)

→ _____

(그들은 교복을 입지 않아도 된다.)

43 서술형
다음 문장을 주어진 단어를 사용하여 다시 쓰시오.

> I don't have to worry about the battery anymore. (need)

→ _____

_____

44 주관식
우리말과 같은 뜻이 되도록 영작하여 완성하시오.

> A : Tom is still sleeping.
> B : He _____.
> (그는 매우 피곤함에 틀림없어.)

45 서술형
다음 주어진 우리말에 맞게 have to를 이용하여 문장을 완성하시오. (단, 필요할 경우 형태를 바꿀 것)

(1) The girl has a poor grade, so

she _____.

(더욱 열심히 공부해야 한다.)

(2) The boy lost his book, so

he _____.

(그의 책을 찾아야 한다.)

18 should, ought to, had better

must가 필요나 규칙 때문에 지켜야 하는 의무라면 should(= ought to)는 사회적 관습이나 양심에 비추어 당연히 해야 하는 의무 혹은 충고를 할 때 주로 쓰인다. had better는 should보다 강한 충고의 의미로 주로 윗사람이 아랫사람에게 혹은 의사가 환자에게 말할때 쓰인다. 충고를 따르지 않으면 어떤 문제나, 불이익이 발생할 수 있는 일에 대해 말할 때 쓴다.

A should, ought to

1. 의무, 충고 : ～해야 한다

- You **should** wash your hands.

  = You **ought to** wash your hands.

  should는 ought to와 바꿔 쓸 수 있다.

  너는 손을 씻어야 한다.

- Students **should not** run in the classroom.

  = Students **ought not to** run in the classroom.

  ought to의 부정문은 「ought not to + 동사원형」으로 부정어 not의 위치에 주의해야 한다.

  학생들은 교실에서 뛰면 안 된다.

2. 의문사 + 주어 + should + 동사원형 = 의문사 + to부정사

- I don't know **where I should go**.

  = I don't know **where to go**.

  나는 어디로 가야할지 모른다.

- I don't know **how I should swim**.

  = I don't know **how to swim**

  「의문사 + 주어 + should + 동사원형」은 「의문사 + to부정사」로 바꿔 쓸 수 있다.

  나는 어떻게 수영해야 할지 모른다.

Exercise

A 다음 괄호 안에서 알맞은 말을 고르시오.

01. You (should, ought) eat more fruit.

02. You (ought not to, ought to not) drive like that.

03. It's raining now. You (shouldn't, ought to) take an umbrella.

04. You (should, shouldn't) eat too much candy. It's bad for your teeth.

05. You look terrible. You (should, shouldn't) work any more.

06. I am leaving at 5 o'clock tomorrow morning, so I (should, shouldn't) go to bed early tonight.

07. Your car is too old. I think you (should, shouldn't) buy a new one.

o m · e · m o
- be bad for ~
  ～에 나쁘다
- not ~ any more
  더 이상 ～하지 않다

Exercise

B 다음 빈칸에 should와 shouldn't 중, 적절한 하나를 골라 쓰시오.

01. My cat looks hungry. I _____ feed her.

02. Yunsu, look at your room. You _____ clean your room.

03. Yunho, you have exams next week. You _____ read comic books.

04. Yunmi, it's already 8. You _____ wake up.

05. He _____ watch TV. He watches TV all the time.

○ m・e・m・o
• feed 먹이를 주다
• comic book 만화책

Exercise

C 다음 밑줄 친 부분을 어법에 맞게 고치시오.

01. I shouldn't <u>touching</u> my pimples. → _____

02. Suji should <u>writes</u> a thank-you letter. → _____

03. Jiho and Sam should <u>be not</u> late again. → _____

04. You should <u>did</u> some exercise. → _____

05. She <u>shoulds</u> wash her hands before eating lunch. → _____

06. You should <u>do not</u> hard exercise. → _____

○ m・e・m・o
• pimple 여드름
• wash one's hands
  ~의 손을 씻다

B **had better**

had better도 충고의 의미를 나타내며 should나 ought to보다 좀 더 강한 어조이다. 충고를 따르지 않으면 문제가 발생하거나 손해를 입을 수 있다는 의미를 갖는다. 주로 의사가 환자에게 지시할 때 많이 쓰는 표현이며, 예의를 갖춰야 할 윗사람에게는 쓰지 않는 게 좋다.

1. 충고, 제안 : ~하는 게 좋다
- It's rainy today. You **had better** take an umbrella when you go out.
- You'**d better** start now, or you'll be late.
  had better는 'd' better로 줄여 쓸 수 있다.

오늘 비가 온다. 외출할 때 우산을 가져가는 게 좋다.
지금 출발하는 게 좋다. 그렇지 않으면 늦을 것이다.

2. had better not : ~하지 않는 게 좋다
- You **had better not** go out late at night. (**NOT** : You ~~hadn't better go~~...)
  had better의 부정은 had better not이다. hadn't better가 아님에 주의한다.
- A : Are you going out tonight?
  B : No. I'**d better not**. I have to do my homework.

너는 밤늦게 외출하지 않는 게 좋다.

오늘밤 외출할 거니?

아니. 나가지 않는 게 좋겠어. 숙제를 해야 돼.

224

01 02 03 04 05 06 07 08 09 10 11 12 13 14 14 16 17 18 19 20

Exercise

D 다음 괄호 안에서 알맞은 것을 고르시오.

01. You'd better (go, to go) to school early.

02. You'd better (study, studying) harder.

03. You'd better (to drive, drive) very carefully.

04. I'd better not (listening, listen) to music.

05. I'd better (not turn, don't turn) on the TV.

Exercise

E 다음 틀린 부분을 찾아 바르게 고치시오.

01. It's late. You had better to go to bed now.

늦었다. 너는 지금 잠을 자는 게 좋겠다.

_____ → _____

02. We'd better ran away now.

우리는 지금 도망가는 게 좋겠다.

_____ → _____

03. You didn't have better talk in class.

너는 수업 중에 떠들지 않는 것이 좋다.

_____ → _____

04. You had better not to go there.

너는 거기에 가지 않는 것이 좋다.

_____ → _____

Exercise

F 다음 문장을 모두 부정문으로 바꾸시오.

01. You should tell a lie.

02. You ought to smoke.

03. You had better eat too much.

04. She should skip breakfast.

01 다음 빈칸에 들어갈 수 <u>없는</u> 것은?

> You should _____ when you go out.

① lock the door   ② wears a coat
③ do the dishes   ④ turn off the light
⑤ call me

02 다음 문장에서 not의 위치로 알맞은 것은?

> He ① should ② use ③ his cell phone ④ in the library ⑤.

03 다음 중 어법상 옳지 <u>않은</u> 것 두 개는?

① You should not bring your cards here.
② She should listening to her mother.
③ You shouldn't be late for school.
④ She should not run around the swimming pool.
⑤ We should to clean the classroom today.

04 다음 문장에서 표현이 올바른 것은?

① I should leaving right now.
② Should I repeat this question?
③ He should goes to bed early.
④ We should watch not too much TV.
⑤ Kevin should drinks milk in the morning.

05 다음 중 어법상 올바른 문장은?

① We should to take a rest.
② You should fight not with your friends.
③ Should we staying at home?
④ Mike should be study hard.
⑤ He should not play games too long.

06 다음 중 바른 문장은?

① He should studies harder.
② You should do not run here.
③ Do I should go now?
④ She should be not afraid of the dog.
⑤ Should I stay home?

07 어법상 올바른 문장은?

① Should I am there by 7 o'clock?
② He doesn't should run in the library.
③ They should do exercise.
④ Yu-mi shoulds help her mother.
⑤ Su-ji should comes back home early today.

08 다음 중 어법상 틀린 것은?

① You should say your opinion clearly and loudly.
② You should take the bus.
③ She has to start finding her job.
④ You ought to not copy his report.
⑤ I will be able to drive a car.

09 다음 빈칸에 들어갈 가장 알맞은 말은?

> Watch out! It's a red light.
> You _____ be more careful before
> crossing the street.

① will   ② can   ③ have better
④ should   ⑤ ought

10 주어진 두 문장의 의미가 서로 같도록 할 때 빈칸에 들어갈 알맞은 말은?

> Don't talk on the phone too long.
> = You _____ talk on the phone too long.

① should   ② should not
③ have to   ④ don't have to
⑤ need not

11 주관식 다음과 같은 상황에서 충고할 때, 빈칸에 들어갈 알맞은 말을 쓰시오.

> Two boys are making a noise in the library.
> → You _____ _____ quiet in the
>   library.

12 서술형 다음 문장을 지시에 따라 바꾸시오.

> I should go to school tomorrow.

→ (부정문)_____
→ (의문문)_____

13 다음 밑줄 친 부분과 의미가 가장 가까운 것은?

> We <u>ought to</u> obey our parents.

① should   ② may   ③ can
④ would   ⑤ need to

14 주관식 다음 문장에서 밑줄 친 부분을 바르게 고쳐 쓰시오.

> Students <u>ought to not</u> run in this classroom.

→ _____

15 주관식 다음 문장을 바꾸어 쓸 때 빈칸에 알맞은 말을 쓰시오.

> He told me what to do next.
> = He told me what _____ _____ do
>   next.

16 다음 중 어법상 옳은 것은?

① I'd not better use too much paper.
② You'd better stay not here any longer.
③ I guess I would better not go out too often.
④ I'd better put less food on my plate.
⑤ You'd better not eats that now.

17 다음 중 어법상 옳은 것은?

① I'd not better eat a lot of fast food.

② I'd better not go to bed late.

③ You'd better to exercise regularly.

④ You'd better went home early.

⑤ You'd better taking an umbrella.

18 다음 대화의 빈칸에 알맞은 말은?

A : I'm going out.

B : It may rain. You _____ take an umbrella with you.

① may   ② don't have to

③ need not   ④ had better

⑤ must not

19 다음 문장을 영작한 것으로 가장 올바른 것은?

그는 스마트폰 게임을 많이 하지 않는 것이 좋을 것 같아.

① He'd better play smart phone games too much.

② He had not better play smart phone games too much.

③ He'd better not play smart phone games too much.

④ He didn't have better play smart phone games too much.

⑤ He had better not to play smart phone games too much.

20 다음 빈칸에 가장 알맞은 말은?

A : You look sick. You _____ see a doctor.

B : Thanks. I will.

① would   ② could

③ had better   ④ had to

⑤ are going to

21 다음 대화의 빈칸에 가장 알맞은 것은?

A : Let's stay up all night.

B : _____
    You have to get up early tomorrow.

① You'd better stay here.

② You'd better not leave here.

③ You'd better drink milk.

④ You'd better go to bed early.

⑤ You'd better not do your homework first.

22 빈칸에 들어갈 말로 알맞은 것은?

A : Mom, can I have this cookie?

B : Well, you'd better not _____ that now. It's almost lunch time.

① eat   ② ate   ③ to eat

④ eating   ⑤ have eaten

23 대화의 빈칸에 들어갈 말로 가장 적절한 것은?

> A : _____
>
> B : Yes, but you'd better eat slowly.

① Are you happy?

② Can I have more rice?

③ Have you ever seen it?

④ What are you happy with?

⑤ What are you going to do after school?

24 다음 빈칸에 알맞은 것은?

> I guess I _____ go out too often.

① had better not

② had not better

③ have not better

④ don't have better

⑤ didn't have better

25 주관식 다음 우리말에 맞도록 빈칸에 알맞은 말을 쓰시오.

> I _____ _____ _____ go to the
> theater today.
> (나는 오늘 극장에 가지 않는 게 좋겠다.)

26 주관식 다음 우리말과 같은 뜻이 되도록 괄호 안의 말을 알맞게 배열하시오.

> 이상한 동물을 만지면 안 된다.
> You (touch, not, should) strange animals.

→ _____

27 서술형 주어진 단어들을 이용하여 우리말을 영어로 옮기시오.

> 너는 수업 중에 휴대전화를 사용하면 안 된다.
> (your cell phone, in class, should)

→ _____

28 주관식 괄호 안에 주어진 단어를 활용하여 아래 표지판을 문장으로 옮겨 쓰시오.

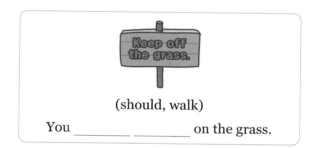

> (should, walk)
> You _____ _____ on the grass.

29 서술형 다음 주어진 단어를 이용하여 알맞게 영작하시오.

> A : I have a toothache.
> B : 너는 의사의 진찰을 받아야 한다. (see the doctor)

→ _____

30 ^{서술형} 다음 대화의 밑줄 친 우리말에 맞게 <보기>의 단어를 모두 재배열하여 문장을 완성하시오.

<보기>

you, not, better, had

A : Hey! Don't eat too much.

B : But I'm so hungry.

A : <u>너는 너무 많이 먹지 않는 게 좋겠다.</u> You may get a stomachache.

→ _____ eat too much.

31 ^{서술형} 다음 보기에서 적절한 표현을 찾아 'should/shouldn't'를 이용하여 충고의 문장을 완성하시오.

<보기>

see a movie   get up early

wear a hat   eat that cake

A : I'm on a diet.

B : (1)You _____ .

A : I'm usually late for school.

B : (2)You _____ .

32 ^{서술형} 다음 주어진 문장에서 <u>잘못된</u> 부분을 고쳐서 문장을 다시 쓰시오. (고친 부분을 포함하여 전체 문장으로 쓸 것)

(1) He ought not be to late for the meeting.

→ _____

(2) You had not better talk loudly.

→ _____

33 ^{주관식} 다음 우리말과 의미가 같은 영어문장을 빈칸에 맞게 완성하시오.

그녀는 내일 일찍 일어나지 않는 것이 좋겠다.

= She _____ _____ _____

_____ _____ early tomorrow.

34 ^{서술형} 다음 문장에서 어색한 부분을 바르게 고쳐 다시 쓰시오.

I had not better go out tonight.

→ _____

35 ^{주관식} 다음 상황에서 Mike에게 충고를 하고자 한다. 괄호 안에 주어진 단어들을 사용하여 문장을 완성하시오.

Mike is talking loudly with his friends during class. The teacher is very angry at him.

→ Mike, you _____ during class.

(not, had, talk, better)

19 shall, will, would

Shall I ~?, Shall we ~?, Will you ~?, Would you ~? 등의 표현 등은 아주 많이 쓰이므로 꼭 익혀야 한다.

A shall

주로 의문문에서 쓰이고 상대방의 의사를 물을 때 쓴다.

1. Shall I ~? : 제가 ~할까요?

- A : **Shall I** turn on the light?

  B : Please do. / Please don't.
  Shall I ~?(= Can I ~? = Do you want me to ~?)

제가 불을 켤까요?

그렇게 하세요./ 하지 마세요.

2. Shall we ~? 함께 ~할까요?

- A : **Shall we** have lunch together?

  B : Yes, let's. / Okay[OK, All right].

    That sounds great. / (That's) A good idea.

    No, let's not. / I'm sorry but I can't.
  Shall we ~? (= Let's + 동사원형…. = Why don't we + 동사원형…? = How[What] about ~ing?)

- A : What time **shall we** make it?

  B : Let's make it at six.

함께 점심을 먹을까요?

예. 그럽시다./좋아요.

좋은 생각이네요.

아니오, 하지 맙시다. /죄송한데
할 수 없을 것 같네요.

몇 시에 만날까?(몇 시로 정할
까?)

6시에 만나자.

3. Let's ~, shall we?

- Let's go swimming, **shall we**?
  Let's로 시작하는 문장의 부가의문문은 'shall we?'를 쓴다.

수영하러 가자, 그럴래?

(Exercise)

A 다음 빈칸에 알맞은 말을 쓰시오.

01. _____ we go to the museum today?

= _____ don't we go to the museum today?

= What _____ going to the museum today?

= _____ go to the museum today.

02. _____ talk about our future, shall we?

03. Do you want me to open the door?

= _____ _____ open the door?

04. What time _____ we meet?

o﹒m﹒e﹒m﹒o
· museum 박물관
· future 미래

B will

1. 미래 조동사 will

- I **will** be fifteen next year.
- She **will** be here in half an hour.
- I think she **will** pass the exam.

내년에 나는 15살이 된다.

30분 후에 그녀가 여기에 올 것이다.

나는 그녀가 그 시험에 합격할 것이라 생각한다.

2. Will you ~? : ~할래요? / 제의, 부탁, 권유 (= Can you~?)

Would you ~?, Could you ~? 는 좀더 공손한 표현이다.

- **Will you** come with me? 〈제의〉
- **Will you** help me with my homework? 〈부탁〉
- A : **Will you** have some bread? 〈권유〉

  B : Yes, please. / No, thank you.

저와 함께 갈래요?

제 숙제 좀 도와줄래요?

빵 좀 드실래요?

예, 부탁합니다. / 아니요, 괜찮습니다.

3. 명령문, will you?

- Open the door for me, **will you**?

  명령문의 부가의문문은 'will you?'를 쓴다.

> **Exercise**

B 다음 주어진 문장에 will을 넣어 다시 쓰시오.

나를 위해 문을 열어주시오. 그래 주시겠어요?

01. He is a singer.

_____

02. She gets up early tomorrow.

_____

03. I must clean the room.

_____

04. Everyone can take part in the game.

_____

> **Exercise**

C 다음 빈칸에 will과 shall 중에서 알맞은 말을 써 넣으시오.

01. I think that she _____ pass the exam next year.

02. I'm sure that you _____ do better next time.

03. The weather is very nice. _____ we take a walk?

o m · e · m · o
- take part in~ ~에 참석하다
  조동사는 두 개를 나란히 쓸 수 없음에 주의한다.
- will must → will have to
- will can → will be able to
- take a walk 산책하다
- postcard 엽서, 그림 엽서

01 02 03 04 05 06 07 08 09 10 11 12 13 14 14 16 17 18 19 20

04. Please tell me the fact, _____ you?

05. _____ you show me your postcards?

 would

1. 미래 조동사 will의 과거형

- I **think** that she **will** like the present.
  현재를 기준으로 미래의 일을 표현할 때는 「will + 동사원형」으로 나타낸다.

나는 그녀가 그 선물을 좋아할
거라고 생각한다.

- I **thought** that she **would** like the present.
  과거를 기준으로 했을 때 미래의 일은 「would + 동사원형」으로 나타낸다.

나는 그녀가 그 선물을 좋아할
거라고 생각했다.

2. Would you ~? : ~하시겠어요?

Will you ~?나 Can you ~? 보다 좀 더 공손한 표현으로 쓰인다.

- **Would you** tell me your address?
  = **Could you** tell me your address?

주소 좀 알려 주시겠어요?

3. 과거의 습관 : ~하곤 했다

- He **would** often watch TV after dinner.
- On Sundays he **would** go fishing with me.

그는 저녁 식사 후에 자주 TV를
보곤 했다.
그는 일요일마다 나와 함께 낚
시를 가곤했다.

4. would의 관용적 표현

- would like to + 동사원형 = want to + 동사원형 : ~하기를 원하다

  - I **would like to** change my hair style.
    = I **want to** change my hair style.

제 머리 모양을 바꿔보고 싶어요

- would rather A than B : B하느니 차라리 A하는 편이 낫다

  - I **would rather** watch TV **than** read the book.
    I would rather는 I'd rather로 줄여 쓸 수 있다.

나는 그 책을 읽는 것보다는 차
라리 TV를 보는 편이 낫다.

Exercise

D 다음 괄호 안에서 알맞은 말을 고르시오.

01. She said she (will, would) come here.

02. I thought she (will, would) visit us the next day.

03. I hoped that she (will, would) call me the next day.

04. (Would, Could) you like to have a cup of coffee?

05. I would (rather, better) watch TV than read the book.

o m·e·m·o
· the next day 그 다음날

233

01 다음 빈칸에 들어갈 말로 가장 알맞은 것은?

> This weekend, Sony's family _____ go
> to their dacha.　　*dacha 다차(러시아의 시골저택)

① am　　　② are　　　③ is

④ will　　　⑤ do

02 다음 빈칸에 들어갈 말로 가장 알맞은 것은?

> He will draw pictures _____.

① now　　　　　② tomorrow

③ yesterday　　　④ last Sunday

⑤ two days ago

03 다음 빈칸에 알맞지 <u>않은</u> 말은?

> I will play soccer _____.

① tomorrow

② next Saturday

③ this afternoon

④ the day before yesterday

⑤ after class

04 <u>주관식</u>
다음 밑줄 친 말을 한 단어로 바꿔 쓰시오.

> I <u>will not</u> go to the concert.

→ _____

05 다음 대화의 빈칸에 들어갈 표현으로 가장 적절한 것은?

> A : Will Sujin plant potatoes this weekend?
> B : _____ She will visit her
> grandparents.

① Yes, she can.　　　② No, she won't.

③ Yes, she does.　　　④ No, she doesn't.

⑤ Yes, she will.

06 다음 대화의 빈칸에 들어갈 말로 알맞은 것은?

> A : Will you go to Sokcho this Saturday?
> B : _____ I'll go there today.

① Yes, I do.　　　② No, I don't.

③ Yes, I will.　　　④ No, I'm not.

⑤ No, I won't.

07 다음 대화의 빈칸에 알맞은 표현은?

> A : _____ go to the In-ho's house?
> B : Okay. Let's go now.

① Why do you　　　② Should I

③ Shall we　　　④ Shall I

⑤ Do you have to

08 다음 문장의 빈칸에 공통으로 들어갈 알맞은 말은?

> • What time _____ we make it?
> • Let's go shopping, _____ we?

① will　　　② may　　　③ shall

④ should　　　⑤ can

09 다음 대화의 빈칸에 공통으로 들어갈 알맞은 말은?

> A : Who _____ Sora meet in Sokcho this weekend?
> B : She _____ meet her grandmother.

① will   ② does   ③ is going
④ be going to ⑤ have to

10 다음 대화가 서로 어울리지 <u>않는</u> 것은?

① A : Shall we play tennis together?
   B : That's a good idea.
② A : Will you go to the movies with me?
   B : I'm sorry, I can't.
③ A : Shall I tell you a funny story?
   B : No, let's not.
④ A : What time shall we meet?
   B : Let's meet at seven.
⑤ A : Be quiet.
   B : OK. I will.

11 다음 대화의 빈칸에 알맞은 표현은?

> A : _____
> B : Let's meet at 7.

① Where do you meet him?
② What time shall we make it?
③ When is it?
④ What time is it?
⑤ What time do you have?

12 다음 중 어법상 옳은 것은?

① A monkey can't swims.
② We can buying a cellphone.
③ A cat cans see well at night.
④ Mina won't go shopping with him.
⑤ Everybody is have fun this Sunday.

13 다음 중 어법상 바른 문장은?

① I won't am late.
② He will wears a green cap.
③ He will not go to the library.
④ She wills meet him at ten tonight.
⑤ They will meets the teacher after school.

14 다음 밑줄 친 ⓐ, ⓑ의 단어가 적절한 형태로 바르게 짝지어진 것은?

> Tomorrow Sonya's family ⓐ<u>plant</u> potatoes. Everybody ⓑ<u>have</u> fun together.

	ⓐ	ⓑ
①	plants	have
②	are planting	have
③	will plant	will has
④	will plant	will have
⑤	will plants	are having

15 다음 중 어법상 옳은 것은?

① He can swims very well.

② Are your father sleeping then?

③ He will see the doctor yesterday.

④ Everybody are able to become rich.

⑤ My family is going to eat out tonight.

16 다음 질문에 대한 대답으로 알맞은 것은?

A : Will she go to church this Sunday?

B : _____

① Yes, she is.   ② No, she won't.

③ Yes, she will not.   ④ No, she isn't.

⑤ Yes, she goes.

17 다음 대화의 빈칸에 들어갈 말로 모두 알맞은 것은?

A : What _____ you do this vacation?

B : I will _____ Brazil.

① will - visited   ② did - visit

③ do - visit   ④ do - visited

⑤ will - visit

18 다음 중 옳은 문장은?

① She wills call me.

② He won't buys this dog.

③ Will she cleans her room?

④ He will have a party.

⑤ Tom will goes to the market tomorrow.

19 다음 두 문장의 의미가 전혀 다른 것은?

① You must take off your shoes.

= You have to take off your shoes.

② It must be true.

= It cannot be true.

③ Shall I tell you another difference?

= May I tell you another difference?

④ Shall we go on a picnic?

= Let's go on a picnic.

⑤ You should study harder.

= You must study harder.

20 다음 문장의 빈칸에 적절한 표현은?

Let's play baseball now, _____ ?

① don't you   ② didn't you

③ shall we   ④ will you

⑤ won't you

21 빈칸에 알맞은 말은?

She will _____ her grandmother.

① visit   ② visits   ③ visited

④ visiting   ⑤ be visit

22 밑줄 친 부분이 잘못된 것은?

① I can swim.

② Don't open the window.

③ He will watches TV.

④ She can't play the violin.

⑤ He likes reading books.

Chapter
05

23 [서술형] 우리말과 일치하도록 주어진 문장을 영작하시오.

> 그녀는 내년에 기타를 배울 것이다.

→ _____

24 [주관식] 다음 우리말에 맞도록 빈칸에 알맞은 말을 쓰시오.

> He _____ _____ fifteen next year.
>
> (그는 내년에는 15살이 될 거야.)

25 [주관식] 다음 두 문장이 같은 의미가 되도록 빈칸에 알맞은 말을 쓰시오.

> She decided to study abroad.
>
> = She decided that she _____ study abroad.

26 두 문장의 뜻이 같도록 할 때 빈칸에 알맞은 말은?

> I don't like to go out. I will study here instead.
>
> = I _____ study here than go out.

① had to
② am able to
③ would like to
④ am willing
⑤ would rather

27 [서술형] 다음 표를 보고 질문에 영어로 답하시오.

Minho's weekly plan	
Wed.	take a gym class
Thur.	meet friends
Fri.	watch a movie
Sat.	study English

> A : Today is Thursday.
>
>   What will Minho do tomorrow?
>
> B : _____

28 [서술형] 조동사 'will'을 사용하여 주어진 해석에 맞게 영작하시오.

> (1) She _____ this weekend.
>   (그녀는 이번 주말에 음악을 들을 것이다.)
>
> (2) She _____ this weekend.
>   (그녀는 이번 주말에 기타를 연주할 것이다.)
>
> (3) She _____ this weekend.
>   (그녀는 이번 주말에 조부모님을 방문할 것이다.)

20 used to

「used to + 동작동사」는 '예전에 ~했었는데 지금은 하지 않는다'의 뜻이고, 「used to + 상태동사」는 '예전에 어떤 상태로 계속 있었다, 하지만 지금은 그렇지 않다'는 뜻이다. 이처럼 used to는 과거의 정보뿐만 아니라 현재의 정보도 알려준다는 점에 주의해야 한다.

Ⓐ 현재는 지속되지 않는 과거의 습관이나 상태

● 과거의 습관 : used to + 동작동사 : (~하곤 했다)

• I **used to**[would] get up early, but I get up late these days.
현재는 지속되지 않는 과거의 반복적인 습관을 나타낼 때 used to (~하곤 했다)를 쓰고 would와 바꿔 쓸 수 있다.

나는 일찍 일어나곤 했었다. 그러나 요즘은 늦게 일어난다.

● 과거의 상태 : used to + 상태동사 : (~이었다)

• There **used to** be a school here, but not now. (NOT : There would be a school here.)
현재는 지속되지 않는 과거의 상태를 나타낼 때 used to(~이었다, ~였다)를 쓰고, 뒤에 상태를 나타내는 말이 오면 would와 바꿔 쓸 수 없다.

예전에 여기에 학교가 있었는데 지금은 없다.

Ⓑ 의문문과 부정문

● 「used to + 동사원형」의 의문문 : Did + 주어 + use to + 동사원형 ~?

• She **used to** be a math teacher.

→ **Did** she **use to** be a math teacher?
비격식적으로 「Did + 주어 + used to + 동사원형 ~?」의 구문이 사용되기도 한다.

그녀는 수학 선생님이었다.

→ 그녀는 수학 선생님이었니?

● 「used to + 동사원형」의 부정문 : 「주어 + didn't + use to + 동사원형 ~.」또는 「주어 + used not to + 동사원형 ~.」

• My parents **used to** go shopping very often.

↔ My parents **didn't use to** go shopping very often.
비격식적으로 「주어 + didn't + used to + 동사원형~?」의 구문이 사용되기도 한다.

= My parents **used not to** go shopping very often.

나의 부모님은 쇼핑을 아주 자주 하시곤 하셨다.↔ 나의 부모님은 전에는 쇼핑을 자주 하시는 편이 아니셨다.

(Exercise)

A 다음 괄호 안에 들어갈 알맞은 말을 모두 고르시오.

○ m·e·m·o

01. He (used to, would) be a soccer player.

02. He (used to, would) go to the library on Sundays.

03. Our family (used to, would) live in this town.

04. They (used to, would) play soccer after school.

05. I (used to, would) go to school by bicycle.

Exercise

B 주어진 표현을 바르게 배열하여 문장을 쓰시오.

01. (used / the river / to / clean / be)

→ _____

02. (to / I / used / to the library / every Saturday / go)

→ _____

03. (a beautiful garden / this place / to / used / be)

→ _____

04. (a lot of / eat / used / to / fast food / he)

→ _____

o m·e·m·o

혼동하기 쉬운 used to

● used to + 동사원형 : ～하곤 했다
● be used to ～(동)명사 : ～하는데 익숙하다(= be accustomed to + (동)명사)
● be used to + 동사원형 : ～하는 데 사용되다

- He **used to** drive a car.
- He **is used to** dri**ving** a car.
- This car **is used** to travel.

그는 자동차를 운전하곤 했다.

그는 자동차를 운전하는 데 익숙하다.
이 자동차는 여행하는 데 사용된다.

Exercise

C 다음 괄호 안에 들어갈 알맞은 말을 고르시오.

01. The knife is used to (cut, cutting) meat.

02. I'm used to (get, getting) up early in the morning.

03. The computer (used to, is used to) work at the bank.

04. Mom is accustomed to (cook, cooking) French foods.

05. I (used, am used) to jog everyday.

o m·e·m·o

D 다음 밑줄 친 부분에 유의하여 우리말로 해석하시오.

01. She <u>used to</u> travel by plane.

02. She <u>is used to</u> traveling by plane.

03. The plane <u>is used to</u> travel all around the world.

04. Diamonds are so hard that they'<u>re used to</u> cut stone.

05. Tom <u>used to</u> play computer games all day long.

• around the world 전 세
계에

E 어법상 **틀린** 부분을 찾아 문장을 바르게 고치시오.

01. There used to being a big house here.

→ _____

02. He was used to fight with his brother every day.

→ _____

03. I used to watched the news, but now I read newspapers.

→ _____

04 People didn't use to using computers.

→ _____

05. This bag is used to traveling abroad.

→ _____

• abroad 해외로

01 다음 문장의 괄호 안에 들어갈 동사의 형태로 알맞은 것은?

> She used to (play) the piano, but she doesn't play it any more now.

① play   ② playing   ③ played
④ be played   ⑤ be playing

02 다음 빈칸에 들어갈 알맞은 것은?

> Dave _____ eat fast food.

① use   ② is used
③ used to   ④ used
⑤ is used to

03 다음 문장의 괄호 안에 들어갈 동사의 형태로 알맞은 것은?

> Mr. Nam used to (have) long hair but he has short hair these days.

① have   ② having   ③ had
④ be having   ⑤ be had

04 두 문장의 의미가 같도록 할 때 빈칸에 알맞은 말은?

> He played soccer when he was young, but he doesn't play now.
> = He _____ play soccer.

① use to   ② used to   ③ is used to
④ tried to   ⑤ was good at

05 다음 우리말을 영어로 바르게 옮긴 것은?

> 그는 일요일마다 교회에 가곤 했었다.

① He is used to go to church every Sunday.
② He is used to going to church every Sunday.
③ He used to go to church every Sunday.
④ He used to going to church every Sunday.
⑤ He may go to church every Sunday.

06 빈칸에 들어갈 가장 적절한 것은?

> A : Does your brother smoke?
> B : He _____ last year, but now he doesn't. He stopped smoking.

① didn't smoking   ② used to smoke
③ used to smoking   ④ should have smoked
⑤ can't have smoked

07 다음 밑줄 친 부분의 쓰임이 다른 하나는?

① I used to live in a small town.
② We used to go out for dinner.
③ Did he use to play the piano?
④ My father used to smoke, but not now.
⑤ This money is used to help poor people.

08 다음 밑줄 친 부분의 쓰임이 보기와 같은 것은?

> I am not used to making speeches in public.

① He's used to driving a car.
② There used to be a big tree here.
③ Many Native Americans used to live in America.
④ I used to take a bus but now I walk.
⑤ I used to walk to the pond every morning.

09 ^{주관식} 다음 빈칸에 공통으로 들어갈 말을 쓰시오.

> · There _____ _____ be a museum here. (예전에 이곳에 박물관이 있었다.)
> · They _____ _____ play soccer after school. (그들은 방과 후에 축구를 하곤 했었다.)

10 ^{주관식} 다음 두 문장의 뜻이 같도록 빈칸에 알맞은 말을 넣으시오.

> There was a lake around here, but not now.
> = There _____ _____ _____ a lake around here.

11 ^{주관식} 빈칸에 알맞은 단어를 써넣으시오.

> He ate fast food a lot.
> But he doesn't eat fast food any more.
> = He _____ _____ eat fast food a lot.

[12-13] 다음 밑줄 친 부분을 would와 바꿔 쓸 수 <u>없는</u> 것은?

12 ① We <u>used to</u> hear our mother play the piano.
② I <u>used to</u> help sick people after school.
③ He <u>used to</u> go to church on Sundays.
④ There <u>used to</u> be a museum here.
⑤ We <u>used to</u> catch butterflies in the fields.

13 ① We <u>used to</u> eat cereal for breakfast.
② There <u>used to</u> be an art gallery here.
③ I <u>used to</u> read a lot of books.
④ We <u>used to</u> watch her playing the guitar.
⑤ He <u>used to</u> enjoy skiing and playing golf.

14 다음 빈칸에 알맞은 말은?

> I know she doesn't go out so often these days, but did _____?

① she used to going out very often
② she use to go out very often
③ not she used to going out very often
④ she stay home
⑤ you know her

15 다음 〈보기〉에서 어법상 <u>틀린</u> 표현을 모두 고르면 몇 개인가?

> ⓐ I am used to driving on the left.
> ⓑ There used to be a cinema in the town.
> ⓒ His dog is used to staying home alone all day.
> ⓓ When I was in college, I used to studying very hard.

① 1개 ② 2개 ③ 3개
④ 4개 ⑤ 다 맞음

16 다음 중 어법상 올바른 것은?

① There used to be a post office here, but now there is a library.

② She is used to wear glasses, but she doesn't wear glasses any more.

③ You used to having brown hair, but you have red hair now.

④ Where did you use to living before you came here?

⑤ Sarah used work in a department store as a clerk.

17 주관식
다음 두 문장이 같은 의미가 되도록 빈칸에 알맞은 말을 쓰시오.

He lived in Seoul before, but he doesn't live in Seoul now.

= He _____ _____ live in Seoul.

18 서술형
다음 우리말과 같은 뜻이 되도록 괄호 안의 단어들을 이용하여 영작하시오.

나는 매 여름마다 캠핑을 가곤 했다.
(used to, every)

→ _____

19 주관식
다음 빈칸에 공통으로 들어갈 말을 쓰시오.

• Jason _____ _____ work at this bakery, but he doesn't any more.

• There _____ _____ be a big house here, but it isn't here now.

20 서술형
다음 조건에 맞게 그림에 대해 설명하시오.

past   present

▶ 조건1 : used to를 꼭 사용할 것.

▶ 조건2 : 일어난 시간을 기술할 것.

▶ 조건3 : 과거뿐만 아니라 현재에 대해서도 기술할 것.

Sally _____,

but now _____.

21 서술형
〈보기〉에서 알맞은 동사를 골라 문장을 완성하시오.

hear   preserve   skip   be

1. 〈보기〉의 단어는 중복 사용하지 말 것.

2. 'used to'를 꼭 사용할 것.

(1) 10년 전에는 이곳에 음식점들이 많이 있었다.

→ There _____ a lot of restaurants here 10 years ago.

(2) 그녀는 혼자 살 때 아침 식사를 거르곤 했다.

→ She _____ breakfast when she lived alone.

(3) 나는 그가 불평하는 것을 듣는 데 익숙해 있다.

→ I _____ him complain.

(4) 소금은 음식물을 보존하는 데 사용된다.

→ Salt _____ food.

21 조동사 have + p.p. / 문장전환

Ⓐ 조동사 + have + p.p.

1. may[might] + have + p.p. : ~ 이었을지도 모른다

과거 사실에 대한 불확실한 추측

- A : Where was Jane?

  B : She **may have been** at home.

  과거의 일에 대한 불확실한 추측을 말할 때는 「may have + 과거분사」 혹은 「might have + 과거분사」 형태로 쓴다. 「might + 동사원형」이 아님에 주의한다.

Jane은 어디에 있었니?

그녀는 집에 있었을지도 모른다.

2. must have + p.p. : ~ 했음에 틀림없다

과거 사실에 대한 단정적인 추측

- I haven't seen her for a long time. She **must have left** this town.

  과거의 일에 대한 단정적 추측을 말할 때는 「must have + 과거분사」 형태로 쓴다. 「had to + 동사원형 : ~해야 했다」는 추측의 의미를 갖지 않음에 주의한다.

나는 오랫동안 그녀를 보지 못했었다. 그녀는 이 도시를 떠났었던 게 틀림없다.

3. can't have + p.p. : ~ 이었을 리가 없다

과거 사실에 대한 부정적인 추측

- That **can't have been** true.

  과거의 일에 대한 부정적 추측을 말할 때는 「can't have + 과거분사」 형태로 쓴다. 「couldn't + 동사원형」이 아님에 주의한다.

그것은 사실이었을 리가 없다.

4. should have + p.p. : ~했어야 했는데 (그러나 하지 못했다)

과거의 일에 대한 후회

- You **should have studied** harder.

  = You had to study harder, but you didn't.

  과거의 일에 대한 후회를 나타낼 때는 「should have + 과거분사」 형태로 쓴다.

너는 좀 더 열심히 공부를 했어야 했다.

- shouldn't have +p.p. : ∼하지 않았어야 했는데 (했다)

  - I have a stomachache. I **shouldn't have eaten** so much.

  - A : I bought a present for you.

    B : Oh! You **shouldn't have**.

    'You shouldn't have bought a present for me.'의 생략형으로 볼 수 있다. 우리말에 '이렇게까지 안하셔도 되는데, 뭘 이런 것까지 다.' 정도의 뜻으로 감사의 표시에 해당한다.

배가 아프다. 그렇게 많이 먹지 말았어야 했는데.
A : 너를 위해 선물을 하나 샀어.

B : 외 그럴 필요까지는 없었는데.

(**Exercise**)

A 다음 밑줄 친 부분에 유의하여 해석하시오.

01. He <u>may have known</u> the answer.

02. They <u>must have lost</u> their way in the sea.

03. He <u>can't have been</u> honest.

04. You <u>should have studied</u> harder.

05. You <u>shouldn't have met</u> her.

o m · e · m · o

(**Exercise**)

B 다음 우리말과 일치하도록 주어진 단어를 이용하여 빈칸에 알맞은 말을 쓰시오.

01. 그는 두 번 생각했어야 했다.(think)

     = He _____ _____ _____ twice.

02. 그녀는 엄마에게 거짓말하지 말았어야 했다.(lie)

     = She _____ _____ _____ to her mom.

03. 그가 그것에 대해 알았을 리가 없다.(know)

     = He _____ _____ _____ about it.

04. 너는 더 열심히 공부했어야 했다.(study)

     = You _____ _____ _____ harder.

05. 너는 열심히 공부했음에 틀림없다.(study)

     = You _____ _____ _____ hard.

06. 그는 아팠을지도 모른다.(be)

     = He _____ _____ _____ sick.

o m · e · m · o

07. 그녀는 행복했을 리가 없다.(be)

= She _____ _____ _____ happy.

08. 그녀가 너를 많이 사랑했음이 틀림없다.(love)

= She _____ _____ _____ you so much.

09. 너는 파티에 왔어야 했다.(come)

= You _____ _____ _____ to the party.

10. 그녀는 버스를 놓쳤을지도 모른다.(miss)

= She _____ _____ _____ the bus.

Exercise

C 다음 괄호 안에서 알맞은 말을 골라 문장을 완성하시오

01. Harry got a low grade in his math exam. He (must / should) have studied harder.

02. There is a chocolate stain on her shirt. She (must / should) have eaten my chocolate cake.

03. My brother (shouldn't / cannot) have gone there yesterday. He was at home.

04. Linda wasn't at the meeting yesterday. She (may / should) have been ill.

05. Lisa hasn't come yet. She (must / cannot) have missed the bus.

06. Emily looks very happy. She (must / should) have passed the exam.

07. Mr. Williams is an honest man. He (must / cannot) have told me a lie.

08. Tom (shouldn't / cannot) have gone to school. His bag is here at home.

09. Dave didn't do his homework. He (must / should) have played computer games all day.

10. The plant has withered. My sister (must / cannot) have watered it.

11. The river has overflown. It (must / cannot) have rained a lot.

○ m・e・m・o
• low grade 낮은 성적
• stain 얼룩
• wither 시들다
• overflow 흘러넘치다

Ⓑ 조동사의 문장전환

조동사의 의미를 알고 있는지 확인하기 위해 문장 전환이 시험에 출제되기도 한다.

1. can

- 주어 + can't + 동사원형 : ～일 리가 없다

= It is impossible that + 주어 + 현재동사

- He **can't be** rich.

  = **It is impossible that** he **is** rich.

그는 부자일 리가 없다.

- 주어 + can't have + p.p. : ～이었을 리가 없다

= It is impossible that + 주어 + 과거동사

- He **can't have been** rich.

  = **It is impossible that** he **was** rich.

그는 부자였을 리가 없다.

2. may

- 주어 + may + 동사원형 : ～일지 모른다

= Maybe + 주어 + 동사(현재 혹은 미래)

= Perhaps + 주어 + 동사(현재 혹은 미래)

- Mike **may be** at home.

  = **Perhaps[Maybe]** Mike **is** at home.

Mike는 집에 있을지도 모른다.

- It **may rain** tomorrow.

  = **Perhaps[Maybe]** it **will rain** tomorrow.

내일 비가 올지도 모른다.

- 주어 + may have + p.p. : ～이었을지도 모른다

= Maybe[Perhaps] + 주어 + 과거동사

= It seems that + 주어 + 과거동사

- You **may have been** right.

  = **Perhaps[Maybe]** you **were** right.

  = **It seems that** you **were** right.

네가 옳았을지도 모른다.

3. must

- 주어 + must + 동사원형 : ～임에 틀림없다

= It is certain that + 주어 + 현재동사

= I'm sure that + 주어 + 현재동사

- He **must be** American.

  = **It is certain that** he **is** American.

  = **I'm sure that** he **is** American.

그는 미국인임에 틀림없다.

247

- 주어 + must have + p.p. : ～이었음에 틀림없다
  = It is certain that + 주어 + 과거동사
  = I'm sure that + 주어 + 과거동사
  - He **must have told** a lie.
    = **It is certain that** he **told** a lie.
    = **I'm sure that** he **told** a lie.

그는 거짓말했음에 틀림없다.

4. should have + p.p.

- should have + p.p. : ～했어야 했는데 (하지 못했다)
  = had to + 동사원형, but + 주어 + didn't : ～했어야 했다, 그러나 하지 못했다
  = I'm sorry that + 주어 + didn't + 동사원형 : ～하지 못해서 유감이다
  = I regret that + 주어 + didn't + 동사원형 : ～하지 못해서 후회한다
  - We lost the game. We **should have practiced** more.
    = We lost the game. We **had to practice** more, **but we didn't**.
    = We lost the game. **I'm sorry that** we **didn't practice** more.
  - You **should have told** me earlier.
    = You **had to tell** me earlier, **but** you **didn't**.
    = **I'm sorry that** you **didn't tell** me earlier.

우리는 그 경기에 졌다. 우리는 더 많이 연습을 했어야 했다.

너는 나에게 더 일찍 알렸어야 했다.

(Exercise)

D 다음 두 문장이 같은 의미가 되도록 빈칸에 알맞은 말을 쓰시오.

01. I'm sure that he is angry.

= He _____ _____ angry.

02. It's certain that he was angry.

= He _____ _____ _____ angry.

03. It is impossible that she knows the answer.

= She _____ _____ the answer.

04. It is impossible that she knew the answer.

= She _____ _____ _____ the answer.

o m・e・m・o

05. Perhaps he is at home now.

= He _____ _____ at home now.

06. Maybe he was at home yesterday.

= He _____ _____ _____ at home yesterday.

07. You had to study hard, but you didn't.

= You _____ _____ _____ hard.

08. I regret that I didn't think more carefully.

= I _____ _____ _____ more carefully.

09. I'm sorry that you bought them.

= You _____ _____ _____ them.

10. I had to save some money last month, but I didn't.

= I _____ _____ _____ some money last month.

11. I'm sure that he saw the ghost, too.

= _____ _____ _____ seen the ghost, too.

12. It's certain that the boy watched TV all night.

= The boy _____ _____ _____ TV all night.

o m · e · m · o

01 다음 빈칸에 들어갈 알맞은 말은?

> She _____ have been honest.
> (그녀는 정직했었음에 틀림없다.)

① can   ② must   ③ will

④ should   ⑤ would

02 다음 빈칸에 들어갈 알맞은 것은?

> Amy is very careful. She _____ have made such a mistake.

① cannot   ② can   ③ must

④ should   ⑤ use to

03 우리말에 알맞도록 빈칸에 들어갈 수 있는 말은?

> You must _____ there.
> (너는 그곳에 틀림없이 가 봤을 것이다.)

① be   ② been   ③ were

④ had been   ⑤ have been

04 다음 중 밑줄 친 단어의 쓰임이 다른 것은?

① She <u>must</u> have seen the light.

② The teacher <u>must</u> have let him go.

③ He <u>must</u> read the book by tomorrow.

④ I <u>must</u> have put it somewhere else.

⑤ What you said <u>must</u> have been right.

05 다음 밑줄 친 부분을 어법상 바르게 고친 것은?

> The road is wet. It must <u>rain</u> a lot yesterday.

① rained   ② raining

③ rains   ④ have rained

⑤ had rained

06 다음 중 어법상 올바른 것은?

① They cannot have knew the rumor.

② She must have be in the house.

③ Ally cannot have studied hard.

④ It must have not heard the news.

⑤ Sam must has exercised for a long time.

07 〔주관식〕 다음 문장에서 **틀린** 부분을 찾아 바르게 고치시오.

> You came here very early. You must have walk fast.

_____ → _____

08 다음 문장과 바꾸어 쓸 수 있는 것은?

> It is certain that you ate up the cake.

① You must eat up the cake.

② You must have eaten up the cake.

③ You might had eaten up the cake.

④ You might have eaten up the cake.

⑤ You might eat up the cake.

09 다음 빈칸에 알맞은 말은?

> I haven't seen her for a long time.
> She _____.

① must have left the town

② should have left the town

③ could not leave the town

④ has been lived in the town

⑤ would not leave the town

10 주관식

빈칸에 알맞은 단어를 쓰시오.

> A : Did you see her? Her face turned red suddenly.
> B : Right. When she stood on the stage, she _____ _____ _____ embarrassed. (그녀는 당황했음에 틀림없다.)

11 주관식

주어진 단어를 이용하여 빈칸에 알맞은 추측의 표현을 쓰시오.

> I _____ _____ _____ Jim before.
>   (meet)
> I recognized him as soon as I saw him.

12 다음 빈칸에 들어갈 가장 알맞은 말은?

> He got the highest grade on the exam.
> He _____ _____ studied a lot.

① must have

② should have

③ would have

④ could have

⑤ can't have

13 두 문장의 의미가 같도록 빈칸에 알맞은 말을 쓰시오.

> I am sure that he went out.
> = He _____ _____ _____ out.

14 다음 빈칸에 들어갈 알맞은 말은?

> As he always gets up early, he _____ late for school yesterday.

① can't have been

② must have been

③ can have been

④ may have been

⑤ should have been

15 주어진 문장과 의미가 가장 비슷한 것은?

> She cannot have solved the problem.

① She can't solve the problem.

② I am not sure that she solved the problem.

③ I am sure that she didn't solve the problem.

④ I am not sure that she didn't solve the problem.

⑤ I am sure that she could solve the problem.

16 다음 빈칸에 들어갈 가장 적절한 것은?

> 당신은 담배를 끊었어야 했다.
> = You _____ have stopped smoking.

① may ② must ③ might
④ should ⑤ cannot

17 다음 우리말을 영어로 바르게 옮긴 것은?

> 너는 좀 더 일찍 잠을 잤어야 했는데.

① You must go to bed earlier.
② You should go to bed earlier.
③ You must have gone to bed earlier.
④ You should have gone to bed earlier.
⑤ You can't have gone to bed earlier.

18 다음 대화의 빈칸에 들어갈 말로 가장 알맞은 것은?

> A : What's wrong?
> B : I missed the bus. _____

① I should get up earlier.
② I have to get up earlier.
③ I shouldn't have got up earlier.
④ I need to get up earlier.
⑤ I should have got up earlier.

19 다음 주어진 문장과 의미가 상반되는 것은?

> He must have eaten too much for lunch.

① He should have eaten too much for lunch.
② He may have eaten too much for lunch.
③ He had better eat too much for lunch.
④ He cannot have eaten too much for lunch.
⑤ He didn't have to eat too much for lunch.

20 다음 문장을 영어로 바르게 옮긴 것은?

> 그는 열쇠를 차에 두고 온 것이 틀림없어.

① He should have left the keys in the car.
② He should leave the keys in the car.
③ He left the keys in the car.
④ He must have left the keys in the car.
⑤ He must leave the keys in the car.

21 다음 문장과 의미가 같은 것을 고르시오.

> She must have chosen the best way.

① I am sure that she chose the best way.
② I am sure that she had to choose the best way.
③ It is clear that she has to choose the best way.
④ It is clear that she had to choose the best way.
⑤ It is possible that she chose the best way.

21 22 23 24 25 26 27 28 29 30 31 32 33 34 35 36 37 38 39 40

22 다음 중 어법상 옳은 것은?

① You must have walked a lot.

② She must has seen the book.

③ They must had won the game.

④ The doctor must studied a lot.

⑤ My mom must watched the photo.

23 [주관식] 다음 주어진 문장과 의미가 일치하도록 빈칸을 완성하시오.(축약형 쓰지 말 것)

> • He always gets up late, he must have been late for school yesterday.
>
> = _____ _____ _____ _____
>
> he was late for school yesterday.
>
> = _____ _____ _____ _____
>
> he was late for school yesterday.

24 다음 두 문장의 의미가 서로 같지 <u>않은</u> 것은?

① He may come this evening.

= Perhaps he will come this evening.

② He can't be rich.

= It is impossible that he is rich.

③ She can't have been foolish.

= It is impossible that she has been foolish.

④ We lost the game. We should have practiced more.

= We lost the game. We had to practice more, but we didn't.

⑤ He must be American.

= I'm sure that he is American.

25 [주관식] 그림을 보고 은호가 할 후회의 말을 완성하시오.

= I _____ _____ _____ harder.

26 다음 대화의 빈칸에 알맞은 말은?

> A : We lost the baseball game again.
>
> B : We _____ more.

① should have practiced

② must had practiced

③ shouldn't have practiced

④ must be practiced

⑤ might have practiced

27 다음 중 연결된 두 문장의 내용이 서로 <u>어색한</u> 것은?

① I have a cold. I should have played outside.

② I am late for school. I shouldn't have slept until 9 a.m.

③ I've cut my finger badly. I should have been more careful.

④ I have a stomachache. I shouldn't have eaten so much.

⑤ We're lost. We should have listened to the guide.

28 다음 중 연결된 두 문장의 내용이 서로 <u>어색한</u> 것은?

① We are lost. We should have brought the map.

② She made a mistake. She must have been very nervous.

③ The class is over now. Everybody must have gone home.

④ Claire is my best friend. She cannot have said such a thing.

⑤ My mom made me take this umbrella. She shouldn't have heard the weather forecast.

29 다음 중 의미가 <u>다른</u> 하나는?

① You should have worked harder.

② I'm sorry you didn't worked harder.

③ You had to work harder, but you didn't.

④ You must have worked harder.

⑤ You ought to have worked harder.

30 다음 두 문장의 의미가 서로 같지 <u>않은</u> 것은?

① Perhaps he will come this evening.

= He may come this evening.

② Perhaps it will rain tomorrow.

= It might rain tomorrow.

③ Perhaps it isn't true.

= It may not be true.

④ Perhaps he was rich.

= He may be rich.

⑤ Perhaps he was sick.

= He may have been sick.

31 다음 대화의 밑줄 친 부분이 의도하는 것은?

A : We are lost.

B : <u>We should have listened to the guide.</u>

① 의무   ② 격려   ③ 후회

④ 충고   ⑤ 제안

32 다음 대화의 빈칸에 알맞은 단어는?

A : We are late for the meeting.

B : We should have _____ earlier.

① given   ② taken   ③ said

④ left   ⑤ made

33 다음 빈칸에 알맞은 말은?

She's got a stomachache. She _____ so much last night.

① should eat   ② must eat

③ shouldn't eat   ④ must not eat

⑤ shouldn't have eaten

21 22 23 24 25 26 27 28 29 30 31 32 33 34 35 36 37 38 39 40

34 다음 두 문장의 의미가 같도록 빈칸에 알맞은 것은?

> I'm sorry that you didn't work harder.
>
> = You _____ have worked harder.

① would   ② could   ③ ought to

④ must   ⑤ shall

35 [서술형] 다음 밑줄 친 곳에 들어갈 문장을 보기의 단어를 이용하여 쓰시오.

> A : Kevin looks tired. What did Kevin do this morning?
>
> B : _____
>
> (may, play basketball)

36 [서술형] 주어진 조건에 맞게 다음 우리말을 영작하시오.

> • 주어진 단어를 반드시 활용하시오.
>
> • 필요시 주어진 단어의 형태를 바꾸어 쓰시오.

(1) I can't find my book. 난 나의 책을 그 도서관에 놓고 왔음이 분명하다.

  → I _____.

  (must, leave를 활용)

(2) He went to India yesterday. 너는 오늘 아침 Bill을 봤을 리가 없다.

  → You _____.

  (can, see를 활용)

(3) They went to Thailand for their vacation, but it rained almost everyday.

그들은 휴가를 즐겼을 리가 없다.

  → They _____.

  (can, enjoy를 활용)

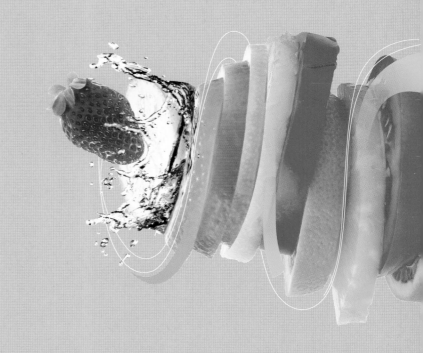

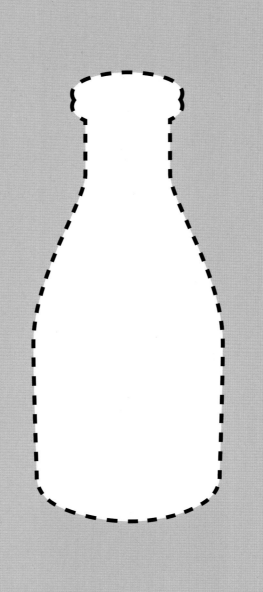

지은이 ▌ 김행필
영문교열 ▌ James Lockhart, 권혁천, 이승빈, 조아름
펴낸곳(주) ▌ 씽크플러스
디자인 ▌ 비주얼로그
편집 ▌ 콩미디어

출판등록 ▌ 제 2-3177호(2003.6.27)

(주)씽크플러스   413-756 경기도 파주시 문발동 535-7번지 세종출판벤처타운 407호   **전화** 031-9432-123 **팩스** 031-6297-088
http://www.english1004.com

Juice Grammar

주스영문법

정답 및 해설

정답 및 해설

Chapter 01

unit 01 one, (the) other, another, each, every
[p.10 ~ 23]

EXERCISE A

01. it **02.** one **03.** one **04.** it
05. it

해석
01. 엄마는 펜 한 자루를 샀다. 그것을 나에게 줬다.
02. Jane은 연필이 없다. 그녀에게 하나를 빌려주어라.
03. 펜이 있어요? / 예, 하나 있습니다.
04. 너는 내 펜을 가지고 있니? / 응, 나는 그것을 가지고 있어.
05. 나는 책을 잃어버렸다. 그리고 그것을 찾았다.

EXERCISE B

01. One, the other
02. One, the others
03. One, the others
04. One, another(= a second), the other
05. One, another(= a second), the others
06. Some, the others
07. Some, others

EXERCISE C

01. One, the other
02. One, the other
03. One, another(= a second), the other
04. One, the others
04. others
06. One, the other

해석
01. 민호는 두 권의 책이 있다. 한 권은 만화책이고, 나머지 한 권은 이야기책이다
02. Jane은 두 종류의 애완동물이 있다. 하나는 강아지이고, 나머지 하나는 앵무새이다.
03. 나는 세 명의 아들이 있다. 한 명은 선생님이고, 다른 한 명은 배우다, 그리고 나머지 한 명은 변호사이다.
04. 나는 세 명의 딸이 있다. 한 명은 서울에서 살고, 나머지는 부산에

서 산다.
05. 어떤 사람들은 축구를 좋아하고, 어떤 사람들은 야구를 좋아한다.
06. 나무 근처에 두 명의 남자가 있다. 한 명은 앉아 있고, 나머지 한 명은 서 있다.

EXERCISE D

01. other **02.** one **03.** one **04.** another
05. another

해석
01. 나는 두 명의 남자 형제가 있다. 한 명은 선생님이지만, 다른 한 명은 기술자이다.
02. 사랑과 결혼은 별개의 것이다.
03. 그의 가방은 낡았다. 그는 새 가방 하나를 살 것이다.
04. 저는 그것이 맘에 들지 않습니다. 제게 다른 것을 보여 주세요.
05. 말하는 것과 실행하는 것은 별개이다.

EXERCISE E

01. student **02.** has
03. has **04.** is
05. city **06.** her
07. each **08.** visits
09. has **10.** Each
11. his **12.** is
13. her **14.** every
15. every **16.** owns
17. country **18.** represents
19. my students **20.** the children

해석
01. 각각의 학생들은 자신의 책상이 있다.
02. 모든 학생들은 애완동물이 있다.
03. 우리들 각자가 자신의 의견이 있다.
04. 각각의 소년들이 모자를 쓰고 있다.
05. 나는 한국에 있는 모든 도시를 방문했다.
06. 각각의 소녀들은 자기 자신의 방이 있다.
07. 이 각각의 문장들을 주의 깊게 읽어라.
08. 내 아이들 각각이 일주일에 한 번 나를 방문한다.
09. 그 학생들 모두가 애완동물이 있다.
10. 그들 각각은 자신의 방을 가지고 있다.
11. 그 어린 소년들 각자는 자신의 꿈이 있다.
12. 공원에 있는 각각의 남자들이 신문을 읽고 있다.
13. 각각의 여자들은 자기 자신의 자전거를 타고 있다.
14. 월드컵은 4년마다 열린다.

15. 나는 이틀에 한 번 그녀를 만난다.
16. 한국에서 거의 모든 가정이 TV를 가지고 있다.
17. 모든 나라는 자신만의 역사가 있다.
18. 그들 각각이 행운을 나타낸다.
19. 나의 학생들 각각은 적어도 한 가지의 재능은 있다.
20. 그 아이들 모두가 단것을 좋아한다.

》 학교시험 출제유형

01. one	02. ①	03. ④	04. one	05. cap	06. ①	07. ④
08. ④	09. ③	10. ②	11. ⑤	12. ②	13. ⑤	14. ④
15. ③	16. ③	17. ⓐ One ⓑ another ⓒ the other				
18. ③	19. ①	20. ④	21. each other	22. ④	23. ⑤	
24. ① one ② another ③ the other		25. ⑤	26. another			
27. ①	28. ③	29. Every	30. ⑤			
31. every sixth						
32. ⓐ One likes music ⓑ the other likes math			33. ③			
34. every other 또는 every second						
35. Each boy is holding a ball						

01. 정해지지 않은 불특정한 명사 pencil을 지칭하는 one이 적절하다.

02. 빈칸에는 정해지지 않은 불특정한 명사 umbrella를 지칭하는 one 이 들어가야 한다. one은 형용사의 수식을 받을 수 있다.

03. ①,②,③,⑤의 one은 불특정한 명사를 가리키는 부정대명사이고, ④의 one은 시간을 나타내는 수사이다.

04. 정해지지 않은 불특정한 명사를 지칭할 때 부정대명사 one을 사용 한다.

05. one은 앞에 언급한 같은 종류의 정해지지 않은 물건을 가리키는 부 정대명사로 이 문장에서는 cap을 가리킨다.

06. 앞에서 말한 명사와 같은 것을 가리킬 때 it을 사용한다.

07. ①,②,③,⑤는 특정한 명사를 가리키는 대명사 it이고, ④는 비인칭 주어 it이다.

08. 첫 번째 빈칸에는 불특정한 명사 bag을 지칭하는 one이, 두 번째 빈칸에는 앞서 언급한 this ring이라는 특정 사물을 지칭하는 it이 적절하다.

09. 첫 번째 빈칸에는 불특정한 명사 camera를 지칭하는 one이, 두 번 째 빈칸에는 앞서 언급한 this camera라는 특정 사물을 지칭하는 it 이 적절하다.

10. 앞서 언급한 my pencil case를 지칭하기 위해서는 대명사 it이 쓰여 야 한다.

11. 두 가지 중 하나, 그리고 나머지 하나를 나타낼 때는 'one ~, the other ~'를 쓴다. be composed of ~로 구성되다

12. from one computer to other computers : 한 컴퓨터에서 다른 컴 퓨터들로 / other computers = others / 모든 컴퓨터에 보내는 것 이 아니므로 the other (computers)가 아니다.

13. 둘 중 하나를 가리킬 때는 one, 나머지 하나는 the other를 이용해

나타낸다.

14. 3개의 손 중 하나는 짧고 나머지는 길며 시간을 말해주는 것은 clock(시계)이다.

15. 둘 중에 '하나는 ~, 나머지 하나는 ~'라는 표현은 'one ~, the other~'로 나타낸다.

16. 셋을 가리켜 '하나는~, 다른 하나는, 나머지 하나는~'이라고 표현 할 때 'one~, another~, the other~'를 쓴다.

17. 셋을 가리켜 '하나는~, 다른 하나는~, 나머지 하나는~'이라고 표 현할 때 'one~, another~, the other~'를 쓴다.

18. 'Some ~, others'는 함께 쓰여 '어떤 ~는 …하고, 다른 ~는…하다' 의 뜻으로 쓰인다.

19. one은 한정되지 않은 것을 대신 받은 부정대명사이다. 'one ~, the other~'는 '(둘 중에서)하나는 ~, 나머지는 (또 하나는) ~'을 의미 한다.

20. 아홉 개 중에서 하나를 제외하고 나머지 모두를 의미하므로 the others가 적절하다.

21. each other : 서로 서로

22. another : 또 다른

23. '하나 더(one more)'의 의미로 another를 사용한다.

24. ① 불특정한 명사를 지칭할 때는 one을 사용한다. ② another는 '또 다른 것'의 의미로 쓰인다. ③ 둘 중 하나를 가리킬 때는 one, 나머 지 하나는 the other를 이용해 나타낸다.

25. 3개 중에서 하나를 제외하고 나머지 모두를 의미하므로 the others 가 적절하다.

26. another는 '또 다른 것'의 의미로 쓰인다. Saying is one thing, doing is another. (말하는 것과 행동하는 것은 별개이다.)

27. each 다음에는 단수명사가 오며 단수 취급하므로 단수동사가 온다. each를 대신하는 소유격도 단수로 받는다.

28. ① have → has ② are → is ④ their → her ⑤ 'every of~'형태로 는 쓰지 않는다. everyone of them 또는 each of them

29. every는 원칙적으로 단수명사와 함께 쓰인다.

30. ① students → student ② like → likes ③ 'Every of ~'형태는 쓸 수 없다. Everyone of the children 또는 Every child로 고쳐야 한 다. ④ letters → letter

31. '~마다'는 「every + 기수 + 복수명사」 또는 「every + 서수 + 단수 명사」로 나타낼 수 있다.

32. 둘 중에 '하나는 ~, 나머지 하나는 ~'라는 표현은 'one ~, the other ~'로 나타낸다.

33. ① are → is ② year → years (every + 숫자(기수) + 복수명사 = ~마다) ④ each of 다음에 복수명사가 오는 경우 복수명사 홀로 쓰지 않으며 범위를 구체적으로 정해 주는 말 'the, these, those,

my, his'등의 수식어가 와야 한다. ⑤ her → his, 주어가 each man으로 남자이므로 소유격은 his이다.

34. every other + 단수명사 : 하나 걸러

격주로 = every two weeks

= every other weeks

= every second week

35. each 다음에는 단수명사가 오며 단수 취급한다.

unit 02 재귀대명사
[p.24 ~ 32]

EXERCISE A

01. myself **02.** yourself **03.** himself **04.** herself
05. itself **06.** ourselves **07.** yourselves **08.** themselves

EXERCISE B

01. himself **02.** herself **03.** yourself **04.** yourself
05. myself **06.** herself **07.** yourself

EXERCISE C

01. introduce myself **02.** yourself
03. killed herself **04.** taught herself
05. enjoyed ourselves **06.** themselves
07. yourselves **08.** myself
09. herself **10.** hid herself
11. yourself **12.** hurt myself

EXERCISE D

01. by herself **02.** by myself
03. for yourself **04.** make yourself
05. of itself **06.** myself
07. myself **08.** himself

EXERCISE E

01. 재귀, 생략 불가능 **02.** 강조, 생략가능
03. 재귀, 생략 불가능 **04.** 강조, 생략 가능
05. 재귀, 생략 불가능 **06.** 재귀, 생략 불가능
07. 강조, 생략 가능 **08.** 재귀, 생략 불가능
09. 재귀, 생략 불가능 **10.** 재귀, 생략 불가능
11. 강조, 생략 가능 **12.** 강조, 생략 가능

해석

01. 그녀는 거울 속에 비친 자신을 보았다.

02. 네가 이 케이크를 직접 만들 수 있니?

03. 너 다쳤니?

04. 그녀 자신이 감기에 걸렸다.

05. 그녀는 자살했다.

06. John은 자기 자신을 매우 사랑했다.

07. 내가 직접 그 음식을 요리했다.

08. 나는 오랫동안 나를 쳐다보았다.

09. 소크라테스는 "너 자신을 알라."라고 말했다.

10. 그는 그 파티에서 즐거운 시간을 보냈다.

11. 어린 소년이 직접 그 편지를 썼다.

12. 네가 그것을 직접 하는 게 어때?

학교시험 출제유형

01. ⑤	**02.** ①	**03.** ①	**04.** ①	**05.** ④	**06.** ②	**07.** ②
08. ourselves		**09.** ②	**10.** ②	**11.** ⑤	**12.** ②	**13.** ④
14. ⑤	**15.** ③	**16.** ⑤	**17.** ③	**18.** ⓐ herself ⓑ themselves		
19. ④	**20.** ① for myself ② of itself ③ by herself					

01. ⑤ themself → themselves

02. 주어의 동작이 자기 자신에게 되돌아올 때 재귀대명사를 쓴다. 주어가 I이므로 알맞은 재귀대명사는 myself이다.

03. 주어의 동작이 자기 자신에게 되돌아올 때 재귀대명사를 써야 하므로 주어가 I일 때, 목적어로 me는 적절하지 않다.

04. 주어가 I와 she이므로 각각 재귀대명사 myself와 herself를 써서 나타낸다.

05. he의 재귀대명사는 himself이다. 자기 자신에게 말하고 있는 것이므로 재귀대명사를 써서 나타낸다.

06. Mr. Kim이 자기 자신을 자랑스러워한 것이므로 재귀대명사 himself를 쓰는 것이 알맞다. feel proud of : ~을 자랑스럽게 느끼다

07. 주어가 they이므로 재귀대명사 themselves를 써서 나타낸다. hide-and-seek : 숨바꼭질

08. by oneself는 '홀로, 스스로'라는 뜻이다. between ourselves : 우리끼리만

09. 재귀대명사는 주어의 동작이 자기 자신을 향한 것일 때 사용하며 단수는 '-self', 복수는 '-selves'의 형태임을 유의한다. 1,2인칭은 소유격으로, 3인칭은 목적격의 형태에 self 혹은 selves를 붙인다.

10. Help yourself. : 많이 드세요.

11. ⑤는 재귀대명사의 강조 용법, 나머지는 동사의 목적어 역할을 하는 재귀 용법으로 쓰였다.

12. ②는 주어를 강조하고 있고, 나머지는 목적어가 주어 자신일 때 쓰는 재귀대명사이다.

13. ④는 강조하는 명사의 바로 뒤나 문장의 맨 끝에 위치하는 강조적 용법으로 생략 가능하다. 나머지는 재귀적 용법으로 동사 또는 전치사의 목적어로 쓰인 경우이다.

14. 보기의 밑줄 친 재귀대명사와 ⑤는 동사의 목적어 역할을 하는 재귀 용법으로 쓰였다. 나머지는 강조 용법이다.

15. 보기의 밑줄 친 부분은 주어를 강조하는 재귀대명사이다. ③은 주어를 강조하고 있고, 나머지는 목적어가 주어 자신일 때 쓰는 재귀대명사이다.

16. ⑤는 강조하는 명사의 바로 뒤나 문장의 맨 끝에 위치하는 재귀 대명사의 강조 용법으로 생략 가능하다.

17. ③은 전치사의 목적어 역할을 하는 재귀 용법으로 생략할 수 없다.

18. ⓐ 주어가 she이므로 재귀대명사 herself가 적절하다.
    ⓑ 주어가 they이므로 재귀대명사 themselves가 적절하다.

19. by oneself : (다른 사람 없이) 홀로
    7살 미만의 아이들은 여기서 혼자 수영해서는 안 된다.

20. by oneself : (다른 사람 없이) 홀로, for oneself : 혼자 힘으로, of itself : 저절로

Chapter 02

unit 03 형용사
[p.34 ~ 54]

EXERCISE A

01. easy	02. same	03. cheap	04. boring
05. clean	06. dangerous	07. empty	08. free
09. lazy	10. rich		

EXERCISE B

01. noisy	02. dry	03. slow	04. smart
05. wrong	06. heavy	07. sad	08. alive
09. absent	10. female		

EXERCISE C

01. near	02. wide	03. thick	04. bright
05. tight	06. weak	07. polite	08. positive
09. ancient	10. huge		

EXERCISE D

01. happy	02. unhappy
03. kind	04. unkind

05. important	06. unimportant
07. believable	08. unbelievable
09. healthy	10. unhealthy
11. comfortable	12. uncomfortable
13. necessary	14. unnecessary
15. fair	16. unfair
17. common	18. uncommon
19. able	20. unable

EXERCISE E

01. useful	02. useless	03. careful	04. careless
05. possible	06. impossible	07. perfect	08. imperfect
09. capable	10. incapable	11. correct	12. incorrect
13. regular	14. irregular	15. legal	16. illegal
17. honest	18. dishonest	19. normal	20. abnormal

EXERCISE F

01. 외로운	02. 곱슬머리의
03. 친절한	04. 사랑스러운
05. 활기찬	06. 나이든
07. 못생긴	08. 어리석은
09. 유사한, 비슷한	10. 친숙한
11. 질긴, 힘든	12. 호기심이 많은
13. 눈이 먼	14. 귀가 먼
15. 훌륭한	16. 끔찍한
17. 독특한	18. 귀중한

EXERCISE G

01. hard	02. right	03. full	04. short
05. old	06. close	07. present	

EXERCISE H

01. boring	02. dangerous.	03. rainy	04. easy
05. expensive	06. smart	07. empty	

해석

01. 그 책은 재미있지 않다. 그것은 지루하다.

02. 빨간 신호등에서 길을 건너지 마라. 그것은 매우 위험하다.

03. 오늘은 비가 온다. 우산을 가져가라.

04. 그 질문은 쉽지가 않았다. 나는 그 답을 알지 못했다.

05. 그 MP3는 너무 비쌌다. 그래서 나는 그것을 사지 않았다.

06. 그는 시험에서 좋은 성적을 받았다. 그는 영리한 학생이다.

07. A : 그 깡통은 가득 찼니? / B : 아니, 그것은 비었어.

EXERCISE I

01. neat　　**02.** difficult　　**03.** expensive　　**04.** dirty
05. busy　　**06.** quiet　　**07.** foolish　　**08.** dead
09. narrow　　**10.** tiny

EXERCISE J

01. perfect　　**02.** incorrect　　**03.** illegal　　**04.** abnormal
05. similar　　**06.** tough　　**07.** blind　　**08.** deaf
09. terrific　　**10.** terrible

EXERCISE K

01. She has long hair.
02. She has a small nose
03. This is an interesting book.
04. He is an honest soldier.
05. Hojin needs something hot.
06. We need hot water.
07. Mina needs somebody tall.
08. The teacher talked about something different

해석

01. 그녀는 머리가 길다.
02. 그녀는 코가 작다.
03. 이것은 재미있는 책이다.
04. 그는 정직한 군인이다.
05. 호진이는 뜨거운 것이 필요하다.
06. 우리는 뜨거운 물이 필요하다.
07. 미나는 키가 큰 사람이 필요하다.
08. 선생님은 다른 것에 대해 말했다.

EXERCISE L

01. My parents want to eat something delicious.
02. During the winter vacation, I did nothing special
03. I want to do something exciting for my birthday.
04. There is nothing wrong with the camera.
05. Please give me something cold to drink.
06. Is there anything wrong?

해석

01. 우리 부모님은 맛있는 것을 먹고 싶어 하신다.
02. 겨울방학 동안, 나는 특별히 한 것이 없었다.
03. 나는 생일에 신 나는 일을 하길 원한다.
04. 카메라에 아무 이상이 없다.
05. 저에게 시원한 마실 것 좀 주세요.
06. 문제가 있나요?

EXERCISE M

01. happy　　**02.** strange　　**03.** sweet　　**04.** sad
05. sadly　　**06.** looks like　　**07.** serious　　**08.** excited

해석

01. 그는 항상 행복해 보인다.
02. 이 음식은 이상한 맛이 난다.
03. 그 장미들은 향기로운 냄새가 난다.
04. Daniel은 슬퍼 보였다.
05. Daniel은 나를 슬프게 쳐다보았다.
06. 그것은 눈사람처럼 보인다.
07. 축구 심판들은 판사처럼 진지해 보인다.
08. 그 선수들은 운동장에서 흥분되어 보인다.

EXERCISE N

01. angry　　**02.** happy　　**03.** sad　　**04.** easy
05. easily　　**06.** happy

EXERCISE O

01. sick　　**02.** sleeping　　**03.** live　　**04.** alive
05. happy　　**06.** alone　　**07.** are　　**08.** have
09. blind

EXERCISE P

01. American, English　　**02.** Japan, Japanese
03. Chinese, Chinese　　**04.** Germany, German
05. French, French

해석

01. 그녀는 미국 출신이다. 그녀는 미국인이다. 그녀는 영어를 한다.
02. 그는 일본 출신이다. 그는 일본인이다. 그는 일본어를 한다.
03. 그녀는 중국 출신이다. 그녀는 중국인이다. 그녀는 중국어를 한다.
04. 그는 독일 출신이다. 그는 독일인이다. 그는 독일어를 한다.
05. 그녀는 프랑스 출신이다. 그녀는 프랑스인이다. 그녀는 프랑스어를 한다.

학교시험 출제유형

01. ①	**02.** ③	**03.** ②	**04.** ⑤	**05.** ④	**06.** ③	**07.** ③
08. ②	**09.** ①	**10.** ⑤	**11.** ②	**12.** ②		
13. American, English		**14.** ⑤	**15.** ④	**16.** useless		
17. ④	**18.** ④	**19.** ③	**20.** ①	**21.** ③	**22.** ④	**23.** ③
24. ④	**25.** ③	**26.** ⑤	**27.** ②	**28.** ②	**29.** ⑤	**30.** ④
31. ②	**32.** ①	**33.** ①	**34.** ④	**35.** the	**36.** are	**37.** ①
38. ④	**39.** ②	**40.** ①	**41.** ③	**42.** a really cute cat		
43. ⑤	**44.** ⑤	**45.** ②	**46.** ②	**47.** ②		
48. learned something very important from him						

01. rain의 형용사는 rainy이다.

02. 나머지는 모두 반의어 관계이다. ③ 같은 – 어려운

03. deep(깊은) ↔ shallow(얕은) / narrow(좁은) ↔ wide, broad(넓은)

04. ① 값싼 : 비싼 / 빠른 : 빠른 ② 훌륭한 : 훌륭한 / 거친 : 부드러운 ③ 젖은 : 마른 / 두꺼운 : 넓은 (thick의 반의어는 thin이다.) ④ 안전한 : 위험한 / 찾다 : 느슨한 (find의 반의어는 lose이다.) ⑤ 결석한 : 참석한 / 한가한 : 바쁜

05. correct(정확한)의 반의어는 incorrect(부정확한)이다.

06. ① useful ↔ useless ② possible ↔ impossible ④ honest ↔ dishonest ⑤ perfect ↔ imperfect

07. 나머지는 모두 반의어 관계이지만 ③은 유의어 관계이다.

08. ① 놓다 : 놓다 / 패배자 : 승리자 ② 끔찍한 : 훌륭한 / 정직한 : 정직하지 못한 ③ 습한 : 마른 / ~을 찾다 : ~을 찾다 ④ 안전한 : 안전 / 해결하다 : 해결 ⑤ 지루한 : 흥미로운 / ~을 입다 : ~을 미루다 ('~을 벗다'는 take off를 쓴다.)

09. ① 영영풀이는 difficult(어려운)에 대한 설명이다.

10. ①은 perfect에 대한 설명이다. ② neat는 '말끔한, 정돈된'의 뜻이다. untidy는 '정돈되지 않은'의 뜻이다. ③ huge(거대한)의 반의어는 tiny(= very small)이다. ④ not deep은 shallow(얕은)에 대한 설명이다. narrow : 좁은

11. blind는 '눈이 먼(unable to see)'의 뜻이다. unable to hear는 deaf의 영영풀이다.

12. terrible headache : 끔찍한 두통 / terrific(훌륭한, 멋진)은 긍정적인 의미로 쓰이는 형용사이다.

13. 그녀는 미국(America) 출신이다. 그녀는 미국인(American)이다. 그녀는 영어(English)를 사용한다.

14. Greek mythology : 그리스 신화

15. awful : 지독한, 끔찍한(= terrible) / terrific = superb = wonderful : 훌륭한, 멋진

16. A : 이 책은 너에게 유용했니? B : 아니, 그건 완전히 쓸모없었어. useful(쓸모 있는) ↔ useless(쓸모 없는)

17. valueless는 '가치 없는'의 뜻이고 나머지는 모두 '귀중한, 가치 있는'의 의미이다.

18. ④는 '형용사–부사' 관계이고 보기와 나머지는 모두 '명사–형용사' 관계이다.

19. ease의 형용사형은 easy이다.

20. lovely는 명사 love 뒤에 –ly가 붙어 만들어진 형용사이다. 이와 같은 형태를 가진 것은 ①이고, 나머지는 모두 부사이다.

21. 명사를 수식하지 않는 형용사 앞에는 관사를 쓰지 않는다. 나머지는 모두 부정관사 a가 들어간다.

22. 부사 kindly는 명사를 수식할 수 없다.

23. proud : 자랑스러운

24. curious : 호기심이 많은 어떤 학생들은 수업 중에 늘 많은 질문을 한다. 나는 그들이 모든 것에 호기심을 가지고 있다고 생각한다.

25. 부사 politely는 보어로 쓸 수 없다. friendly와 lovely는 명사 뒤에 –ly가 붙어 만들어진 형용사이다.

26. 부사는 보어로 쓸 수 없다. beautifully → beautiful

27. 「be + 형용사」, 「have + 명사」형태에 주의해야 한다. 「주어 + ( ) + 명사」로 이루어진 문장에서 ( ) 안에 be동사인지 have동사인지를 구별하는 방법은 '주어=명사'관계이면 be동사, '주어≠명사'관계이면 have동사를 써야 한다. ④의 'He ( ) mustache'에서 그가 곧 콧수염이 아니므로 '주어≠명사관계이다. 따라서 ( )안의 동사는 has가 된다. ① is→ has ③ He is bald and has mustache. ④ a glasses → glasses(복수명사 앞에 부정관사 쓰지 않음) ⑤ has → is

28. ② 동사 excite(~를 흥분시키다)에서 파생된 형용사는 exciting과 excited 두 가지가 있다. '주어 be exciting'은 주어가 누군가를 흥분하게 하는 것이고, '주어 be excited'는 주어가 흥분한 것이다. 영화(movie)는 흥분하는 게 아니라 누군가를 흥분하게 하는 것이므로 exciting이 된다. ③ pretty는 형용사로 '예쁜'의 뜻이지만 부사로 '꽤, 매우'의 뜻으로 쓰이기도 한다. 여기서는 부사로 쓰였다.

29. –thing으로 끝나는 대명사는 형용사가 뒤에서 수식하며, 의문문에서는 anything이 쓰인다. have ~ in mind(~을 염두에 두다, ~을 생각해 두다)

30. ④는 보어 역할을 하는 서술적 용법으로 쓰였고, 나머지는 명사를 수식하는 한정적 용법으로 쓰였다.

31. ①②의 동사 taste, feel 다음에는 형용사가 쓰인다. lonely는 부사처럼 –ly로 끝나지만 형용사임에 주의한다. ③④⑤의 문장은 「주어 + make + 명사(목적어) + 형용사(목적격보어)」형태로 밑줄 친 부분에 모두 형용사가 와야 맞는 문장이다.

32. ① shoes popular → popular shoes

33. asleep(잠든), afraid(두려운), alive(살아있는), ill(아픈)은 서술적 용법으로만 쓰이는 형용사들이다.

34. ① only는 서술적 용법으로 쓰지 못한다. → He is an only child. (그는 외동이다.) ② ill은 한정적 용법으로 쓰지 못한다. ill → sick ③ asleep은 한정적 용법으로 쓰지 못한다. asleep → sleeping ⑤ '우리는 그 집이 비싸다는 것을 알았다.'라는 의미의 문장이 되어야한다. expensively → expensive

35. the + 형용사 = 형용사 + people : (형용사)한 사람들 soup kitchen : 무료 급식소

36. 「the + 형용사」는 복수이므로 복수 동사를 써서 나타낸다.

37. the + 형용사 : ~한 사람들(= 형용사 + people)

38. ④는 명사를 수식하는 한정 용법의 형용사이고, 나머지는 「the + 형용사」로 '~한 사람들'의 의미로 쓰였다.

39. Dutch : 네덜란드인(의)

40. ① German (독일인의, 독일어) → Germany(독일)

41. 형용사가 두 개 이상 올 경우 일반적으로 '크기 → 나이 → 색깔 → 출신 → 재료'의 순서로 쓴다.

42. 형용사는 명사를 수식하는 한정적 용법, 보어역할을 하는 서술적 용법으로 쓰일 수 있다.

43. 〈보기〉와 ⑤는 '어려운', 나머지는 모두 '질긴'이라는 뜻으로 쓰였다.

44. kind는 형용사로 '친절한'의 뜻과, 명사로 '종류'의 뜻을 가지고 있다. ⑤는 '친절한', 나머지는 모두 '종류'의 뜻으로 쓰였다.

45. 보기와 ②번은 '열심히'의 의미로 쓰였다. ① 딱딱한 ③ 어려운 ④ 딱딱한 ⑤ 부지런한

46. ②는 '멋진'의 뜻으로 쓰였고 나머지는 '시원한'의 뜻으로 쓰였다.

47. ②는 '고요한'의 의미이고 나머지는 모두 '아직도, 여전히'의 의미이다.

48. –thing으로 끝나는 대명사는 형용사가 뒤에서 수식한다.

unit 04 수량 형용사(수 읽기)

[p.55 ~ 69]

EXERCISE A

01. first
02. second
03. third
04. fifth
05. ninth
06. eleventh
07. twelfth
08. nineteenth
09. twentieth
10. twenty-first
11. twenty-second
12. twenty-third
13. twenty-fourth
14. thirtieth
15. fortieth
16. ninetieth

EXERCISE B

01. forty-nine
02. one[a] hundred (and) twenty-eight
03. three hundred (and) sixty-eight
04. six hundred (and) thirty-four
05. five thousand two hundred (and) twenty-three
06. twenty-two thousand (and) ninety-three
07. thirty-eight thousand two hundred (and) fifty-seven

08. four million four hundred (and) thirty-five thousand four hundred (and) eighty-four
09. six hundred (and) eighty-four million two hundred (and) fifty-four thousand one hundred (and) thirty-two
10. one hundred (and) thirty-two billion six hundred (and) eighty-five million five hundred (and) seventy-two thousand one hundred (and) sixty-eight

EXERCISE C

01. hundreds of people
02. thousands of people
03. tens of thousands of people
04. hundreds of thousands of people
05. millions of people

EXERCISE D

01. a half / one half
02. three eighths
03. a third / one third
04. two and three fourths / two and three quarters
05. a quarter / one fourth
06. fifteen over twenty-seven
07. two thirds
08. thirteen over six

EXERCISE E

01. (zero) point four three
02. (zero) point zero[oh] two three
03. one point three two
04. two point three four five
05. (zero) point three of a centimeter / (zero) point three centimeters
06. two point four centimeters
07. (zero) point four grams / (zero) point four of a gram
08. (zero) point five kilograms / half a kilogram
09. one point three seven five inches
10. two point two five inches

EXERCISE F

01. February (the) third, nineteen ninety-nine 또는 the third of February, nineteen ninety-nine
02. May (the) twenty-seventh, two thousand one 또는 the twenty-seventh of May, two thousand one
03. July (the) first, twenty ten 또는 July (the) first, two thousand ten 또는 the first of July, two thousand ten[twenty ten]
04. July (the) ninth, twenty fourteen 또는 July (the) ninth,

two thousand fourteen 또는 the ninth of July, twenty fourteen[two thousand fourteen]

EXERCISE G

01. fifty, ten
02. forty-five, quarter to
03. o'clock
04. fifteen, past
05. past[after]
06. three
07. six
08. twenty
09. nine

EXERCISE H

01. 5시 45분
02. 3시 20분
03. 3시 15분 전(2시 45분)
04. 2시 3분 전(1시 57분)
05. 9시 10분 전(8시 50분)
06. 10시 5분 전(9시 55분)
07. 4시 30분 전
08. 6시 30분

EXERCISE I

01. at
02. on
03. in
04. in
05. on

EXERCISE J

01. divided
02. from
03. times
04. seven

EXERCISE K

01. nine four three, two one two three
02. page four
03. the twenty-first century
04. Henry the fourth

학교시험 출제유형

01. ⑤   02. first   03. ③   04. ⑤
05. August fifth[the fifth of August   06. ⑤   07. ③, ④
08. ①   09. ⑤   10. ① ten forty-five ② a quarter to eleven
11. ①   12. ④   13. twenty thousand   14. ④   15. ②
16. four fifths   17. ④   18. ④   19. ④   20. ①   21. ⑤
22. ④   23. It's five to eleven.
24. Seven times seven makes forty-nine.

01. ⑤는 시간이 있는지 묻는 표현이고, 나머지는 모두 현재의 시간을 묻는 표현들이다.
02. first : 첫 번째의
03. ③ 1,354 : one thousand, three hundred (and) fifty-four

---

04. ⑤ December twentieth-fifth → December twenty-fifth
05. August fifth 또는 the fifth of August로 표현한다.
06. ⑤ a quarter to twelve 또는 eleven forty five
07. 「분(分) + to + 시(時)」는 '몇 시 몇 분 전'의 의미이다.
08. ①은 각각 6시 45분을 가리킨다.
09. ⑤ 7 : 25 - It's seven twenty-five.
10. 10시 45분 = ten forty-five 또는 a quarter to eleven
11. ① nine fifty는 9시 50분이고 ten past ten은 10시 10분이므로 ten past ten을 ten to ten으로 고쳐야 한다. ② 5시 30분 ③ 6시 15분 ④ 11시 30분 ⑤ 8시 45분
12. 「분(分) + to + 시(時)」는 '몇 시 몇 분 전'의 의미이다.
13. 1000이상의 수를 읽을 때 뒤에서 첫 번째 콤마(,)는 thousand(천)로 읽고 나머지는 숫자 그대로 읽는다.
14. ① 2009 - two thousand nine ② 1900 - nineteen hundred ③ 2010 - twenty ten ⑤ 2000 - two thousand
15. 분수를 읽을 때는 분자부터 읽고 분자는 기수로, 분모는 서수로 읽고, 분자가 2이상이면 분모에 s를 붙인다.
16. 분수를 읽을 때는 분자부터 읽고 분자는 기수로, 분모는 서수로 읽고, 분자가 2이상이면 분모에 s를 붙인다.
17. ④ three sevens → three sevenths
18. ④ 분자가 복수이므로 분모에 -s를 붙인다. → three quarters
19. ① one and a half ② three fourths ③ a quarter ⑤ two thirds
20. ① three and two five → three and two fifths
21. ⑤의 15÷3=5는 'Fifteen divided by three makes five.'로 나타낸다.
22. ① 190 - one hundred ninety ② $2.35 - two dollars and thirty-five cents ③ 4,000 - four thousand ⑤ 25th - twenty-fifth
23. 「분(分) + to + 시(時)」는 '몇 시 몇 분 전'의 의미이다.
24. A times B makes C (A 곱하기 B는 C이다)

unit 05 some(any),many(much),few(little) [p.70 ~ 78]

EXERCISE A

01. some
02. any
03. any
04. any
05. some
06. any
07. some
08. any
09. any
10. some
11. some
12. something
13. anything
14. any, some

01. 그녀는 몇 가지 실수를 했다.

02. 당신은 아이들이 있나요?

03. 나는 지금 돈이 하나도 없다.

04. 오늘 특별한 계획 있니?

05. 난 재미있는 책이 좀 있다.

06. 그녀는 서울에 친구가 없다.

07. 버스에 몇 사람이 있다.

08. 냉장고에 주스가 있니?

09. 냉장고에 주스가 있니?

10. 물 좀 드시겠어요?

11. 돈 좀 빌려주시겠어요?

12. 배가 고파요. 먹을 것 좀 주세요.

13. 배불러요. 먹을 것을 아무 것도 원하지 않아요.

14. 탁자에 젓가락이 없어요. 좀 갖다 주실래요?

EXERCISE B

01. much	02. many	03. much	04. were
05. was	06. many	07. much	08. much
09. much	10. many		

해석

01. 서둘러! 우리는 시간이 많지 않다.

02. 얼마나 많은 연필을 가지고 있니?

03. Mr. Kim은 항상 그의 음식에 너무 많은 소금을 넣는다.

04. 그 파티에 많은 사람들이 있었다.

05. 탁자에 많은 음식이 있었다.

06. 우리는 많은 고목과 야생동물을 봤다.

07. 너무 많은 꿀을 먹지 마라.

08. 너무 많은 쓰레기를 버리지 마라.

09. 나는 해야 할 숙제가 아주 많다.

10. 너는 하루에 몇 시간을 자니?

EXERCISE C

01. many	02. much	03. many	04. much
05. much			

해석

01. 그들은 사진을 많이 찍지 않았다.

02. 백원은 많은 돈이 아니다.

03. 우리는 책이 많이 있다.

04. 우리는 정보가 많지 않다.

05. 나는 지금 시간이 많지 않다.

EXERCISE D

01. a few	02. a few	03. Few	04. little
05. a few	06. a little	07. A little	

EXERCISE E

01. students	02. is	03. are	04. eggs
05. little	06. A few		

해석

01. 그 질문에 답하는 학생이 거의 없었다.

02. 주머니에 돈이 거의 없다.

03. 오래된 건물이 아직도 몇 개 있다.

04. 나는 작은 방에서 몇 개의 달걀을 발견했다.

05. Ralph는 이 도시에서의 경험이 거의 없다.

06. 우리 반의 몇몇 학생들이 그 시험에 합격했다.

학교시험 출제유형

01. ④	02. ④	03. ⑤	04. any	05. ①	06. ⑤	07. ①
08. ①	09. ④	10. ⑤	11. much		12. ①	13. ①
14. ④	15. ①	16. ④	17.much, many		18. ④	19. ③
20. ③	21. ④	22. ③	23. ③			
24. ① much → many ② a little → a few				25. ③		26. ⑤
27. ④	28. much		29. a few		30. ②	31. ③
32. ①	33. ⑤	34. ③	35. ④	36. ③	37. ②	
38. I don't need any butter.						

01. 긍정 평서문에서는 some, 부정문과 의문문에서는 any를 쓴다.

02. 긍정 평서문에서는 some, 부정문과 의문문에서는 any를 쓴다. 단, 권유의 의문문에서는 any대신 some을 사용한다.

03. 부정문과 의문문에서는 some 대신에 any를 쓴다. 단, 권유를 나타내거나 긍정의 대답을 기대할 때는 의문문에서도 some을 쓴다.

04. no = not ~ any

05. 부정문에서는 any를 쓴다.

06. 의문문과 부정문에서는 any, 긍정문에서는 some을 쓴다. 의문문이 권유나 요구를 나타내는 문장일 때는 any 대신에 some을 쓴다.

07. 긍정문에서는 some이 쓰인다.

　A : 물 좀 마실 수 있을까요? B : 물론이죠. 냉장고에 좀 있어요.

08. not ~ any = no

09. many는 셀 수 없는 명사와 함께 쓸 수 없다.

10. a little은 셀 수 있는 명사 앞에 쓸 수 없다.

11. a lot of는 '많은'이라는 뜻으로 셀 수 있는 명사나 셀 수 없는 명사 앞에 모두 쓰일 수 있다. money는 셀 수 없는 명사이므로 빈칸에는 much를 써야 한다.

12. much 뒤에는 셀 수 없는 명사가 온다.

13. How many 다음에는 복수명사가 필요하다. child → children

14. many는 셀 수 있는 명사와 함께 쓰이고, much는 셀 수 없는 명사와 함께 쓰인다. a lot of는 셀 수 있는 명사와 셀 수 없는 명사에 모두 쓰인다. ① many → much ② many → much ③ many → much ⑤ many → much

15. How many 다음에는 셀 수 있는 복수명사가 온다.

16. tree와 animal은 모두 셀 수 있는 명사이므로 many나 a lot of 다음에는 복수형을 써야 한다.

17. How much 다음에는 셀 수 없는 명사가 오고, How many 다음에는 셀 수 있는 복수명사가 온다.

18. a lot of = lots of : 많은(셀 수 있는 명사와 셀 수 없는 명사 앞에 모두 쓰인다.)

19. a lot of, lots of, plenty of는 셀 수 있는 명사와 셀 수 없는 명사 앞에 모두 쓰인다.

20. food가 셀 수 없는 명사로 쓰였으므로 much가 알맞다.
many = a great number of, much = a great deal of

21. a lot of는 셀 수 있는 명사와 셀 수 없는 명사 앞에 모두 쓰인다.

22. much는 셀 수 없는 명사와 함께 쓴다.

23. a few + 셀 수 있는 명사, a little + 셀 수 없는 명사

24. much와 a little은 셀 수 없는 명사 앞에 쓰인다.

25. some은 '약간의, 몇몇의'라는 뜻이므로 셀 수 있는 명사 앞에 쓰이는 a few와 같은 표현이다.

26. a few는 '조금 있는'의 뜻으로 셀 수 있는 명사 앞에 쓰이며 much는 '많은'의 뜻으로 셀 수 없는 명사 앞에 쓰인다.

27. examples에 복수형 어미 −s가 있으므로 셀 수 있는 명사이다. a little은 셀 수 없는 명사 앞에 쓴다.

28. much는 셀 수 없는 명사 앞에 쓰인다.

29. 정확하지 않은 수를 말해야 할 경우 '몇몇, 좀, 약간'이라는 뜻을 가진 a few를 사용한다. 단, 셀 수 없는 명사 앞에서는 a little을 쓴다.

30. '대부분의 사람들이 그를 좋아하지 않았다. 그래서 그의 생일파티에 온 사람은 거의 없었다.'가 되어야 하므로 빈칸에는 few(거의 없는)가 적절하다.

31. 다행히도, Fiona는 돈이 좀(a little) 있어서 바나나 몇 개를(a few) 살 수 있다.

32. 불행하게도, Paul의 가방에는 바나나가 거의 없다. 설상가상으로 Paul은 돈이 거의 없기 때문에 더 많은 바나나를 살 수 없다.

33. a little은 셀 수 있는 명사 앞에 쓰일 수 없다.

34. a few + 셀 수 있는 명사

35. a little은 셀 수 있는 명사 앞에 쓰일 수 없다.

36. '그는 친구가 거의 없어 하루 종일 혼자 놀았다.'의 의미이므로 빈칸에는 '거의 없는'의 뜻을 가지면서 셀 수 있는 명사 앞에 쓰이는 few

가 적절하다.

37. '과거에는 자동차를 가지고 있는 사람들이 거의 없었기 때문에 교통사고가 심각한 문제를 일으키지는 않았다.'의 의미이므로 빈칸에는 '거의 없는'의 뜻을 가지면서 셀 수 있는 명사 앞에 쓰이는 few가 적절하다.

38. 부정문에는 any가 쓰인다. not ~ any : 조금도 ~않다

unit 06 부사

[p.79 ~ 92]

EXERCISE A

01. slow   02. slowly   03. careful   04. carefully
05. easily   06. easy   07. friendly   08. sad
09. sadly   10. lonely   11. carefully   12. good
13. careful   14. safely   15. easy   16. easy
17. easily   18. friendly

해석

01. Mike는 매우 느리다.

02. 그는 매우 느리게 달린다.

03. Jane은 조심스러운 소녀였다.

04. 그녀는 사다리를 조심스럽게 올라갔다.

05. 민호는 수학을 쉽게 배운다.

06. 그는 수학이 쉬운 과목이라고 생각한다.

07. 너의 담임선생님은 매우 친절해 보인다.

08. 그 불쌍한 소녀는 슬퍼 보였다.

09. 나는 그녀를 슬프게 쳐다봤다.

10. 그녀는 외로워 보인다.

11. 나는 그 음식을 조심스럽게 맛 봤다.

12. 그것은 맛이 좋았다.

13. 우리 아버지는 신중한 운전사이다.

14. 그는 안전하게 운전한다.

15. 그 질문은 쉬웠다.

16. 너의 질문은 쉬워 보인다.

17. 그들은 그 문제를 쉽게 해결했다.

18. 그는 친절한 사람처럼 보였다.

EXERCISE B

01. good   02. good swimmer
03. fast runner   04. good cook
05. good   06. carefully
07. fast   08. late

해석

01. 그녀는 노래를 아주 잘한다.
02. 그녀는 수영을 아주 잘한다.
03. 그는 아주 빨리 달린다.
04. 그는 요리를 아주 잘한다.
05. 그는 노래를 아주 잘 한다.
06. 나의 아버지는 신중한 운전사이다. (= 나의 아버지는 신중하게 운전한다.)
07. 그들은 빨리 뛰는 사람들이다. (=그들은 빨리 달린다.)
08. 나의 형은 아침에 일찍 일어나지 않는다. (= 나의 형은 아침에 늦게 일어난다.)

EXERCISE C

| 01. sadly | 02. easily | 03. differently | 04. fast |
| 05. sweetly | 06. late | | |

EXERCISE D

| 01. hard | 02. slowly | 03. quickly | 04. well |
| 05. good | 06. late | | |

해석

01. 그는 아주 열심히 일했다, 그래서 피곤했다.
02. 우리는 시간이 많았다, 그래서 우리는 천천히 걸었다.
03. 그는 항상 식사를 빨리 한다.
04. Linda는 피아노를 잘 친다.
05. 그녀는 훌륭한 피아니스트이다.
06. 나는 아침에 늦게 일어나서 그 버스를 놓쳤다.

EXERCISE E

| 01. smart | 02. plays | 03. reads | 04. carefully |
| 05. old | | | |

해석

01. Daniel은 정말로 영리한 학생이다.
02. Linda는 피아노를 아주 잘 친다.
03. Laura는 책을 빨리 읽는다.
04. 그는 매우 조심스럽게 운전한다.
05. 나는 혼자 여행할 수 있을 정도로 충분히 나이 들었다.

EXERCISE F

01. She is very cute.
02. It is warm enough for you
03. I met him in the park yesterday
04. We were in London last year.
05. My mother made the food in the morning
06. They spent their holiday at home last year
07. I will play the piano at the party on Saturday

해석

01. 그녀는 매우 귀엽다.
02. 그것은 너에게 충분히 따뜻하다.
03. 나는 어제 공원에서 그를 만났다.
04. 우리는 작년에 런던에 있었다.
05. 엄마가 아침에 그 음식을 만들었다.
06. 그들은 작년에 휴가를 집에서 보냈다.
07. 나는 토요일에 파티에서 피아노를 연주할 것이다.

EXERCISE G

01. Mike is often late for class.
02. She sometimes goes to a movie.
03. I don't usually eat any fruit late at night.
04. I will always help her.
05. We can never watch TV on Sunday.

해석

01. Mike는 자주 수업에 늦는다.
02. 그녀는 때때로 영화 보러 간다.
03. 나는 대개 밤에는 과일을 전혀 먹지 않는다.
04. 나는 항상 그녀를 도울 것이다.
05. 우리는 일요일에 결코 TV를 볼 수 없다.

EXERCISE H

| 01. too | 02. either | 03. too | 04. before |
| 05. ago | 06. ago | 07. too | |

해석

01. 나 또한 자주 그렇게 느낀다.
02. 나도 모른다.
03. 나 역시 너를 좋아한다.
04. 내가 전에 말했던 것 기억해라.
05. 우리 가족은 3년 전에 여기에서 살았다.
06. 나는 10년 전에 학생이었다.
07. 이 음식은 너무 짜다. 나는 그것을 먹을 수 없다.

EXERCISE I

01. (불을) 끄다	02. 깨우다
03. 버리다	04. 입어보다, 신어보다
05. 입다, 신다	06. (옷, 신발) 벗다
07. 미루다, 연기하다	08. (전원을) 끄다

09. 찾아보다

EXERCISE J

01. O	**02.** O	**03.** O	**04.** X
05. O	**06.** O	**07.** X	**08.** X
09. X	**10.** X		

해석

01. 그는 그 시험을 포기했다.

02. 그녀는 그 계획을 연기했다.

03. 그는 그것을 포기했다.

04. 그는 그것을 포기했다. (He gave it up.이 맞는 표현)

05. 그녀는 그 계획을 연기했다.

06. 여기에서 너의 신발을 벗어라.

07. 그녀는 그들을 돌본다. (She looks after them.이 맞는 표현)

08. 너는 사전에서 그것을 찾아 볼 수 있다. (You can look it up in the dictionary.가 맞는 표현)

09. 그녀는 그들을 돌본다. (She looks after them.이 맞는 표현)

10. 아기를 봐. 귀여워. (Look at the baby.가 맞는 표현)

학교시험 출제유형

01. ④	**02.** ③	**03.** ②	**04.** ④	**05.** ④	**06.** ③	**07.** ②
08. ⑤	**09.** ①	**10.** ④	**11.** singer		**12.** good cook	
13. ③	**14.** ②	**15.** ②	**16.** ①	**17.** strong enough to carry		
18. enough time to wait for her			**19.** ④	**20.** ⑤	**21.** ①	
22. ①	**23.** ③	**24.** ②	**25.** He always buys anything new.			
26. ③	**27.** too	**28.** ⑤	**29.** ③	**30.** ⓐ too ⓑ either		
31. didn't go, either		**32.** ago	**33.** ③	**34.** ④	**35.** ④	
36. ③	**37.** always listens to his friends carefully					
38. I never sleep						
39. ① Ben is sometimes late for school.						
② Kate never eats fast food.						
40. ① usually rides a bike ② never goes to a museum						

01. ①②③⑤는 의미가 같은 '형용사-부사'관계이다. ④ late(늦은, 늦게)와 lately(최근에)는 의미가 다르다.

02. ③은 부사, 나머지는 「명사 + ly」로 형용사이다. 단, ④⑤는 부사로도 쓰일 수 있다.

03. 명사에 -al이나 -ly를 붙이면 형용사가 된다. friend(친구) - friendly(친절한) / nation(국가) - national(국가의)

04. ④는 '명사(동사)-형용사', 나머지는 '형용사-부사'의 관계이다.

05. fast는 형용사와 부사의 형태가 모두 fast이다.

06. hardly(거의 ~않다) → hard(열심히)

07. luckily와 나머지는 모두 부사인 반면 ②의 lively는 「명사 + ly」로 구성된 형용사이다.

08. ⑤는 '친근한'이라는 뜻의 형용사이다. 빈칸에는 동사를 수식하는

부사가 필요하다.

09. fast와 late는 형용사와 부사로 모두 쓰이고 lately는 '최근에'의 뜻으로 late와 의미가 다르다.

10. '잘'이라는 의미로 동사를 꾸미기에 적절한 것은 well이라는 부사이다.

11. 'sing well'은 '노래를 잘하다'라는 뜻으로 'be a good singer(노래를 잘하는 사람이다)'와 같은 의미를 갖는다.

12. cook은 '요리하다'와 '요리사'의 두 가지를 의미를 갖고 있고 cooker는 '요리기구'의 의미로 쓰여 주의가 필요하다.

13. How are you doing? : 잘 지내니? / How do you like it? : 그것이 맘에 드니?

14. enough가 명사를 수식할 때는 명사 앞에, 형용사와 부사를 수식할 때는 형용사 혹은 부사 뒤에 온다.

15. 〈보기〉 열심히 ① 몹시(= heavily) ② 열심히 ③ 단단한 ④ 힘든 ⑤ 단단한, too ~ to … : 너무 ~해서 …할 수 없다

16. late는 형용사와 부사의 형태가 같다. -ly가 붙은 lately는 '최근에'라는 전혀 다른 뜻의 부사로 쓰인다. got up lately → got up late

17. 형용사/부사 + enough to + 동사원형 : ~할 정도로 충분히 …한

18. 그녀를 기다릴 충분한 시간이 없다.

19. 'How often ~?'은 '횟수, 빈도'를 묻는 말이므로 really(정말로)는 적절하지 않다.

20. ①②③④에서 enough는 형용사로 쓰이고, ⑤에서 enough는 부사로 쓰였다.

21. always : 항상, usually : 보통, 일반적으로, often : 자주, sometimes : 가끔, 때때로, never : 전혀 ~하지 않다

22. 빈도부사는 일반동사 앞에, 조동사와 be동사 뒤에 위치한다.

23. 빈도부사는 일반동사 앞, be동사나 조동사 뒤에 위치한다.

24. ① often will → will often ③ late sometimes → sometimes late ④ see always → always see ⑤ always is → is always

25. 빈도부사 always는 일반동사(buys) 다음에 써야 하고 형용사(new)가 -thing으로 끝나는 대명사를 수식할 때는 뒤에서 수식한다.

26. ①②④⑤ 너무, ③ 또한(역시)

27. '또한, 역시'의 뜻을 갖는 also는 문장 끝에 쓰는 too와 같은 의미로 쓰인다.

28. too와 either는 모두 '또한, 역시'의 의미를 갖는데, 긍정문에서는 too, 부정문에서는 either를 쓴다.

29. too와 either는 모두 '또한, 역시'의 의미를 갖는데, 긍정문에서는 too, 부정문에서는 either를 쓴다.

30. too와 either는 모두 '또한, 역시'의 의미를 갖는데, 긍정문에서는 too, 부정문에서는 either를 쓴다.

31. 부정문에서는 either를 쓴다.

32. '~전에'의 뜻을 갖는 ago 앞에는 시간 또는 기간을 나타내는 말이

반드시 와야 한다.

33. trun down : (소리를) 줄이다. turn down it → turn it down

34. Mike threw away it. → Mike threw it away.
이어동사의 목적어가 대명사일 경우에 그 목적어는 동사와 부사 사이에 와야 한다. try on : 입어보다, 신어보다, cut off : 잘라내다, 배어내다, get off : 내리다, throw away : 버리다, take off : 벗다

35. 이어동사의 목적어가 대명사일 경우에 그 목적어는 동사와 부사 사이에 와야 한다. trying on it → trying it on

36. it이 대명사이므로 「동사 + 목적어(대명사) + 부사」형태로 써야한다.

37. 빈도부사는 일반동사 앞에 위치한다.

38. 빈도부사는 일반동사 앞에 위치한다.

39. 빈도부사는 일반동사 앞, be동사나 조동사 뒤에 위치한다.

40. 빈도부사는 일반동사 앞에 위치한다. 빈도부사의 빈도수는 'always(항상) 〉 usually(보통, 대개, 일반적으로) 〉 often(자주) 〉 sometimes(가끔, 때때로) 〉 never(전혀 ~하지 않다)'의 순이다.

Chapter 03

unit 07 비교급과 최상급의 형태
[p.94 ~ 99]

EXERCISE A

01. shorter - shortest
02. nicer - nicest
03. bigger - biggest
04. heavier - heaviest
05. more beautiful - most beautiful
06. more expensive - most expensive
07. more important - most important
08. more slowly - most slowly

EXERCISE B

01. better - best
02. better - best
03. worse - worst
04. more - most
05. more - most
06. less - least
07. later - latest
08. latter - last

학교시험 출제유형

01. ④	**02.** ①	**03.** ④	**04.** ⑤	**05.** ⑤	**06.** ①	**07.** ③
08. ④	**09.** ① better ② least		**10.** ①	**11.** ③		
12. heavier		**13.** ④	**14.** best			

01. early → earlier

02. chewy(쫄깃쫄깃한) - chewier(더 쫄깃쫄깃한)

03. good – better

04. cheap은 1음절이므로 비교급은 cheaper라고 쓴다.

05. ① hot – hottest ② easy – easiest ③ long – longest ④ thin – thinnest

06. big – bigger – biggest

07. pretty – prettier – prettiest
「자음 + y」로 끝나는 단어는 y를 i로 고치고 –er, –est를 붙인다.

08. most는 many의 최상급이다. good – better – best

09. well – better – best, little – less – least

10. ② late – later – latest 또는 late – latter – last ③ early – earlier – earliest ④ good – better – best ⑤ slowly – more slowly – most slowly (–ly로 끝나는 부사는 more, most를 붙인다.)

11. more : 더 많은, less : 더 적은

12. heavy의 비교급은 heavier이다.
「자음 + y」로 끝나는 단어의 비교급은 y를 i로 고치고 –er을 붙인다.

13. 첫 번째 빈칸에는 '연상의, 손위의'의 뜻을 가진 elder가, 두 번째 빈칸에는 '연하의, 나이가 더 어린'의 뜻을 가진 younger가 적절하다. 형제자매간 서열을 나타낼 때는 elder, eldest를 쓰는 것이 맞지만 요즘은 older, oldest도 많이 쓰인다.

14. good의 최상급은 best이다.

unit 08 비교급에 의한 비교
[p.100 ~ 109]

EXERCISE A

01. bigger than
02. hotter than
03. better than
04. earlier than
05. more
06. more comfortable than
07. better than

EXERCISE B

01. cheaper than
02. longer than
03. bigger than
04. older than
05. lighter than
06. harder than

해석

01. 이 시계는 저것보다 더 비싸다.
= 저 시계는 이것보다 더 싸다.

02. 그 우산은 야구 방망이보다 짧았다.
= 야구 방망이는 우산보다 길었다.

03. 빨간 의자는 노란색 의자보다 더 작았다.
= 노란색 의자는 빨간색 의자보다 더 컸다.

04. Kelly는 Emily보다 젊다.

= Emily는 Kelly보다 나이가 많다.

05. Anthony는 Candy보다 더 몸무게가 많이 나간다.

= Candy는 Anthony보다 가볍다.

06. 크로와상은 바게트보다 더 부드럽다.

= 바게트는 크로와상보다 딱딱하다.

EXERCISE C

01. yours   **02.** Bill's   **03.** yours   **04.** prettier
05. lower

해석

01. 내 핸드폰은 너의 것보다 싸다.

02. Susan의 연필은 Bill의 것보다 길다.

03. 우리 집이 너희 집보다 크다.

04. 그녀는 내가 기대했던 것보다 귀엽다.

05. 이 시장의 가격은 내가 생각했던 것보다 더 저렴했다.

EXERCISE D

01. even   **02.** taller   **03.** a lot   **04.** more
05. more   **06.** more   **07.** still   **08.** much

해석

01. 지구는 달보다 훨씬 크다.

02. 나는 내 형보다 훨씬 크다.

03. 곰은 쥐보다 훨씬 크다.

04. 이 질문은 저 질문보다 더 어렵다.

05. Anthony는 Candy보다 더 인기가 있다.

06. 그는 나보다 훨씬 더 잘생겼다.

07. 저 산은 이 건물보다 훨씬 높다.

08. Mike는 그의 친구보다 훨씬 빨리 걷는다.

학교시험 출제유형

01. ②	02. ②	03. ②	04. ④	05. ①	06. ⑤	07. ④
08. ④	09. ⑤	10. ⑤	11. ②	12. ②	13. ⑤	14. ③

15. shorter   **16.** easier   **17.** more expensive
18. better than   **19.** earlier   **20.** more
21. worse   **22.** ④   **23.** than   **24.** ④   **25.** ②
26. ③   **27.** ④   **28.** ③   **29.** ④   **30.** ③
31. Olivia is not taller than her older sister.
32. is shorter than
33. (1) is heavier than Sujin (2) is younger than Minji
34. This book is more interesting than that one.
35. ① Mary is younger than Jane. 또는 Jane is older than Mary.
    ② Mary is more careful than Jane.
36. He came to school later than I[me].

37. much more people than I thought
38. ① Hanoi is (much/a lot/far/even/still) hotter than Moscow[Sydney]
    또는 Moscow is hotter than Sydney
    ② Moscow is (much/a lot/far/even/still) colder than Sydney[Hanoi]
    또는 Hanoi is colder than Sydney

01. fast의 비교급은 faster이다.

02. longer (더 긴)

03. pretty의 비교급은 prettier이다.

04. big의 비교급은 bigger이다.

05. ② biger → bigger ③ more faster → faster ④ heavyer → heavier ⑤ longger → longer

06. cheap의 비교급은 cheaper이므로 more는 필요 없다.

07. many의 비교급은 most가 아니고 more이다.

08. 비교급 + than : ~보다 더 …하다 / later : 나중에, latter : 후자의

09. '치킨보다 피자를 좋아하니?'라는 질문에 No로 답했으므로 치킨을 더 좋아한다고 말하는 ⑤가 자연스럽다.

10. 「more + 원급」형태로 비교급을 만들 수 있는 것은 보기 중에서 careful뿐이다. fast – faster, pretty – prettier, tall – taller, smart – smarter

11. pretty의 비교급은 prettier이다.

12. Tom is older than Bill. (Tom은 Bill보다 나이가 많다.)

13. Mike is heavier than John. (Mike는 John보다 무겁다.)

14. Nick은 43kg으로 Mike보다 가볍다.

15. Bill이 Tom보다 키가 더 작다. / short의 비교급은 shorter이다.

16. 영어가 수학보다 더 쉽다. / easy의 비교급은 easier이다.

17. A + be동사 + 형용사의 비교급 + than + B : A가 B보다 더 ~하다

19. 세호가 Mike보다 더 일찍 일어난다. / early의 비교급은 earlier이다.

20. much의 비교급은 more이다.

21. bad의 비교급은 worse이다.

22. ④ She has more money than he does. = He has less money than she does.

23. than : ~보다

24. much, even, far, still은 비교급을 강조하는 표현들이다. very는 비교급을 수식할 수 없다.

25. 비교급을 수식할 수 있는 말은 much, even, still, far, a lot 등이다.

26. simple의 비교급은 simpler이고 비교급을 수식할 수 있는 것은 much, even, still, far, a lot 등이다.

27. a lot, much, even, far, still은 비교급을 강조하는 표현들이다. very, many 등은 비교급을 수식할 수 없다. Ted has many more apples than Gina. → Ted has much[a lot, even, far, still] more apples than Gina.

28. much는 비교급 앞에서 비교급을 강조하며, '훨씬'의 의미로 쓰인다.

29. 〈보기〉와 ④의 much는 비교급을 강조하는 부사로 쓰였다.

30. 보기의 far는 비교급을 강조하며 '훨씬'으로 해석한다. ①,②,④ 멀리 ⑤ ~까지

31. Olivia가 그녀의 언니보다 키가 더 작다.

32. Sumi는 Beth보다 더 작다.

33. 민지는 수진이보다 무겁고 수진이는 민지보다 어리다.

34. −ing로 끝나는 형용사의 비교급은 원급 앞에 more를 붙인다.

36. late의 비교급은 later이다.
than 뒤에는 주격과 목적격을 모두 쓸 수 있다.

37. Mike는 셋 중에서 책을 가장 많이 가지고 있다.

38. much는 비교급을 강조하는 부사이다. / than I thought : 내가 생각했던 것보다

39. 7월에 하노이는 모스크바나 시드니보다 (훨씬) 덥고, 12월에 모스크바는 시드니나 하노이보다 (훨씬) 춥다.

unit 09 주의해야 할 비교급 표현
[p.110 ~ 121]

EXERCISE A

01. worse
02. warmer and warmer
03. colder and colder
04. better and better
05. worse and worse
06. more and more famous
07. longer and longer

EXERCISE B

01. Mary is a year older than Peter.
02. Mary is three years older than Julie.
03. He is five years younger than she[her].
04. I am three years older than you.

EXERCISE C

01. Who, stronger, or
02. Which, warmer
03. Which, better, or
04. Who, taller, or
05. Which, longer

EXERCISE D

01. higher, colder
02. higher, more nervous
03. more, fatter
04. older, wiser
05. harder, healthier

EXERCISE E

01. The more harm we do to the Earth, the worse our lives get.
02. The more we practice, the better our show will be.
03. The more books we gather, the happier the children will be.
04. The more you lie, the longer your nose will be.
05. The more often we visit them, the happier they will be.

EXERCISE F

01. The more, the more
02. The more expensive, the better
03. The bigger, the bette
04. The less, the more

EXERCISE G

01. The hungrier we are, the more we will buy.
02. The younger you are, the easier it is to learn.

EXERCISE H

01. longer, shorter
02. bigger, smaller
03. less, shorter
04. more expensive, cheaper
05. more
06. less, more

해석

01. 이 자는 저것보다 덜 짧다.
= 이 자는 저것보다 더 길다.
= 저 자는 이것보다 더 짧다.

02. 이 식당은 저것보다 덜 작다.
= 이 식당은 저것보다 더 크다.
= 저 식당은 이것보다 더 작다.

03. Mike는 Jane보다 키가 더 크다.
= Jane은 Mike보다 키가 덜 크다.
= Jane은 Mike보다 키가 더 작다.

04. 녹색 자동차가 흰색 자동차보다 덜 쌌다.
= 녹색 자동차가 흰색 자동차보다 더 비쌌다.
= 흰색 자동차가 녹색 자동차보다 더 쌌다.

05. Candy는 Anthony보다 덜 인기가 있다.
= Anthony는 Candy보다 더 인기가 많다.

06. 나는 너보다 더 편하다.
= 나는 너보다 덜 불편하다.
= 너는 나보다 더 불편해 한다.

EXERCISE I

01. than → to
02. call → calling

03. older → old

해석

01. 그는 고기보다 생선을 더 좋아한다.
02. 나는 사람들에게 전화하는 것 보다 편지 쓰는 것을 더 좋아한다.
03. 그는 나보다 나이가 덜 들었다.

EXERCISE J

01. less   **02.** prefer   **03.** like

해석

01. Mike는 Jane보다 키가 크다.
   = Jane은 Mike보다 키가 덜 크다.
02. 나는 중국음식보다 한국음식을 더 좋아한다.
03. 너는 수학 동아리와 드라마 동아리 중 어느 것을 더 좋아하니?

학교시험 출제유형

01. ④	**02.** ③	**03.** ②	**04.** better and better	**05.** ⑤
06. ②	**07.** ④	**08.** ③	**09.** ③ **10.** ④ **11.** ③	**12.** ②
13. more interesting, or	**14.** ④	**15.** ②	**16.** ②	**17.** ②
18. ④	**19.** (1) more (2) less	**10.** lower, more	**21.** ③	
22. less difficult than	**23.** ③	**24.** ④	**25.** prefer	
26. better than	**27.** ④	**28.** (1) ② (2) ④ (3) ① (4) ③		
29. I like baseball[basketball] better than basketball[baseball]. 또는 I prefer basketball[baseball] to baseball[basketball].				
30. A rose is more beautiful than a lily.				

01. get + 원급 : ～하게 되다 / get + 비교급 : 더 ～하게 되다 / get + 비교급 and 비교급 : 점점 더 ～하게 되다

02. get + 비교급 and 비교급 : 점점 더 ～해지다

03. 「more + 원급」형태의 비교급을 '점점 더 ～하다'는 의미로 쓸 때는 「more and more + 원급」으로 쓴다.

04. get + 비교급 and 비교급 : 점점 더 ～해지다

05. more and more people : 점점 더 많은 사람들

06. Peter는 Sally보다 2살 많고, Sally는 16세인 Mary보다 3살 어리므로 Peter가 15세라는 것을 알 수 있다.

07. 나(16세), Sally(18세), Mike(17세), Mary(20세), Julie(19세)

08. Which do you like better, A or B? : A와 B중 어느 것을 더 좋아하니? / 앞 문장과 반대되는 의미의 문장을 연결하는 접속사 but이 있으므로 less money와 반대의 의미를 갖으려면 빈칸에 better가 적절하다.

09. 두 가지를 비교하는 질문은 'Which is 비교급, A or B?'이다.

10. Which do you like better, A or B? : A와 B 중에 어느 것을 더 좋아하니?

11. No라고 말하고, 축구를 더 좋아한다고 말했으므로 축구이외의 다

른 것을 더 좋아하는지를 물어야 자연스럽다.

12. 의문사로 시작하는 의문문은 Yes, No로 답할 수 없다. A의 질문은 둘 중에 어느 것을 더 좋아하는 지를 묻는 선택의문문이다. prefer A to B = like A better than B = B보다 A를 더 좋아하다

13. 인어공주와 피터팬 중에 어느 책이 더 재미있니?

14. Who ~ 비교급, A or B? : A와 B 중에 누가 더 ～한가?

15. the + 비교급 ~, the + 비교급 … : ～하면 할수록 더 …하다

16. the + 비교급, the + 비교급 : ～하면 할수록 더욱 …하다 / 더 높이 올라갈수록 공기는 더 희박해진다.

17. the + 비교급, the + 비교급 : ～하면 할수록 더욱 …하다 / 통신수단이 발전할수록 세상은 점점 더 좁아진다.

18. 네가 공부를 열심히 하면 할수록 너의 성적은 더 좋아진다.

19. 「the + 비교급, the + 비교급 ~」 구문으로 (1)에는 much의 비교급 more를, (2)에는 little의 비교급 less를 쓴다.

20. 「the + 비교급 …, the + 비교급 ~」은 「As + 주어 + 동사 + 비교급, 주어 + 동사 + 비교급」으로 바꾸어 쓸 수 있다. / 가격이 더 낮을수록 사람들이 더 많이 살 것이다.

21. 「the + 비교급 …, the + 비교급 ~」은 「As[When] + 주어 + 동사 + 비교급, 주어 + 동사 + 비교급」으로 바꾸어 쓸 수 있다.

22. A less 원급 than B : A는 B보다 덜 ～하다 / 영어는 수학보다 덜 어렵다.

23. prefer A to B : B보다 A를 좋아하다

24. 'prefer A to B'는 'B보다 A를 더 좋아한다'의 뜻으로 A와 B의 형태가 같아야 함에 주의한다.

25. prefer A to B : B보다 A를 좋아하다

26. 'prefer A to B'는 'like A better than B'로 바꾸어 쓸 수 있다. / 그는 커피보다 차를 더 좋아한다.

27. prefer A to B : B보다 A를 좋아하다 / whenever ~ : ～할 때는 언제나

28. (1) 우리가 좀 더 많은 종이를 재활용하면 할수록 우리는 더 많은 에너지를 절약할 수 있다.
   (2) 우리가 높이 올라가면 갈수록 더 추워진다.
   (3) 산이 높으면 높을수록 등반하는 것이 더 어렵다.
   (4) 휴식시간이 짧으면 짧을수록 우리는 더 피곤하다.

29. 어느 것을 더 선호하는지 묻는 말에 'like ~ better than' 또는 prefer를 이용하여 답한다.

30. -ful로 끝나는 형용사는 원급 앞에 more를 붙여 비교급을 만든다. beautiful의 비교급은 more beautiful로 나타낸다.

17

unit 10 원급에 의한 비교

[p.122 ~ 134]

EXERCISE A

01. as   **02.** tall   **03.** hard   **04.** heavy
05. pretty   **06.** as   **07.** well   **08.** much

해석

01. 그녀는 영화배우만큼 예쁘다.
02. Kate는 Mary만큼 키가 크다.
03. 나는 너만큼 열심히 공부한다.
04. 그것의 혀는 코끼리만큼 무겁다.
05. 너는 이 꽃만큼 예쁘다.
06. 나는 여배우만큼 예쁘다.
07. 민수는 내가 하는 만큼 중국어를 잘할 수 있다.
08. 너는 나만큼 역사에 대해 많이 알지 못한다.

EXERCISE B

01. Daniel   **02.** Julian   **03.** heavy as   **04.** than
05. as tall

해석

01. Emma는 Daniel만큼 키가 크다.
02. Emma는 Julian보다 키가 작다.
03. Sophia는 Daniel과 몸무게가 같다.
04. Sophia는 Julian보다 키가 작다.
05. Daniel은 Emma만큼 키가 크다.

EXERCISE C

01. Mike is as tall as his father.
02. He runs as fast as I do.
03. I can't read as fast as you can.

해석

01. Mike는 그의 아버지만큼 키가 크다.
02. 그는 나만큼 빨리 달린다.
03. 나는 너만큼 빨리 읽을 수 없다.

EXERCISE D

01. as[so] delicious as   **02.** as well as
03. bigger than   **04.** taller than, shorter than
05. older than, younger than   **06.** cheaper, not as, less
07. tall as
08. as popular as, less popular(또는 more unpopular)
09. more slowly, runs faster than
10. are shorter, as long as   **11.** as smart as

12. as old as   **13.** as tall as

해석

01. 저 피자는 이 피자보다 더 맛있다.
　 = 이 피자는 저것만큼 맛있지 않다.
02. 우리는 그들보다 축구를 더 잘했다.
03. 부산은 서울만큼 크지 않다.
　 = 서울은 부산보다 더 크다.
04. 너는 그만큼 키가 크지 않다.
　 = 그는 너보다 키가 더 크다.
　 = 너는 그보다 키가 더 작다.
05. 그의 아버지는 너의 아버지만큼 나이가 많지 않다.
　 = 너의 아버지는 그의 아버지보다 나이가 많다.
　 = 그의 아버지는 너의 아버지보다 젊다.
06. 그 탁자는 그 책상보다 더 비싸다.
　 = 그 책상은 그 탁자보다 싸다.
　 = 그 책상은 그 탁자만큼 비싸지 않다.
　 = 그 책상은 그 탁자보다 덜 비싸다.
07. 청색괴물이 노란색괴물보다 키가 더 작다.
　 = 청색괴물은 노란색괴물만큼 크지 않다.
08. 그녀는 너보다 인기가 더 많다.
　 = 너는 그녀만큼 인기가 많지 않다.
　 = 너는 그녀보다 덜 인기가 있다.(또는 너는 그녀보다 더 인기가 없다.)
09. 나는 형만큼 빨리 달리지 않는다.
　 = 나는 형보다 더 느리게 달린다.
　 = 내 형은 나보다 더 빨리 달린다.
10. 내 코는 내 팔보다 길다.
　 = 내 팔은 내 코보다 짧다.
　 = 내 팔은 내 코만큼 길지 않다.
11. 그는 나보다 더 영리하다.
　 = 나는 그만큼 영리하지 않다.
12. 그녀와 나는 동갑이다.
　 = 그녀는 나와 나이가 같다.
13. 그와 그의 아내는 키가 같다.
　 = 그는 그의 아내와 키가 같다.

EXERCISE E

01. possible   **02.** he could   **03.** you can   **04.** twice as old
05. three times as expensive

해석

01. Mike는 가능한 빨리 달린다.
02. 그는 가능한 빨리 숨었다.

03. 가능한 빨리 알려주세요.

04. Linda는 6살이다. 그녀의 언니는 12살이다.

= Linda의 언니는 그녀보다 나이가 두 배이다.

05. = 저 스커트는 이 스커트보다 3배 비싸다.

EXERCISE **F** ────────

01. twice as old as   02. three times as big as

03. as soon as possible

EXERCISE **G** ────────

01. horse   02. cloud, lark   03. bee   04. dog

해석

01. 매우 힘센   02. 매우 행복한

03. 매우 바쁜   04. 매우 아픈

학교시험 출제유형

01. ③	02. ③	03. as	04. not as popular as that restaurant
05. as old as	06. ⑤	07. stronger than	08. as[so] big as
09. ④	10. ⑤	11. ①	12. ③ 13. ④ 14. ③ 15. ⑤
16. ①	17. ②, ③		18. as tall as

19. (1) as happy as a lark

20. (1) as tall as Junho (2) not as heavy as Ted   21. ④

22. ①   23. ①   24. could   25. ③

26. as much as I can   27. as   28. three, times, as

29. 35 times as large as Korea   30. twice as big as

31. ③   32. much   33. ④   34. not as clever as

35. is not as old as

36. (1) A polar bear's fur is as white as snow.
(2) His eyes are as blue as the sea.

37. (1) I don't eat as much as a pig.
(2) The cat is bigger than the mouse.

01. 서로 비교하여 같다고 말할 때 「as~ as」구문을 이용하여 말할 수 있다. as와 as 사이에는 원급을 써야 한다. ① taller → tall ② harder → hard ④ prettier → pretty ⑤ cheapest → cheap

02. 비교하는 대상의 성질이나 정도가 같다(동급비교)고 말할 때는 「as + 원급 as」를 쓰고, 비교하는 대상의 어떤 하나가 '더 ~하다'라고 말할 때는 「비교급 + than」으로 나타낸다. ③에서 than을 as로 고치거나 as warm을 warmer로 고쳐야 한다.

03. A is as + 원급 + as B : A는 B만큼 ~하다

04. A ... not as 형용사 as B : A는 B만큼 (형용사)하지 않다

05. A ... as + 원급 + as B : A는 B만큼 ~하다

06. A ... as + 원급 + as B : A는 B만큼 ~하다

07. A ... not as[so] + 원급 + as B (A는 B만큼 ~하지 못하다)

= B ... + 비교급 + than A (B가 A보다 더 ~하다)

08. B is + 비교급 + than A = A is not as[so] + 원급 + as B

09. Tom이 Ann보다 더 빠르므로 'Ann은 Tom만큼 빠르지 않다'고 말할 수 있다.

10. ⑤는 '그의 형이 그보다 덜 영리하다.'는 뜻이고 나머지는 모두 그의 형이 더 영리하다는 뜻이다.

11. ② so → as ③ good → well ④ many → much ⑤ more popular → popular

12. 「A ... not as 원급 as B」는 「A ... less 원급 than B」로 바꾸어 쓸 수 있다.

13. '이 침대는 저 침대만큼 편안하지 않다.'는 뜻으로 '저 침대가 이 침대보다 더 편안하다.'라는 ④와 의미가 같다.

14. 보기는 '그녀는 나만큼 열심히 공부하지 않았다.'라는 뜻이므로 '나는 그녀보다 더 열심히 공부했다.'라는 말과 의미상 비슷하다.

15. 나머지는 '가방이 책보다 더 비싸다.'라는 뜻이다.
⑤ 그 책은 그 가방보다 덜 싸다.

16. Bill과 Ted는 키가 같다.

17. ② 준수가 키가 더 크다. ③ 준수의 몸무게가 더 나간다.

18. Kate는 Ben만큼 키가 크다.

19. 나는 운이 좋다고 생각하고 내 생활에 만족한다. 그래서 사람들이 "너는 무척 행복하구나."라고 말한다. / as happy as a lark : 종달새처럼 행복한

20. (1) Ted는 준호와 키가 같다. (2) 준호는 Ted만큼 무겁지 않다.

21. as ~ as possible = as ~ as 주어 can[could] (가능한 한 ~하게) / 과거시제(ran)이므로 can이 아니라 could가 와야 한다.

22. '많이 먹었다'는 의미이므로 양을 나타내는 much가 가장 적절하다.

23. could를 can으로 바꾼다.

24. as ~ as possible = as ~ as 주어 can[could] (가능한 한 ~하게)

25. as + 형용사[부사] + as + 주어 + can[could] : 가능한 한 ~하게 / 과거시제(cried)이므로 can이 아니라 could가 와야 한다.

26. as much as I can : 내가 할 수 있는 한 많이

27. as + 형용사 + as ... : ...만큼 ~한 / as much as possible : 가능한 많이

28. A ... 배수사 as 원급 as B : A는 B보다 몇 배 ~하게

29. A ... 배수사 as 원급 as B : A는 B보다 몇 배 ~한
호주는 한국보다 대략 35배나 더 큰 나라이다.

30. A ... 배수사 as 원급 as B : A는 B보다 몇 배 ~한

31. 배수사는 「기수 + times」로 나타낸다. time → times

32. '~만큼 많이'라는 의미로 'as much/many as'가 쓰이며 돈은 셀 수 없는 명사로 취급하여 much가 사용된다.

33. book → books

34. 「A ... 비교급 than B」는 「B ...not as 원급 as A」로 바꾸어 쓸 수 있다.

35. Sam은 Tom보다 나이가 많다. = Tom은 Sam만큼 나이가 많지 않다.

36. A ... as + 원급 + as B : A는 B만큼 ~하다

37. (1) 일반 동사 eat의 부정문은 「don't[doesn't] + 동사원형」으로 나타낸다.

(2) big의 비교급은 bigger이며 more는 필요없다.

unit 11 최상급에 의한 비교   [p.134 ~ 148]

EXERCISE A

01. the tallest
02. the youngest
03. the coldest
04. the happiest
05. the heaviest
06. the most expensive
07. the most popular
08. the most unique
09. of
10. in

EXERCISE B

01. heaviest
02. taller
03. longest
04. easy
05. the most beautiful
06. smaller
07. better
08. heavy
09. greatest
10. less
11. earlier
12. the most expensive
13. funnier
14. the biggest
15. most amazing

해석

01. 지구상에서 가장 무거운 동물은 무엇일까?

02. 나는 너보다 키가 더 크다.

03. 그것은 세계에서 가장 긴 스피드 스케이트 경주이다.

04. 수학은 영어만큼 쉽다

05. 이 나라에서 누가 가장 아름다운 여자인가요?

06. 그 집들은 내 손보다 작아 보였다.

07. 깃털이 짚보다 낫다.

08. 이 개는 저 고양이와 무게가 같다.

09. 그것은 내 인생에서 가장 멋진 순간이었다.

10. 채소 같은 신선식품은 빵 같은 식품보다 더 적은 물이 필요하다.

11. 그 여학생은 나보다 더 일찍 왔다.

12. 이곳은 서울에서 가장 비싼 호텔이다.

13. 그녀는 내가 아는 다른 어떤 사람보다 더 재미있다.

14. 멜론이 그 가게에서 가장 큰 과일이다.

15. 그것은 내 인생에서 가장 놀라운 경험이었다.

EXERCISE C

01. is the longest river in the world
02. (other) river in the world is as[so] long as the Mississippi
03. (other) river in the world is longer than the Mississippi
04. is longer than any other river in the world
05. is longer than all the other rivers in the world
06. is the prettiest flower in this garden
07. (other) flower in this garden is as[so] pretty as the rose
08. (other) flower in this garden is prettier than the rose
09. is prettier than any other flower in this garden
10. is prettier than all the flowers in this garden
11. the strongest bridge in the world
12. (other) bridge in the world was as[so] strong as the Brooklyn Bridge
13. (other) bridge in the world was stronger than the Brooklyn Bridge
14. was stronger than any other bridge in the world
15. was stronger than all the bridges in the world
16. is the smartest boy in his class
17. in his class is as[so] smart as Sangho
18. (other) boy in his class is smarter than Sangho
19. is smarter than any other boy in his class
20. is smarter than all the boys in his class
21. is the biggest building in town
22. is as[so] big as the library
23. is bigger than the library
24. bigger than any other building in town
25. bigger than all the buildings in town
26. the most attractive woman in our town
27. is as attractive as she
28. is more attractive than she
29. more attractive than any other woman in our town
30. more attractive than all the women in our town
31. is the highest tower
32. is as[so] high as Mary's tower
33. is higher than Mary's tower
34. is higher than any other person's tower
35. the most important thing
36. is as[so] important as health
37. is more important than health
38. is more important than anything else

01. the richest men[people]   **02.** the most famous singers
03. one of the most   **04.** the most popular subjects
05. the most expensive   **06.** healthiest foods, is
07. famous singers, is

학교시험 출제유형

01. ①	**02.** ②	**03.** ②	**04.** ⑤	**05.** longest	**06.** ⑤
07. ③	**08.** ⑤	**09.** ⑤	**10.** ②	**11.** the happiest	**12.** ⑤
13. ④	**14.** ⑤	**15.** ⑤	**16.** runs fastest	**17.** ③	**18.** ⑤
19. ⑤	**20.** ②	**21.** no other	**22.** ②	**23.** Nothing, than	
24. ④	**25.** cheaper than		**26.** ⑤	**27.** ⑤	**28.** ⑤
29. ⑤	**30.** oldest cities	**31.** ④	**32.** ⑤	**33.** ④	**34.** ⑤
35. ③	**36.** (1) younger than (2) the oldest			**37.** ④	

38. ① the best singer ② the biggest country
39. one of the toughest marathons
40. (1) Noah is the best student
(2) She is funnier than any other
41. (1) smarter than any (2) No, smarter (3) as, as
42. one of the most popular writers

01. happy의 최상급은 happiest이다.

02. ① big – bigger – biggest ③ heavy – heavier – heaviest ④ small – smaller – smallest ⑤ dangerous – more dangerous – most dangerous

03. sad – saddest(가장 슬픈) / happy – happiest(가장 행복한)

04. fast의 최상급은 the fastest이다.

05. 나일 강은 세계에서 가장 긴 강이다. (long – longer – longest)

06. 형용사의 최상급 앞에는 the를 쓴다.

07. 형용사의 최상급 앞에는 the를 쓴다.

08. 형용사 great의 최상급 표현은 greatest이다.

09. expensive의 최상급은 most expensive, pretty의 최상급은 prettiest이다.

10. cool의 최상급은 coolest이고 most는 같이 쓰지 않는다.

11. 형용사의 최상급 앞에는 the를 쓴다.

12. popular의 최상급은 the most를 붙여서 사용한다.

13. biggest : 가장 큰 / bigger : 더 큰

14. 최상급 + of + 숫자/all, 최상급 + in + 단체/지역

15. A is the oldest of the three cars. / C is the newest of the three cars. / A is the cheapest of the three cars.

16. 부사의 최상급 앞에는 정관사 the를 쓰지 않는다.

17. 수진이의 몸무게가 가장 많이 나간다.

18. 「비교급 + than any other + 단수명사」구문이다.
그는 그때 어떤 다른 축구선수보다 더 많은 득점을 했었다.

19. 「비교급 + than any other + 단수명사」 구문이므로 students를 student로 써야 한다. Mike는 어떤 다른 학생보다 더 많은 햄버거를 먹는다.

20. 「비교급 + than any other + 단수명사」는 '다른 어떤 ~보다 더 …하다'의 뜻으로 최상급의 의미를 나타낸다.

21. 「비교급 + than any other + 단수명사」 = 「No other + 단수명사 + 비교급 + than ~」은 모두 비교급으로 최상급의 의미를 갖는 구문이다. / 나는 이중섭이 다른 어떤 예술가보다 더 유명하다고 생각한다.

22. A is 비교급 than any other 단수명사 : A는 어떤 다른 (단수명사)보다 더 ~하다

23. 「부정 주어 + 동사 + 비교급 + than A」는 '어떤 것도(어느 누구도) A보다 더 ~하지 않다'라는 뜻이다.

24. 「비교급 + than any other + 단수명사」는 최상급의 표현이다.

25. 분홍색 자동차가 가장 저렴하다.

26. ①②③④는 모두 'Jane이 학급에서 가장 키가 크다'의 의미로 최상급의 의미를 갖는다. ⑤ Jane은 학급의 다른 학생들만큼 키가 크지 않다.

27. ①②③④는 건강이 가장 중요하다는 말이고 ⑤는 건강이 다른 어떤 것보다 중요하지 않다는 말이다.

28. 시간보다 더 중요한 것은 없다. / than → as

29. No other singer in Korea sings better than she.

30. one of the + 최상급 + 복수명사 : 가장 ~한 것들 중 하나

31. one of the 최상급 + 복수명사 : 가장 ~한 것 중에 하나 / flag를 flags로 고쳐야 한다.

32. ① most → more ② strongest → stronger ③ good → well ④ faster → fast

33. 「one of the 최상급」 다음에 오는 명사가 복수명사이지만 실질적인 주어는 one이므로 단수 취급한다. ④ were를 was로 바꿔야 한다. / 가장 인기 있는 직업들 중의 하나는 통역관이 되는 것이었다.

34. person → persons 또는 people

35. ① dish → dishes ② the most longest → the longest ④ are → is ⑤ are → is

36. young의 비교급은 younger이고, old의 최상급은 the oldest이다.

37. ⓐ 부사의 최상급 앞에는 the가 붙지 않는다. ⓑ late의 '(시간이 더) 늦은'이라는 뜻의 비교급은 later이다. ⓒ early의 비교급은 earlier이다.

38. good의 최상급은 best, big의 최상급은 biggest이다. big처럼 「단모음 + 단자음」으로 끝나는 단어는 자음 하나를 더 쓰고 −est를 붙여 최상급을 만든다.

39. one of the 최상급 + 복수명사 : 가장 ~한 것 중에 하나

40. good의 최상급은 best, funny의 비교급은 funnier이다.

41. 진호는 우리 반에서 가장 영리한 학생이다. (1) 진호는 우리 반에 어떤 다른 학생보다 더 영리하다. (2) 우리 반에 진호보다 더 영리한 다른 학생은 없다. (3) 우리 반에 진호만큼 영리한 다른 학생은 없다.

42. one of the 최상급 + 복수명사 : 가장 ~한 것들 중에 하나

Chapter **04**

unit **12** 현재완료 형태와 이해 [p.150 ~ 166]

EXERCISE A

01. ~이다/있다, was[were], been
02. ~하다, did, done   **03.** 가지다, had, had
04. 가다, went, gone   **05.** 끝마치다, finished, finished
06. 잃다, lost, lost   **07.** 듣다, heard, heard
08. 숨기다, hid, hidden   **09.** 떠나다, left, left
10. 도착하다, arrived, arrived   **11.** 상처를 주다, hurt, hurt
12. 만나다, met, met
13. 읽다, read[red로 발음], read[red로 발음]
14. 보다, saw, seen   **15.** 팔다, sold, sold
16. 보내다, spent, spent   **17.** 알다, knew, known
18. 쓰다, wrote, written   **19.** 오다, came, come
20. 놓다, put, put   **21.** 그리다, drew, drawn
22. 입다, wore, worn   **23.** 먹다, ate, eaten
24. 마시다, drank, drunk[drunken]
25. 타다, rode, ridden   **26.** 찾다, found, found
27. 잊다, forgot, forgotten   **28.** 달리다, ran, run
29. 가져오다, brought, brought
30. (바람이) 불다, blew, blown   **31.** 훔치다, stole, stolen
32. 치다/때리다, hit, hit   **33.** 자다, slept, slept
34. 시작하다, began, begun
35. 말하다/연설하다, spoke, spoken
36. 이기다, won, won
37. (해, 달이) 뜨다/(가격이) 오르다, rose, risen
38. 만들다, made, made   **39.** 부수다, broke, broken
40. (건물을) 설립하다/세우다, founded, founded
41. 거짓말하다, lied, lied   **42.** 눕다/놓여있다, lay, lain
43. ~을 놓다/눕히다, laid, laid

EXERCISE B

01. have lived   **02.** has studied

03. has, broken   **04.** have used
05. has lost   **06.** have hurt
07. has taken   **08.** has found
09. have been

해석
01. 나는 5년 동안 서울에서 살고 있다.
02. 그녀는 3년 동안 일본어를 공부해 오고 있다.
03. Julie가 방금 꽃병을 깨뜨렸다.
04. 나는 2년 동안 이 컴퓨터를 사용해 오고 있다.
05. 아빠는 그의 자전거를 잃어버렸다.
06. 우리는 지구에 너무 많은 상처를 주었다.
07. Susan은 6개월 동안 그녀의 개를 돌봐왔다.
08. 그는 인터넷에서 정보를 찾았다.
09. 그들은 3일 동안 캠프에 있었다.

EXERCISE C

01. lost   **02.** has lost
03. has come   **04.** have bought

EXERCISE D

01. lived   **02.** saw
03. visited   **04.** did you have
05. now   **06.** since 1995
07. has gone   **08.** been, been

해석
01. 나는 1년 전에 부산에서 살았다.
02. 나는 어제 그 영화를 봤다.
03. John은 작년에 한국을 방문했다.
04. 언제 점심을 먹었니?
05. 그는 지금 도착했다.
06. 나는 1995년 이후로 그녀를 알고 지낸다.
07. 보람이는 집에 없다. 그녀는 쇼핑하러 갔다.
08. 나는 미국에 한 번도 가 본 적이 없지만 제주에는 두 번 가봤다.

EXERCISE E

01. O   **02.** X   **03.** O   **04.** X
05. O   **06.** X   **07.** O   **08.** X
09. O   **10.** O   **11.** X   **12.** O

해석
01. 그녀는 저 영화를 어제 봤다.
03. Tom은 지난 달에 한국을 방문했다.
05. 너는 언제 저녁을 먹었니?

07. 일주일 전에 한국에 관하여 들었다.

09. 너의 삼촌은 얼마나 오랫동안 너와 함께 살고 계시니?

10. Sarah는 공부하기 위해서 미국에 갔다.

12. 나는 치과에 갔다 왔다. 이가 지금은 아프지 않다.

EXERCISE F

01. I have not[haven't] touched your cakes.

02. She has not[hasn't] finished her homework.

03. I have not[haven't] eaten Thai food.

해석

01. 나는 너의 케익에 손대지 않았다.

02. 그녀는 그녀의 숙제를 끝마치지 않았다.

03. 나는 타이 음식을 먹어본 적이 없다.

EXERCISE G

01. have, been	**02.** have
03. haven't	**04.** haven't, Have
05. traveled, been, never been	

해석

01. A : 안녕, Lucy! 오랜만이야. 어떻게 지냈니?

　　B : 잘 지냈어. 고마워.

02. A : 너는 뉴욕을 방문한 적이 있니?

　　B : 응, 방문한 적이 있어. 나는 작년 여름에 뉴욕에 갔었어.

03. A : 외국인에게 말을 걸어본 적이 있니?

　　B : 아니, 그런 적 없어.

04. A : Linda, 영화 인터스텔라 봤니?

　　B : 아니, 안 봤어. 너는 봤니?

05. A : 외국을 여행한 적이 있니?

　　B : 나는 유럽 몇 개국을 갔다 왔어, 하지만 미국에 가본 적은 한 번도 없어.

학교시험 출제유형

01. ③	**02.** ②	**03.** ④	**04.** ④	**05.** ①	**06.** ①	**07.** ③
08. ②	**09.** ⑤	**10.** ②	**11.** ②	**12.** ②	**13.** ⑤	**14.** ③

15. (1) Has he studied English for 5 years?
(2) He has not[hasn't] studied English for 5 years.

16. ①	**17.** ③	**18.** ②	**19.** caught	

20. (1) has taken care of (2) has lived

21. ③	**22.** ④
23. ④	**24.** ⑤	**25.** ⑤	**26.** ①	**27.** Have you	**28.** ④
29. ①	**30.** ④	**31.** ④	**32.** ②	**33.** ④	**34.** ②	**35.** ③
36. ③	**37.** ①	**38.** ⑤	**39.** ⑤	**40.** ①	**41.** ⑤	**42.** ③

43. ⑤　**44.** have lived　**45.** has lived

46. I have learned French　　　**47.** ④

48. Have you ever been to Paris?

49. She has studied English for three years.

50. have not ridden

51. (1) I have played the piano for two years.
(2) Minji has worked as a flight attendant since 2012.

52. (1) I finished the homework two days ago.
(2) They have lived in Jeju since last year.

53. ① did you get ② lost ③ been ④ flown ⑤ went

54. (1) have lost (2) have used

55. (1) finished cleaning (2) been (3) has eaten
(4) have not eaten (5) has seen

01. spend – spent – spent

02. do – did – done

03. ① fall – fell – fallen ② begin – began – begun
③ cut – cut – cut ⑤ hear – heard – heard

04. 「Have you + 과거분사 ~?」는 현재완료의 의문문이다. ④ see의 과거분사는 seen이다. falling star : 유성, 별똥별

05. ② eating → eaten ③ finishing → finished ④ has bought not → has not bought ⑤ stay → stayed

06. 주어가 3인칭 단수이면 has를 쓴다.

07. ① Has → Have ② finish → finished ④ ridden ⑤ went → been

08. ② lose → lost

09. ⑤ have knew → have known

10. ② went → gone

11. read의 과거분사는 read로 철자는 원형과 같지만 [red]로 발음된다.

12. ① → has taken ③ → hasn't taken ④ → has smelled ⑤ → have stolen

13. finish의 과거분사는 finished이다.

14. ① hear → heard ② haven't → hasn't ④ use → used ⑤ knew → known

15. (1) 현재완료의 의문문은 have[has]가 문장의 맨 앞으로 가고 문장 끝에 물음표(?)를 붙인다. (2) 현재완료의 부정문은 have[has] 다음에 not을 쓴다.

16. ① raise a pet : 애완동물을 기르다 / 'in 2008'은 분명한 시점을 알 수 있는 과거부사구이므로 현재완료와 함께 쓸 수 없고 과거시제와 써야한다. has raised → raised

17. ①②④ 의문사 when, yesterday, ago 등은 현재완료와 함께 쓰일 수 없다.
⑤의 주어가 Jim으로 3인칭 단수이므로 동사 have는 has로 써야 한다.

18. ago(①), yesterday(③), last year(⑤) 등은 현재완료와 함께 쓰이

지 못하는 부사(구)이다. 모두 과거시제로 바꿔야 한다. ① have seen → saw ③ have not eaten → didn't eat ④ has traveled not → has not traveled ⑤ Have you ever worked → Did you ever work

19. catch – caught – caught

20. (1) Steve는 6개월 동안 그의 새를 돌봐왔다. (2) Susan은 2년 동안 그녀의 고양이와 살았다.

21. 현재완료의 부정문 : have[has] + not + p.p. / have[has] + never + p.p.

22. 현재완료(have + p.p.)의 부정형은 「haven't[hasn't] + p.p.」로 나타낸다.

23. 내 핸드폰이 망가진 것은 과거이지만 말하는 사람이 의미하는 것은 현재 핸드폰이 없다는 것이다. 이처럼 과거의 일이지만 말하고자 하는 정보는 현재일 때 현재완료를 쓴다. [해석] 누군가 내 핸드폰을 망가뜨렸다. 그래서 나는 지금 엄마에게 전화할 수 없다.

24. 현재완료의 의문문 : Have[Has] + 주어 + p.p. ~?

25. 주어가 3인칭 단수(He)이고 현재완료(have + p.p.)의 구문으로 경험을 물어야 하므로 has가 와야 한다.

26. 주어가 2인칭 단수(you)일 때, 현재완료의 질문에 대한 대답은 'Yes, I have. / No, I haven't.'로 한다.

27. 'Have you ever ~?'이라고 묻는 질문에 'Yes, I have.' 혹은 'No, I haven't.'로 대답한다.

28. A : 제주도에 가 본 적이 있니?
    B : 아니요. 거기에 가 본 적이 없어요.

29. 현재완료는 「have + p.p.」의 형태이므로 빈칸에는 hear의 과거 분사 heard가 와야 한다. hear of : ~에 대해 듣다

30. 현재완료는 「have + p.p.」의 형태이므로 빈칸에는 see의 과거분 사 seen이 와야 한다.

31. 빈칸 뒤에 구체적으로 무엇을 계획하고 있는지 언급하고 있으므 로 빈칸에 긍정의 대답이 들어감을 알 수 있다.

32. '우리 아버지는 어제 밤에 차 열쇠를 잃어버렸다. 그는 지금 그것 을 가지고 있지 않다.'는 문장은 '우리 아버지는 차 열쇠를 잃어버 렸다. (그래서 지금 가지고 있지 않다.)'라는 뜻을 가진 현재완료 형 문장으로 바꾸어 쓸 수 있다.

33. 2001년에 살기 시작해서 현재까지 살고 있다는 의미이므로 현재 완료(have + p.p.)로 나타낼 수 있다. for는 계속되어 온 기간과 함께 쓰이고, since는 시작된 시점과 함께 쓰인다.

34. 과거를 나타내는 부사 yesterday와 현재완료는 함께 쓰일 수 없 다.

35. ago는 현재완료형과 함께 쓸 수 없다.

36. ago는 앞에 항상 시간 또는 기간을 나타내는 말과 함께 쓰이는데

ago가 들어간 표현은 명확한 과거를 나타내는 부사구로 반드시 과 거시제와 함께 쓰인다. ago → before

37. ② see → seen ③ 현재완료는 명확한 과거를 나타내는 부사(last year)와 함께 쓸 수 없다. ④ has she gone → did she go ⑤ didn' t → haven't 또는 finished → finish

38. yesterday, last year, a week ago는 과거시제와 함께 써야 한다.

39. ① went → been ② fails → failed ③ has gone → went ④ learn → learned

40. last year와 현재완료는 함께 쓸 수 없다.

41. ①②③④는 have를 써서 표현하는 완료 시제. ⑤는 과거시제를 나 타내는 부사구 last night가 현재완료시제와 함께 쓰이지 않으므로 have가 아닌 Did가 쓰인다.

42. My dad has gone to America. : 아버지는 미국에 가셨어. (아직 안 돌아 오셨어.)

43. ago와 현재완료는 함께 쓸 수 없다.

44. 6개월 전부터 살기 시작하여 지금도 살고 있으므로 현재완료시제 (have + p.p.)가 되어야 한다.

45. 2005년에 이사를 와서 그 이후로 계속 살고 있으므로 현재완료시제 (have + p.p.)가 되어야 한다.

46. 나는 3년 전에 불어를 배우기 시작했다. 아직도 그것을 배운다. → 나는 3년 동안 불어를 배우고 있다.

47. 누군가가 가방을 가져가서 현재 가방이 없으므로 현재완료의 '결과' 용법으로 나타낼 수 있다. somebody는 3인칭 단수 취급하며, take 의 과거분사는 taken이다.

48. 'Have you ever~?'라고 묻는 질문에 'Yes, I have.' 혹은 'No, I haven't.'로 대답하는데 B의 대답을 통해 파리에 가본 적이 있는지 를 묻는 현재완료의 의문문이 빈칸에 들어감을 알 수 있다. have been to + 장소 : ~에 가본 적이 있다

49. 3년 전에 시작하여 지금까지 영어를 공부한다는 의미이다. 이렇게 과거의 한 시점에서 지금까지 어떤 것을 하고 있다는 표현하고자 할 때는 현재완료시제를 이용한다.

50. ride – rode – ridden

51. (1) 나는 2년 동안 피아노를 연주했다.
    (2) 민지는 2012년 이후로 승무원으로 일해 왔다.

52. (1) 과거의 정확한 시점을 나타내는 부사 ago가 쓰여 동사는 과거시 제를 써야 한다.
    (2) 과거에 시작된 일이 현재까지 계속되고 있으므로 현재완료 (have + p.p.)를 써야 한다.

53. ① 구체적인 시간을 묻는 What time은 항상 과거시제와 함께 쓰인 다. ② yesterday는 과거시제를 나타내는 부사이므로 현재완료와 함께 쓸 수 없다. ③ 「have gone to + 장소」는 '~에 가버렸다 (그래

24

서 여기에 없다)'는 결과의 의미이므로 상대방을 보며 질문하면 상당히 어색한 표현이 된다. ④ fly의 과거분사는 flown이다. ⑤ two years ago는 과거를 나타내는 부사구이므로 현재완료와 함께 쓸 수 없다.

54. (1) 나는 자전거를 잃어버렸다. 그래서 나는 그것을 지금 가지고 있지 않다. = 나는 내 자전거를 잃어버렸다.(그래서 지금 가지고 있지 않다.)
(2) 나는 이 노트북을 3개월 전에 샀다. 나는 아직도 그것을 사용한다. = 나는 3개월 동안 이 노트북을 사용하고 있다.

55. (1) finish는 동명사를 목적어로 취하므로 finished다음에 cleaning을 써야 한다. (2) have been to : ~에 갔다 왔다 (3) eat – ate – eaten (4) 현재완료의 부정은 have 다음에 not을 쓴다. (5) see – saw – seen

unit 13 현재완료의 용법

[p.167 ~ 177]

EXERCISE A

01. already **02.** already
03. yet **04.** yet
05. now **06.** still

EXERCISE B

01. never **02.** ever **03.** before **04.** been
05. have

EXERCISE C

01. for **02.** since **03.** since **04.** since
05. for **06.** Since **07.** for **08.** For
09. Since **10.** since

해석

01. 나는 영어를 배우기 위해 일 년 동안 여기에 머물렀다.
02. 민준이는 3월부터 우리 팀의 주장이었다.
03. 우리는 2011년 이후로 서로 알고 지냈다.
04. Sam은 작년부터 음식물쓰레기를 줄여왔다.
05. 그들은 5년 동안 여기에서 살았다.
06. 그때 이후로 우리는 절친한 친구사이다.
07. 도진이는 3년 동안 물건을 재활용해왔다.
08. A : 너는 한국에서 얼마나 오랫동안 있었니?
    B : 3년 동안.
09. A : 너는 한국에서 얼마나 오랫동안 있었니?
    B : 1992년 이후로.

10. Mr. Kim은 선생님이다. 그는 작년부터 이 학교에서 영어를 가르쳐왔다.

EXERCISE D

01. have used **02.** have lived
03. have been **04.** have worked
05. I have learned French
06. have been friends for ten years

해석

01. 나는 2년 전에 이 컴퓨터를 샀다. 그리고 아직도 그것을 사용한다.
    = 나는 2년 동안 이 컴퓨터를 사용하고 있다.
02. 그들은 5년 전에 여기에서 살기 시작했고 지금도 살고 있다.
    = 그들은 여기에서 5년 동안 살고 있다.
03. 나는 5년 전에 한국에 왔다. 나는 아직도 한국에 있다.
    = 나는 5년 동안 한국에 있다.
04. 나는 6개월 전에 그 가게에서 일하기 시작했다. 나는 아직도 그 가게에서 일한다.
    = 나는 6개월 동안 그 가게에서 일하고 있다.
05. 나는 3년 전에 프랑스어를 배우기 시작했다. 나는 아직도 그것을 배우고 있다.
    = 나는 3년 동안 프랑스어를 배우고 있다.
06. James와 Mark는 10년 전에 친구가 되었다. 그들은 아직 친구들이다.
    = James와 Mark는 10년 동안 친구로 지낸다.

EXERCISE E

01. has gone **02.** has taken **03.** have lost

EXERCISE F

01. 나는 막 내 일을 끝냈다. (완료)
02. 미나는 얼마나 오랫동안 아팠니? (계속)
03. 나는 제주도에 세 번 갔다 왔다. (경험)
04. 그는 제주도에 갔다. (완료 또는 결과)
05. 나는 방금 슈퍼에 갔다 왔다. (완료)
06. 나는 결코 그렇게 재미있는 경기를 해본 적이 없다. (경험)
07. 그는 시계를 잃어버렸다. (결과)
08. 나는 2년 동안 여기에서 살고 있다. (계속)
09. 나는 결코 파리에 간 적이 없다. (경험)
10. 오랜만이다. (계속)
11. 나는 10년 동안 뉴욕 시에서 살았다. (계속)
12. James와 Mark는 10년 동안 친구로 지냈다. (계속)
13. 알라딘에 관한 이야기를 읽었니? (경험)
14. 나는 이미 그 보고서를 썼다. (완료)
15. 나는 5년 동안 영어를 공부했다. (계속)

01. ②	**02.** ①	**03.** ③	**04.** ②	**05.** ④

06. Have you ever been to Jeju-do?

07. has never eaten		**08.** ⑤	**09.** ③	**10.** ①
11. have been, for		**12.** ②	**13.** ③	**14.** ⑤　**15.** ②
16. ⑤	**17.** ③	**18.** ④	**19.** ②	**20.** ③　**21.** ③

22. have learned

23. We have been friends

24. Sumi and Minsu have been friends for 15 years.

25. I have been a teen volunteer at a hospital for a month.

26. has gone to Hawaii

27. (1) I have ridden a horse. (2) Have you ever been to U.S.?

28. I have ridden a bike

29. (1) have lost (2) have used

30. ① has visited London ② hasn't eaten Greek food
　　③ haven't written letters in French

31. (1) gone → been (2) lose → lost

32. (1) twice (2) never been to

01. Have you ever + p.p. ~? : ~해본 적이 있니?

02. 'Have you ever heard his music?(그의 음악을 들어 본 적이 있니?)'라는 현재완료의 경험을 나타낸다.

03. Los Angeles에 가봤냐는 질문에 언젠가 가고 싶다고 말하고 있으므로 빈칸에는 가보지 못했다는 답변이 적합하다.

04. 빈칸 다음에 자신이 가본 유럽의 나라들을 나열하고 있으므로 빈칸에는 긍정의 대답이 들어감을 알 수 있다. 'Have you ever~?'에 대한 긍정의 대답은 'Yes, I have.'의 형태가 된다.

05. 'Who is he?'라고 물었으므로 B는 Picasso에 대해 들어 본 적이 없는 것을 알 수 있다. 현재완료로 질문할 때 대답은 「Yes, 주어 + have[has].」 또는 「No, 주어 + have[has] not.」으로 한다.

06. 현재완료시제의 의문문은 「Have[Has] + 주어 + 동사 ~?」의 형태로 쓰인다. have[has] been to + 장소 : ~에 가 본 적이 있다

07. 현재완료의 부정문은 「have[has] + 부정어(not/never) + p.p.」의 형태로 나타낸다. eat의 과거분사형은 eaten이다.

08. 과거에 시작한 일이 현재까지 영향을 미칠 때 사용하는 시제가 현재완료시제이므로 「have + p.p.」의 형태가 들어가야 하며 주어가 3인칭 단수이므로 have는 has로 쓴다.

09. 현재완료로 묻는 질문에는 현재완료로 답한다.

10. ① for ②③④⑤ since
for 뒤에는 '시간의 기간'에 해당하는 말이 오고, since 뒤에는 '과거의 한 시점'에 해당하는 말이 온다.

11. '~동안'을 의미하는 for는 '시간의 기간'에 해당하는 말과 함께 어울려 현재완료의 '계속' 용법에 쓰인다.

12. 과거에 있었던 일이 현재까지 영향을 미치는 경우 현재완료시제를 쓴다.

13. 보기의 문장은 현재완료의 '계속' 용법이다. ① 완료 ② 결과 ③ 계

속 ④ 경험 ⑤ 완료

14. ①②③④는 경험, ⑤는 계속

15. 보기와 ②는 현재완료의 '경험'을 나타내는 용법이다. ① 결과 ③ 계속 ④ 완료 ⑤ 완료

16. 보기와 ⑤는 현재완료 용법 중 '계속'에 해당하고 나머지는 '완료'이다.

17. ①②④⑤는 모두 '경험'을 ③은 '계속'을 나타낸다.

18. 〈보기〉 완료 ① 결과 ② 경험 ③ 계속 ④ 완료 ⑤ 계속

19. 〈보기〉 경험 ① 완료 ② 경험 ③ 완료 ④ 완료 ⑤ 계속
probably : 아마, statue : 상, 조각상

20. ③은 '계속'용법이고 나머지는 모두 '경험'용법으로 쓰였다.

21. a와 c는 현재완료의 '경험', b와 d는 현재완료의 '계속'용법으로 쓰인 문장이다.

22. 5년 전에 영어를 배우기 시작해서 아직도 배운다. = 영어를 5년 동안 배우고 있다.

23. 과거부터 시작된 동작이나 상태가 현재에도 계속되고 있음을 나타낼 때 현재완료(have[has] + p.p.)를 사용한다.

24. 수미와 민수는 15년 동안 친구로 지내왔다.

25. 과거부터 시작된 동작이나 상태가 현재에도 계속되고 있음을 나타낼 때 현재완료(have[has] + p.p)를 사용한다.

26. 「have[has] gone to + 장소」는 '~에 가버렸다(그래서 여기에 없다)'는 의미의 '결과' 용법의 현재완료형이다.

27. (1) ride - rode - ridden (2) 「have gone to」는 '~에 갔다(그래서 여기에 없다)'의 의미이고 「have been to」는 '~에 갔다 왔다'의 의미이므로, 여기에서는 gone을 been으로 고쳐야 한다.

28. 과거부터 현재까지의 경험을 나타낼 때 현재완료(have[has] + p.p.)를 사용한다. ride의 과거분사형은 ridden이다.

29. (1) 나는 카메라를 잃어버렸다. 그래서 지금 그것을 가지고 있지 않다. → 나는 카메라를 잃어버렸다.(그래서 지금 없다.) (2) 나는 3년 전에 이 자전거를 샀다. 나는 아직도 그것을 사용한다. → 나는 3년 동안 이 자전거를 이용하고 있다.

30. 과거부터 현재까지의 경험을 나타낼 때 현재완료(have[has] + p.p.)를 사용한다.
현재완료의 부정문은 「have[has] + 부정어[not/never] + p.p.」의 형태로 나타낸다. visit - visited - visited, eat - ate - eaten, write - wrote - written

31. (1) '그는 전에 해변에 가 본 적이 없다'는 경험을 의미하므로 gone → been
(2) lose - lost - lost
〈해석〉 해변에서 걷고 있는 한 소년이 있다. 그는 전에 그 해변에 가 본 적이 없다. 그는 길을 잃었다. 그는 매우 피곤하다. 그는 물

을 좀 찾는다. 그때 그는 말을 타고 있는 한 남자를 만났다. 그 소년은 태워 달라고 부탁한다. 그 남자는 아름다운 마음씨를 갖고 있다. 그 남자는 소년에게 그가 가진 물을 다 준다. 두 사람 다 말을 타고 계속 간다.

32. (1) two times인데 빈칸이 하나이므로 twice를 쓴다.

(2) have never been to ~ : ~에 가 본 적이 없다

unit 14 현재완료진행/과거완료/미래완료
[p.178 ~ 186]

EXERCISE A

01. have been waiting
02. have been studying
03. has been watching
04. has been raining for
05. has been raining since
06. has been using
07. have been planting, since
08. has been growing, for
09. has been talking on the phone for two hours
10. has been teaching here since 1997
11. has been snowing since yesterday
12. have been playing games for two hours

해석

01. 우리는 한 시간 전에 그녀를 기다리기 시작했다. 우리는 지금 아직도 기다리고 있다.
= 우리는 한 시간 동안 기다리고 있는 중이다.
02. 나는 5시간 전에 영어를 공부하기 시작했다. 나는 아직도 공부하고 있다.
= 나는 5시간 동안 영어를 공부하고 있는 중이다.
03. 아버지는 오후 7시에 TV를 보기 시작했다. 그리고 지금도 TV를 보고 계신다.
= 아버지는 오후 7시 이후에 TV를 계속 보고 계신다.
04. 2시간 전에 비가 내리기 시작했다. 그리고 아직도 비가 내린다.
= 두 시간 동안 비가 내리고 있다.
05. 오후 1시에 비가 내리기 시작했다. 지금도 비가 내리고 있다.
= 오후 한 시 이후에 계속 비가 내리고 있다.
06. 동생이 두 시간 전에 컴퓨터를 사용하기 시작했다. 그리고 아직도 그것을 사용하고 있다.
= 동생은 2시간 동안 컴퓨터를 사용하고 있다.
07. 나는 10살 때 나무를 심기 시작했다. 나는 아직도 나무를 심고 있다.
= 나는 10살 때 이후로 나무를 심고 있다.

08. Jake는 2년 전에 정원에 튤립을 재배하기 시작했다. 그는 아직도 그것들을 재배하고 있다.
= Jake는 2년 동안 정원에 튤립을 재배하고 있다.
09. 그는 두 시간 전에 전화통화를 시작했다. 그는 아직도 통화 중이다.
= 그는 두 시간 동안 통화를 하고 있는 중이다.
10. Mr. Jones는 1997년에 여기에서 가르치기 시작했다. 그리고 그는 지금도 가르치고 있다.
= Mr. Jones는 1997년 이후로 여기에서 가르치고 있다.
11. 어제 눈이 오기 시작했다. 그리고 지금도 눈이 오고 있다.
= 어제 이후로 눈이 오고 있다.
12. 그들은 두 시간 전에 게임을 하기 시작했다. 그들은 아직도 게임을 하고 있다.
= 그들은 두 시간 동안 게임을 하고 있는 중이다.

EXERCISE B

01. have been waiting
02. have been playing
03. have been planting
04. has been cooking
05. have been learning
06. have been walking

해석

01. 우리는 2시 이후로 그녀를 기다리고 있다.
02. 그들은 3시간 동안 배드민턴을 치고 있다.
03. 우리는 오염을 막기 위해 나무를 심어오고 있는 중이다.
04. 엄마는 한 시간 동안 요리를 하고 계신다.
05. 나는 5시간 동안 스페인어를 배우고 있는 중이다.
06. 나는 에너지를 절약하기 위해서 학교에 걸어 다니고 있다.

EXERCISE C

01. had gone
02. had eaten
03. had broken
04. had known
05. had, prepared
06. had lost
07. had bought
08. had, left
09. had, eaten
10. had not slept
11. had, begun
12. had, seen

해석

01. 내가 파티에 도착했을 때, Tom은 거기에 없었다. 그는 집에 갔었다.
02. Bill은 많은 아이스크림을 먹었기 때문에 아팠다.
03. 민수는 어제 학교에 갈 수 없었다. 왜냐하면 그는 지난주에 교통사고로 팔이 부러졌었다.

04. 내가 그의 가족을 만나기 전에 나는 오랫동안 그를 알고 있었다.

05. 내가 깨어났을 때, 그의 어머니는 이미 아침 식사 준비를 하셨다.

06. 나는 어제 잃어버린 그 시계를 찾았다.

07. 나는 그 전날 샀던 안경을 잃어버렸다.

08. 소년이 버스 정류장에 도착했을 때 그 버스는 이미 떠났었다.

09. 나는 배고프지 않았다. 나는 바로 전에 먹었었다.

10. 그들은 피곤했다. 그들은 24시간 동안 잠을 못 잤었다.

11. 내가 극장에 도착했을 때, 그 영화는 이미 시작됐었다.

12. 그가 누구인지 몰랐다. 나는 전에 그를 본 적이 없었다.

EXERCISE D

01. will have heard
02. will have left
03. will have finished
04. will have worked
05. will not[won't] have finished

학교시험 출제유형

01. ③	02. ②	03. ⑤	04. ③	05. ⑤	06. ④	07. ⑤
08. ④	09. ①	10. ⑤	11. ③	12. ①		

13. have been reading 14. ② 15. has been doing, for
16. has been using, since 17. ② 18. raining
19. ② 20. ③ 21. had left 22. had never seen
23. ① 24. had not gone 25. ④ 26. ⑤
27. ① 28. had taken 100 dollars
29. had broken the pot
30. ① have been waiting for the bus for ② has been working in London since

01. 과거 어느 시점에 시작된 동작이 아직도 계속되고 있을 때 현재완료진행형(have[has] been + ~ing)을 사용한다.

02. 과거 어느 시점에 시작된 동작이 아직도 계속되고 있을 때 현재완료진행형(have[has] been + ~ing)을 사용한다.

03. 과거에 시작되어 현재까지 계속되는 일은 현재완료진행형으로 나타낸다. 현재완료진행형은 「have[has] been + ~ing」의 형태로 나타낸다.

04. 현재완료진행형인 「have[has] been + ~ing」형태를 사용하여 과거에 시작한 일이 현재까지 영향을 미치거나 계속되는 상황을 나타낼 때 사용한다.

05. 1997년에 이곳에서 가르치기 시작해서 여전히 가르치고 있으므로 「have[has] been ~ing」의 현재완료진행형으로 나타낸다. for: ~동안, since : ~이래로

06. 주어가 3인칭 단수이므로 have가 아닌 has를 쓴다.

07. 「have[has] been + ~ing」는 현재완료진행형으로, 과거 어느 시점에 시작된 동작이 아직도 계속되고 있을 때 사용한다.

08. 앞 문장은 현재완료진행형이며 두 번째 문장은 현재진행형 문장이다.

09. 현재완료진행형이므로 「have[has] been + ~ing」를 써야 한다. ① 오후 1시 이후에 계속 비가 내리고 있다. It been → It has been

10. 현재완료진행형도 '진행'의 의미가 있으므로 love, like, know 등 상태를 나타내는 동사는 현재완료진행형으로 쓸 수 없다.

11. love, like, know와 같은 상태 동사는 진행형으로 쓸 수 없다. been knowing → known

12. [해석] 아프리카와 남아메리카의 열대우림이 빠르게 사라지고 있습니다. 저는 그곳에 나무들을 심을 계획이에요. 전 세계의 많은 젊은 자원 봉사자들이 우리 운동에 참가하길 바랍니다. disappear는 '사라지다'의 뜻을 갖는 자동사이므로 been disappeared처럼 수동태로 쓸 수 없다. 위 문장에서는 현재완료진행형인 have been disappearing을 써야 한다.

13. 과거 어느 시점에 시작된 동작이 아직도 계속되고 있을 때 현재완료진행형(have[has] been + ~ing)을 사용한다.

14. 과거 어느 시점에 시작된 동작이 아직도 계속되고 있을 때 현재완료진행형(have[has] been + ~ing)을 사용한다.

15. '~동안'의 의미로 for를 사용한다.

16. '~이래로, ~이후로'의 의미로 since를 사용한다.

17. ②는 for(~동안), 나머지는 모두 since(~이래로, ~이후로)가 들어간다.

18. 과거 어느 시점에 시작된 동작이 아직도 계속될 때 진행 중인 상황을 강조하기 위해 현재완료진행형(have[has] been + ~ing)을 사용한다.

19. know와 같이 상태를 나타내는 동사는 현재완료진행형을 쓸 수 없다.

20. 도둑이 창문을 통해 도망간 것이 더 먼저 일어난 일이므로 과거완료(had + p.p.) 시제를 써야 한다.

21. 기차가 출발한 것이 더 먼저 일어난 사건이므로 과거완료(had + p.p.) 시제를 쓴다.

22. 과거의 어느 시점을 기준으로 더 이전 시제에 대해서는 과거완료(had + p.p.)로 나타낸다.

23. 가방을 잃어버린 사건이 가방을 찾은 것보다 이전의 일이므로 과거완료시제(had + p.p.)를 사용하여 나타낸다.

24. 과거의 어느 시점을 기준으로 더 이전 시제에 대해서는 과거완료(had + p.p.)로 나타낸다.

25. 그의 어머니가 무언가를 말씀하신 것이 더 먼저 일어난 사건이므로 과거완료(had + p.p.) 시제를 쓴다.

26. 과거의 어느 시점을 기준으로 더 먼저 일어난 사건에 대해서는 과거완료(had + p.p.)로 나타낸다.

27. 영화를 본 것이 영화에 대하여 이야기하는 것보다 이전 시제이므로 saw를 had seen으로 써야 한다.

28. 그 남자가 그녀에게서 100달러를 가져간 것이 더 먼저 일어난 사건이므로 과거완료(had + p.p.)로 나타낸다. take의 과거분사형은 taken이다.

29. Jane이 항아리를 깨뜨린 것이 더 먼저 일어난 사건이므로 과거완료(had + p.p.)로 나타낸다. break의 과거분사형은 broken이다.

30. 과거 어느 시점에 시작된 동작이 아직도 계속되고 있을 때 현재완료진행형(have[has] been + ~ing)을 사용한다. for : ~동안, since : ~이래로, ~이후로

Chapter 05

unit 15 조동사의 의미와 특징, can[could]
[p.188 ~ 198]

EXERCISE A

01. Can **02.** must **03.** may **04.** May
05. may

EXERCISE B

01. My mother may be angry.
02. Susan can speak Chinese.
03. Can you help me with my homework?
04. He can't swim.
05. They can't come to the party.

EXERCISE C

01. He cannot[can't] speak Chinese.
그는 중국어를 말할 수 없다.
02. Can you call me after school?
너는 수업 끝나고 전화할 수 있니?
03. He is able to cook spaghetti very well.
04. Without parents' love, the baby isn't able to grow up safe.
해석
01. 그는 중국어를 말할 수 있다.
02. 너는 수업 끝나고 전화를 할 수 있다.
03. 그는 스파게티 요리를 잘할 수 있다.

04. 부모님들의 사랑 없이 아이는 안전하게 자랄 수 없다.

EXERCISE D

01. can **02.** can **03.** couldn't **04.** couldn't
05. can **06.** can't
해석
01. A : 어떤 음식을 만들 수 있어요?
B : 불고기를 만들 수 있어.
02. 고양이는 점프할 수 있지만 수영할 수는 없다.
03. 내 친구들은 내 숙제를 도와주지 않았다. 그래서 나는 내 숙제를 끝마칠 수 없었다.
04. 나는 하루 종일 내 가방을 찾았다. 그러나 찾을 수가 없었다.
05. A : 여보세요. Tom 좀 바꿔 주시겠어요?
B : 전데요.
06. 그녀는 지금 친구들과 자전거를 타고 있다. 그녀가 아플 리가 없다.

학교시험 출제유형

01. ②	**02.** ①	**03.** ①	**04.** ④	**05.** ④	**06.** ③	**07.** ⑤
08. ⑤	**09.** ①	**10.** ④	**11.** ⑤	**12.** ⑤	**13.** ④	
14. can, can't		**15.** ⑤	**16.** can swim, cook			**17.** ④
18. ①	**19.** am able to		**20.** is not able to draw			**21.** ④
22. ②	**23.** ⑤	**24.** ④	**25.** ①	**26.** ②		
27. was not able to		**28.** ③	**29.** ⑤			
30. No, I can't Yes,				**31.** No, she can't, Yes, he can, can		
play, can't ride	**32.** ④		**33.** ⑤	**34.** ⑤	**35.** ④	
36. ②	**37.** ①, Can you understand English?,					
	③, Can she make cookies?					
38. (1) He can't swim. (2) Can she play the piano?						
39. You can't turn left						
40. She isn't able to swim.						
41. Mina could climb a tree. → Mina was able to climb a tree.						
→ They can ride a bike.						
→ They are able to ride a bike.						
42. Are you able to cook?						

01. You can do it. 너는 (할 수 있어.)
02. no problem은 '문제없어', '괜찮아'의 의미이므로 빈칸에 거절의 표현은 올수 없다.
03. ①은 Yes와 can't가 함께 쓰여서 어색하다.
04. 조동사 can으로 물었으므로 can으로 답한다. 부정의 말이 와야하므로 can't가 적절하다.
05. 조동사는 주어의 인칭과 수에 따라 변하지 않으며, 조동사 다음에는 항상 동사원형이 온다. 주어가 3인칭 단수이므로 ①의 cook은 cooks가 되어야 한다.

06. ① Do → Are, be good at : ~을 잘하다 ② to → 삭제 ④ reads → read ⑤ cooks → cook

07. A는 B에게 문을 닫아 달라고 부탁하고 있는데 ⑤는 '응. 너는 할 수 있어.'라는 의미로 빈칸에 어색하다.

08. 'No problem.'은 '문제없어.'라는 의미로 수락의 의미이고, 'No, I can't.'는 '할 수 없다.'는 거절을 의미한다.

09. 조동사는 주어의 인칭이 무엇이든지 형태가 변하지 않으며 조동사 다음에는 동사원형이 온다. ② cans → can ③ walks → walk ④ wanting → want ⑤ sleeping → sleep

10. 조동사 뒤에는 항상 동사원형이 온다. rides → ride

11. ① cans → can ② makes → make ③ to speak → speak ④ Does he can → Can he

12. 「Can + 주어 + 동사원형 ~?」이 의문문 구조이고, 접속사 or의 앞과 뒤에 위치한 동사의 형태는 같아야 한다. 따라서 fly도 swim과 같은 원형이어야 한다.

13. penguins가 복수이므로 대명사는 they로 받는다.

14. can : ~ 할 수 있다 / can't : ~ 할 수 없다

15. 나는 수영을 잘하는 사람이 아니다. = 나는 수영을 잘 하지 못한다.

16. can은 '~ 할 수 있다'라는 뜻으로 가능을 나타내며 뒤에 동사원형이 온다.

17. 조동사 can은 'be able to'로 대체 가능하며 to 뒤에는 동사원형이 온다.

18. can 이나 cannot 다음에는 반드시 동사원형을 써야 한다.

19. can은 be able to로 고쳐 쓸 수 있다.

20. cannot + 동사원형 = be not able to + 동사원형

21. ④는 '~일리가 없다'는 부정적 추측, ①②③⑤는 '~할 수 없다'는 뜻으로 조동사 can이 능력을 나타낸다.

22. ②의 조동사 can은 '허가'의 의미를 갖고 나머지는 '능력, 가능'의 의미로 쓰였다.

23. ⑤의 can은 '요청'의 의미로 쓰였고, 나머지는 '가능'의 의미로 쓰였다

24. 보기와 나머지는 can이나 can't가 '능력'을 의미하는 조동사로 쓰였는데 ④는 '허가' 혹은 부정문에서 '불허, 금지'를 의미하는 조동사로 쓰였다. ④ 동물원에 있는 동물들에게 먹이를 주면 안 된다

25. can의 미래형은 will be able to로 쓴다.

26. 조동사는 두 개를 나란히 쓸 수 없다. 시제를 나타내는 조동사가 앞에 와야 하므로 will not을 먼저 쓰고 뒤에 가능을 나타내는 조동사 can을 be able to로 바꿔 쓴다.

27. couldn't는 was[were] not able to로 바꿔 쓸 수 있다

28. 과거의 '가능, 능력'을 나타내는 말은 could이다. 〈해석〉 우리할아버지는 지금은 빨리 달릴 수 없지만 젊으셨을 때는 빨리 달릴 수 있으셨다.

29. 작년에는 못 쳤지만 지금은 칠 수 있다는 의미이므로 couln't가 알

맞다.

30. 빈칸 다음에 앞의 의견과 반대되는 상황을 말할 때 쓰는 접속사 but이 있으므로 'No, I can't'가 적절하다.

31. can : ~ 할 수 있다 can't : ~ 할 수 없다

32. A: 내가 그 공짜 표를 얻을 수 있니?
B: 응. 그래. 너는 운이 좋구나

33. 박스가 무거워서 옮길 수 없으므로 couldn't가 알맞다.

34. 미래와 능력, 가능을 동시에 나타낼 때 will be able to를 쓴다

35. can't+동사원형 : ~일리가 없다
〈해석〉 Joe는 충분히 먹었다. 그는 배고플 리가 없다.

36. 그는 여기에서 오래 살지 않았다. 그가 많은 사람을 알고 있을 리 없다(추측).
② 그 소식은 거짓일 리가 없다(추측). / 나머지는 모두 불가능을 의미한다.

37. 조동사 can의 의문문은 「can + 주어 + 동사원형 ~?」의 구조로 쓴다.

38. 조동사가 있는 문장의 부정문은 「조동사 + not」으로, 의문문은 조동사가 문장 맨 앞으로 가고 끝에 물음표를 붙인다

39. 당신은 여기에서 좌회전 할 수 없습니다.

40. 그녀는 수영할 수 없다. can = be able to / can't = be not able to

41. can = is[are] able to
could = was[were] able to

42. can은 be able to로 바꿔 쓸 수 있다.

unit **16** may, might [p.199 ~ 206]

EXERCISE A

01. 너는 여기에 머물러도 좋다. 〈허가〉

02. 그는 피곤할 지도 모른다. 〈추측〉

03. 제가 질문 하나 해도 되나요? 〈허가, 부탁〉

04. 그는 모레 여기에 올지도 모른다. 〈추측〉

05. 내일 비가 올지도 모른다. 〈추측〉

EXERCISE B

01. be sunny	**02.** be	**03.** may	**04.** arrive
05. be able to	**06.** not rain	**07.** meet	**08.** ask

해석

01. 이번 토요일에 날씨가 화창할지도 모른다.

02. 그는 도서관에 있을지도 모른다.

03. 그녀는 내일 여기에 도착할지도 모른다.

04. 그는 곧 도착할지도 모른다.

05. 그녀는 그 문제를 풀 수 있을지도 모른다.

06. 내일 비가 안 올지도 모른다.

07. 그들은 버스 정류장에서 만날지도 모른다.

08. 질문 하나 해도 되나요

EXERCISE C

01. may be
02. may go
03. may be
04. may not have
05. may rain
06. may arrive
07. may leave
08. May, ask

학교시험 출제유형

01. ③	02. ④	03. ①	04. ④	05. ③	06. ③	07. ④
08. ③	09. ①	10. ④	11. ④	12. ③	13. ④	14. ①
15. ⑤	16. ⑤	17. He may not come tomorrow				18. ①
19. ⑤	20. ⑤	21. ④	22. ③	23. ④	24. ④	25. ②
26. ②	27. ⑤	28. ⑤	29. ⑤	30. ③	31. ⑤	32. ①
33. ④	34. She may be tired today					
35. It may rain tomorrow. 36. may have some						
37. (1) may not come (2) may rain later						
38. She may be good at dancing.						
39. Kevin may not be late.						
40. She may know his email address 그녀는 그의 이메일 주소를 알고 있을지도 모른다						
41. may not be						

01. A : 들어가도 되나요? B : 예, 들어오셔도 됩니다.

02. 'May I ~?'는 '내가 ~해도 될까요?'라는 의미로 상대방의 허락을 구하는 표현이다.

03. 상대방의 연필을 사용해도 되는지 허락을 구하는 물음에 '응, 그럴 거야.'라는 응답은 적절하지 않다.

04. 'May I ~?'로 물었으므로 허가를 하지 않을 때는 'No, you may not.'으로 답한다.

05. '안돼요. 앉으세요.'는 서로 상반되는 말이다.

06. 나머지는 상대의 허락을 구하는 표현이고 may가 의문문으로 쓰이면 주어는 무조건 'I'로만 사용된다.

07. ④는 '나는 너에게 동의하지 않아.'라는 의미로, 허락을 구하는 질문에 대한 답으로 적절하지 않다.

08. '~일지도 모른다'는 추측의 의미를 가지는 조동사 may가 적절하다.

09. 허락 · 허가를 구할 때 may 대신 can을 쓸 수 있다

10. 조동사 may에 not이 추가되어 부정문을 만든다

11. 조동사의 부정문은 「조동사 + not + 동사원형」으로 나타낸다.

12. ① may be not → may not be ② 조동사 두 개를 나란히 쓸 수 없다. ④ may don't → may not ⑤ may 혹은 may not 다음에는 반드시 동사원형이 와야 한다. may not good → may not be good

13. 조동사 may 다음에는 동사원형이 오고, 조동사를 두 개 이상 같이 쓸 수 없다. ① rain may → may rain ② arrives → arrive ③ has → have ⑤ may can → may be able to

14. 조동사 may 다음에는 동사원형이 와야 한다. may sick → may be sick

15. 조동사 may는 동사원형을 수반하고 다른 조동사와는 함께 쓰일 수 없다. ① didn't may → may not ② mays → may ③ could may → may ④ likes → like

16. 'may not'은 '~하지 않을 지도 모른다'라는 부정의 의미로 「may not + 동사원형」으로 쓴다.

17. 조동사 may의 부정문은 「may not + 동사원형」으로 나타낸다.

18. May I speak to ~? : ~와 통화할 수 있을까요?

19. may에는 '~해도 좋다'는 허락의 뜻과 '~일지도 모른다'는 추측의 뜻이 있다. 조동사가 추측으로 쓰이는 경우는 주어가 3인칭인 경우가 많다.

20. ⑤는 허락을 나타내고 나머지는 추측을 나타낸다

21. ④는 허가이고 나머지는 추측을 의미한다. 허가는 대화 시 상대방(2인칭)에게 하는 경우 혹은 상대방에게 'May I ~?'형태로 묻는 경우가 많다. 추측은 주로 대화에 참여하지 않은 3인칭인 경우가 많다.

22. ③ 허가 ①②④⑤는 추측

23. ④ 허가 ①②③⑤는 추측

24. 보기와 나머지는 '~일지도 모른다'의 추측의 의미이고 ④는 '~해도 된다'의 허락의 의미이다.

25. ①, ③, ④, ⑤는 '부탁 좀 들어주실래요?'의 의미이다.

26. ①, ③, ④, ⑤는 허가를 ②는 추측을 나타낸다.

27. 빈칸에는 Josh가 전화를 받지 않는 상황에서 일어날 가능성이 있는 일을 추측하는 대답이 와야한다. ⑤ 그는 지금 집에 없을지도 몰라.

28. ⓔ는 '~일지도 모른다'는 추측의 의미, ⓐ~ⓓ는 허가(가능)의 의미로 쓰였다.

29. take[have] a look at : ~을 보다 ⑤는 '너는 그것을 좀 볼 수 있니?'의 의미, 나머지는 모두 '그것을 좀 봐도 될까요?'의 의미이다.

30. ③ B의 말에서 그녀가 여기에 아직 오지 않았다는 사실로 그녀가 화가 났을 지도 모른다고 추측하는 것은 자연스럽지 않다. "그녀는 아마 늦을지도 모른다."정도의 추측이 가능하다. 그러므로 upset을 late로 고친다면 적절한 대화가 될 수 있다.

31. might 역시 may와 마찬가지로 '~일지도 모른다'는 추측의 의미를 나타낸다.

32. ① may ②③④ may not 혹은 cannot ⑤ may not

33. may as well + 동사원형 : ~하는 것이 좋겠다 (= had better + 동사원형)
may well + 동사원형 : ~하는 것이 당연하다 (= It is natural that ~, have good reason to + 동사원형)

34. may는 조동사이므로 주어가 3인칭 단수라도 '-s'를 붙이지 않으며, 다음에는 항상 동사원형이 온다.

35. '~할지도 모른다'는 조동사 may로 표현한다.

36. may + 동사원형 : ~일지도 모른다

37. may + 동사원형 : ~일지도 모른다, may not + 동사원형 : ~하지 않을 지도 모른다.

38. may + 동사원형 : ~일지도 모른다. 그녀는 춤을 잘 출지도 모른다.

39. 조동사가 있는 문장의 부정문은 조동사 다음에 not을 넣어 만든다.

40. 조동사 may는 인칭의 수와 관계없이 뒤에 동사원형을 수반한다.

41. '~이 아닐지도 모른다'는 뜻을 가진 may not을 사용하여 문장을 완성한다. 「There is[are] ~」구문을 이용하여 '~이 있다'는 표현을 나타낼 수 있는데 조동사 may 다음에 be동사는 동사원형을 쓴다는 것에 주의한다.

unit 17 must, have to
[p.207 ~ 216]

EXERCISE A
01. have to **02.** has to **03.** need not **04.** need to

해석

01. 너는 지금 잠자리에 들어야 한다.

02. 그녀는 일찍 거기에 도착해야 한다.

03. 너는 걱정할 필요가 없다.

04. 그는 걱정할 필요가 없다.

EXERCISE B
01. She has to be careful.

02. Does she have to save money?

03. You have to be quiet. We are in the library.

해석

01. 그녀는 조심해야 한다.

02. 그녀는 돈을 저축해야 하니?

03. 너는 조용히 해야 한다. 우리는 도서관에 있다.

EXERCISE C
01. must not

02. don't have to

03. must [has to]

04. have to

해석

01. 우리는 인스턴트식품을 너무 많이 먹지 말아야 한다.

02. 너는 문을 잠글 필요 없다. 여동생이 이미 잠갔다.

03. 그는 운전할 때 주의해야 한다.

04. 나는 내일 교과서를 가져와야 되나요?

EXERCISE D
01. has → have

02. have → has

03. must to → must

04. wearing → wear

05. musted → had to

06. don't → doesn't

07. needs → need

08. will must → will have to

해석

01. 너는 너의 이를 닦아야 한다.

02. 그녀는 그녀의 방을 청소해야 한다.

03. 너는 그 약을 먹어야 한다.

04. 그들은 유니폼(단체복)을 입어야 한다.

05. 그들은 어제 일찍 일어나야 했다.

06. 그는 걱정할 필요가 없다.

07. 그는 걱정할 필요가 없다.

08. 나는 이번 금요일까지 내 숙제를 끝마쳐야 할 것이다.

EXERCISE E
01. must **02.** have **03.** have to **04.** must

EXERCISE F
01. must be **02.** can't be **03.** must go

해석

01. 그가 정직한 것이 확실하다 = 그는 정직함에 틀림없다.

02. 그가 정직하다는 것은 불가능하다. = 그는 정직할 리가 없다.

03. 너는 거기에 가야할 필요가 있다. = 너는 거기에 가야 한다.

학교시험 출제유형

01. ④	**02.** ②	**03.** must	**04.** have to	**05.** ⑤
06. ④	**07.** has to	**08.** ④	**09.** ②	**10.** ④
11. don't have to bring		**12.** ①	**13.** ②	**14.** ③	**15.** ④
16. ⑤	**17.** ③	**18.** must	**19.** ①	**20.** ③
21. doesn't have to		**22.** ②	**23.** ①	**24.** ④	**25.** ③
26. ⑤	**27.** ②	**28.** ②	**29.** ③	**30.** ②	**31.** ③	**32.** ①
33. ③	**34.** ②	**35.** ⑤	**36.** must not		**37.** must
38. doesn't have to		**39.** ④	**40.** have to

41. (1) has to do his homework (2) has to clean her room

42. They don't have to wear a school uniform.

43. I don't need to worry about the battery anymore.
또는 I need not worry about the battery anymore.

44. must be tired

45. (1)has to study harder (2) has to find his book

01. ④ ~ 임에 틀림없다 ①②③⑤ ~ 해야만 한다

02. must : ~해야 한다 must not : ~해선 안된다

04. must가 '~해야 한다'는 의미일 때 'have to'로 바꿔 쓸 수 있다.

05. 주어가 3인칭 단수이므로 have to를 has to로 바꾸어야 한다.

06. have to + 동사원형 : ~해야 한다(= must + 동사원형)

07. 수업은 8시에 시작한다. 지금 7시 50분이다. Jenny는 일어나야 한다.

08. 주어진 문장과 ①,②,③,⑤는 '이제 가봐야겠습니다.'의 의미이지만 ④는 지금 갈 수 없다는 의미이다.

09. have to(~해야만 한다) ↔ don't[doesn't] have to(~할 필요가 없다)
must not : ~해선 안된다

10. don't have[need] to + 동사원형 = need not + 동사원형 : ~ 할 필요가 없다

11. '너는 아무 것도 가져올 필요 없어.'라는 의미가 되어야 하므로 'don't have to bring'이 적절하다.

12. 미래에는 일을 하기 위해서 사무실에 출근할 필요가 전혀 없을 것이다.
don't have to의 미래형은 won't have to이다. not ~ at all : 결코 ~ 않다

13. 조동사는 동시에 쓸 수 없다. must will → will have to

14. 조동사 must는 수의 영향을 받지 않으므로 어떤 경우에도 s가 붙지 않고, 뒤에 항상 동사원형을 동반한다. must not은 mustn't로 줄여 쓸 수 있다.
① to keep → keep ② musts → must ④ plays → play
⑤ to take → take

15. ① to do → do ② comes → come ③ careful → be careful
⑤ to not arrive → not to arrive

16. ⑤ has → have
have[has] to는 주어의 수에 따라 일치시켜준다. 의문사가 있는 일반동사의 의문문은 「의문사 + do[does] + 주어 + 동사원형 ~?」으로 나타낸다.

17. (a) have → have to (b) has to → have to (c) keeps → keep
(d) don't have to late → must not be late (책 반납이 늦지 않아야 한다.)

18. must는 '필요'를 뜻하며 '~해야 한다'의 의미이다.

19. don't have to ~ : ~할 필요 없다

20. don't have to = need not : ~할 필요가 없다

21. 주어가 Kate로 3인칭 단수이므로 doesn't have to를 써서 '~할 필요가 없다'는 의미를 나타낸다.

22. 내용상 '그녀는 어제 열심히 공부를 해야 했다.'이므로 has to는 과거형인 had to로 바꿔야 한다.

23. 주어가 3인칭 복수이므로 have to[must]를 써야 한다.

24. 과거시제에는 had to를 쓴다.

25. must not은 '~해서는 안 된다'라는 강한 금지를 나타낸다.

26. 보기와 ⑤의 must는 '필요, 의무', ①, ②, ③, ④는 '추측(~임에 틀림없다)'을 나타낸다.

27. 보기와 ②는 '~임에 틀림없다'라는 강한 추측을 나타내며, 나머지는 '~해야 한다'라는 의무의 의미이다.

28. ①, ③, ④, ⑤는 '~해야 한다'의 의미로 ②는 추측(~일지도 모른다)의 의미로 쓰였다.

29. 〈보기〉의 must는 추측을 나타낸다. ③은 추측 ①②④⑤는 의무를 나타낸다. 조동사의 의미가 추측의 의미로 쓰일 때는 주어가 3인칭이거나 조동사 다음에 be동사가 오는 경우가 많다.

30. ①③④⑤는 모두 '의무'를 나타내지만, ②는 강한 추측을 나타내므로 'have to'로 바꾸어 쓸 수 없다.

31. ③ '그는 안색이 좋지 않다. 그는 아플 리가 없다.'의 뜻으로 can't를 must로 바꿔야 한다.

32. must not + 동사원형 : ~하면 안 된다

33. It is certain that ~ = must be : ~임에 틀림없다

34. must be : ~임에 틀림없다
김 선생님은 건강이 좋아 보이지 않는다. 그녀는 편찮으신 게 틀림없다.

35. ①, ②, ③, ④는 모두 '~을 해야 한다, 할 필요가 있다'를 나타내어 '의무'를 강조하는 문장이며, ⑤는 강한 '추측'을 나타내는 문장이다.

36. Mike는 심한 감기에 걸렸다. 그래서 지금 수영하면 안 된다.

37. A : 밖에 나가도 되나요? B : 그래, 하지만 9시까지 돌아와야 한다.

38. 그녀는 내일 일하러 가지 않는다. 그래서 그녀는 내일 아침에 일찍 일어날 필요가 없다.

39. '~해야 했다'라는 과거시제를 표현할 때 must는 과거형이 없으므로 같은 의미로 사용되는 have to의 과거형인 had to를 사용한다.

40. 내용상 '~해야만 한다'라는 의미의 have to가 알맞다. 의문문이므로 동사원형으로 나타낸다.
A : Jenny는 새 MP3 플레이어를 사기 위해서 무엇을 해야 할까?
B : 용돈을 절약해야만 해.

41. do one's homework : ~의 숙제를 하다
clean one's room : ~의 방을 청소하다

42. '그들은 교복을 입지 않아도 된다.'는 말은 '그들은 교복을 입을 필요가 없다.'의 의미이므로 don't have to(~할 필요가 없다)를 써서 나타낸다.

43. need는 일반동사와 조동사로 모두 쓰일 수 있다. 조동사로 쓰일 때는 need 다음에 not을 넣어 부정문을 만들고, need 다음에는 동사원형을 쓴다. (= need not worry). need를 일반동사로 사용한다면 don't need to worry 형태처럼 don't를 써서 부정문을 만들고, need 다음에 to부정사 형태로 써야 한다.

44. must : ~임에 틀림없다

45. have[has] to + 동사원형: ~해야만 한다 study harder:더 열심히 공부하다find his book: 그의 책을 찾다

EXERCISE A

01. should	**02.** ought not to
03. ought to	**04.** shouldn't
05. shouldn't	**06.** should
07. should	

해석

01. 너는 더 많은 과일을 먹어야 한다.

02. 너는 그렇게 운전하면 안 된다.

03. 지금 비가 오고 있다. 너는 우산을 가져가야 한다.

04. 너는 너무 많은 사탕을 먹으면 안 된다. 치아에 좋지 않다.

05. 너는 정말 안 좋아 보인다. 너는 더 이상 일하면 안 된다.

06. 나는 내일 아침 5시에 떠날 예정이다. 그래서 나는 오늘밤 일찍 잠을 자야 한다.

07. 너의 자동차는 너무 오래됐다. 네가 새 자동차를 사야 한다고 생각한다.

EXERCISE B

01. should	**02.** should
03. shouldn't	**04.** should
05. shouldn't	

해석

01. 나의 고양이는 배고파 보인다. 나는 그녀에게 먹이를 줘야한다.

02. 윤수야, 네 방을 봐. 너는 너의 방을 청소해야 해.

03. 윤호야, 너 다음 주에 시험이 있어. 너는 만화책을 읽으면 안 돼.

04. 윤미야, 벌써 8시야. 너 일어나야 해.

05. 그는 TV를 보지 말아야 한다. 그는 항상 TV를 본다.

EXERCISE C

01. touch	**02.** write
03. not be	**04.** do
05. should	**06.** not do

해석

01. 나는 여드름을 만지지 않아야 한다.

02. 수지는 감사카드를 써야 한다.

03. 지호와 Sam은 다시는 늦지 않아야 한다.

04. 너는 운동을 좀 해야 한다.

05. 그녀는 점심을 먹기 전에 손을 씻어야 한다.

06. 너는 심한 운동을 하지 않아야 한다.

EXERCISE D

01. go	**02.** study
03. drive	**04.** listen
05. not turn	

해석

01. 너는 학교에 일찍 가는 게 좋다.

02. 너는 좀 더 열심히 공부하는 게 좋다.

03. 너는 아주 신중하게 운전을 하는 게 좋다.

04. 나는 음악을 듣지 않는 편이 낫다.

05. 나는 TV를 틀지 않은 편이 낫다.

EXERCISE E

01. to go → go	**02.** ran → run

03. didn't have better talk → had better not talk

04. to go → go

EXERCISE F

01. You should not tell a lie.

02. You ought not to smoke.

03. You had better not eat too much.

04. She should not skip breakfast.

해석

01. 거짓말하지 말아야 한다.

02. 담배피우지 말아야 한다.

03. 너무 많이 먹지 않는 것이 좋다.

04. 그녀는 아침을 걸러서는 안 된다.

학교시험 출제유형

01. ②	**02.** ②	**03.** ②, ⑤	**04.** ②	**05.** ⑤	**06.** ⑤
07. ③	**08.** ④	**09.** ④	**10.** ②	**11.** should be	

12. 부정문 I should not go to school tomorrow. 의문문 Should I go to school tomorrow?

13. ①	**14.** ought not to	**15.** I should	**16.** ④	**17.** ②	
18. ④	**19.** ③	**20.** ③	**21.** ④	**22.** ①	**23.** ②	**24.** ①

25. had better not   **26.** should not touch

27. You should not use your cell phone in class.

28. shouldn't walk   **29.** You should see the doctor.

30. You had better not

31. (1) shouldn't eat that cake (2)should get up early

32. (1) He ought not to be late for the meeting.
(2)You had better not talk loudly.

33. had better not get up   **34.** I had better not go out tonight

35. had better not talk

01. 조동사 뒤에는 반드시 동사원형이 와야 하므로 -s가 붙은 3인칭 단수 동사는 올 수 없다.

02. should의 부정문은 not이 조동사 should 바로 뒤에 온다.

03. 조동사 should 다음에는 동사원형이 온다. ② listening → listen ⑤ to clean → clean

04. 조동사(should) 다음에는 항상 동사원형이 온다. ① leaving → leave ③ goes → go ④ should watch not → should not watch

⑤ drinks → drink

05. ① to take → take ② fight not → not fight ③ staying → stay
④ be study → study

06. ① studies → study ② should do not → should not ③ Do I
should go → Should I go ④ should be not → should not be

07. 조동사 should의 의문문은 「Should + 주어 + 동사원형 ~?」으
로 써야 하고 should 뒤에는 반드시 동사원형이 와야 한다. ① am
→ be ② doesn't should → should not ④ shoulds → should ⑤
comes → come

08. ought to(~해야 한다)의 부정문은 ought not to이다.

09. 길은 건널 때 좀 더 조심해야 한다. should + 동사원형: 해야 한다.

10. 너무 오랫동안 통화하지 마라. = 너는 너무 오랫동안 통화하지 말
아야 한다.

11. '조용히 하다'는 영어로 be quiet이고, 충고할 때 조동사는 보통
should를 쓴다.

12. 「should not + 동사원형」은 '~해서는 안 된다', 「Should + 주어 +
동사원형 ~?」은 '~해야 하는가?'의 의미이다.

13. 「ought to + 동사원형」은 '~해야만 한다'라는 의미로 「should + 동
사원형」과 같은 표현이다.

14. 조동사 ought to의 부정은 「ought not to + 동사원형」이다.

15. 「의문사 + to부정사」는 「의문사 + 주어 + should + 동사원형」과 바
꿔쓸 수 있다.

16. ① not better → better not ② stay not → not stay ③ would →
had ⑤ eats → eat

17. '~하는 것이 좋다'라는 충고의 표현은 「had better + 동사원형」으로
표현하고, 부정형은 「had better not + 동사원형」으로 표현한다.

18. 「had better + 동사원형」은 '~하는 게 좋다'라는 표현이다.

19. '~하지 않는 것이 좋다'는 「had better not + 동사원형」으로 표현한
다.

20. had better + 동사원형 : ~하는 게 좋다

21. stay up all night : 밤을 꼬박 새다 / 내일 일찍 일어나야 한다고
했으므로 일찍 자야 한다는 충고가 적절하다.

22. 「had better not + 동사원형」은 '~하지 않는 게 좋다'라는 표현이
다. .

23. A : 밥을 더 먹어도 될까요?
B : 그래, 하지만 천천히 먹는게 좋겠다.

24. 「had better + 동사원형」의 부정형은 「had better not + 동사원형」
으로 쓰고
'~하지 않는 것이 좋겠다'라고 해석한다.

25. had better not + 동사원형 : ~하지 않는 것이 좋겠다

26. 조동사 should의 부정문은 「should + not + 동사원형」으로 나타낸
다.

27. should not + 동사원형 : ~하면 안된다

28. 잔디에 들어가지 마시오.

29. should + 동사원형 : ~해야 한다

30. 「had better + 동사원형」의 부정문은 「had better not + 동사원형」
으로 쓴다.

31. should + 동사원형 : ~해야 한다
should not + 동사원형 : ~해서는 안 된다

32. (1) ought not to + 동사원형 : ~하지 않는게 좋다
(2) 「had better + 동사원형」의 부정문은 「had better not +동사원
형」이다.

33. 「had better not + 동사원형」은 '~하지 않는 게 좋다'라는 표현이
다.

34. 「had better + 동사원형」의 부정형은 「had better not + 동사원형」
으로 쓴다.

35. 화가 난 선생님이 수업 중에 친구들과 떠드는 Mike에게 '떠들지 않
는 게 좋겠어.'라고 당부하는 표현이 들어가야 한다. 「had better
not + 동사원형」은 '~하지 않는 게 좋겠다'라는 표현이다.

unit 19 shall, will, would [p.225 ~ 231]

EXERCISE A

01. Shall, Why, about, Let's   **02.** Let's
03. Shall I   **04.** shall

해석
01. 오늘 박물관에 갈까?
  = 오늘 박물관에 가는 게 어때?
  = 오늘 박물관에 가는 게 어때?
  = 오늘 박물관에 가자.
02. 우리 미래에 관해 이야기 하자, 그럴래?
03. 내가 그 문을 열기를 원하니?
  = 내가 그 문을 열까?
04. 몇 시에 만날까?

EXERCISE B

01. He will be a singer.
02. She will get up early tomorrow.
03. I will have to clean the room.
04. Everyone will be able to take part in the game

해석
01. 그는 가수가 될 것이다.
02. 그녀는 내일 일찍 일어날 것이다.
03. 나는 그 방을 청소해야 할 것이다.
04. 누구나 그 경기에 참가할 수 있을 것이다

01. will
02. will
03. Shall
04. will
05. Will

해석

01. 나는 그녀가 내년에 그 시험에 합격할 것이라 생각한다.

02. 나는 네가 다음에는 더 잘 할 것이라 확신한다.

03. 날씨가 아주 좋다. 같이 산책할까?

04. 나에게 그 사실을 말해 주시오. 그래 주시겠어요?

05. 나에게 너의 엽서를 보여줄래?

01. would
02. would
03. would
04. Would
05. rather

해석

01. 그녀는 여기에 온다고 말했다.

02. 나는 그녀가 그 다음날 우리를 방문할 것이라고 생각했다.

03. 나는 그녀가 그 다음날 나에게 전화해 주기를 바랐다.

04. 커피 한잔 하시겠어요?

05. 나는 책을 읽느니 차라리 TV를 보는 것이 낫겠다.

학교시험 출제유형

01. ④	02. ②	03. ④	04. won't	05. ②	06. ⑤	07. ③
08. ③	09. ①	10. ③	11. ②	12. ④	13. ③	14. ④
15. ⑤	16. ②	17. ⑤	18. ④	19. ②	20. ③	21. ①
22. ③	23. She will learn the guitar next year.					
24. will be	25. would	26. ⑤				
27. He will watch a movie.						
28. (1) will listen to music (2) will play the guitar						
(3) will visit her grandparents						

01. this weekend(이번 주말)는 미래를 나태내므로 '~할 것이다'의 조
동사 will이 빈칸에 적절하다.

02. will draw는 '그릴 것이다'의 의미로 미래시제이므로 tomorrow가
가장 알맞다.

03. 미래시제(will + 동사원형)는 앞으로 일어날 일에 대해 말할 때 쓰
는 표현이다. the day before yesterday : 그저께

04. will not의 축약형은 won't이다.

05. 수진은 조부모님을 방문할 것이므로 '수진이는 이번 주말에 감자를
심을 거니?'라는 물음에 '~하지 않을 것이다'라는 의미의 won't[will
not]가 포함된 부정문으로 답해야 자연스럽다.

06. 'Yes, I will.'과 'No, I won't.'로 답할 수 있는데. A가 이번 토요일
에 속초에 갈건지 묻는 말에 B가 오늘 거기에 갈 것이라고 말했으므
로 'No, I won't.'가 어울린다.

07. Shall I ~ : 제가 ~할까요?, Shall we ~? : 함께 ~할까요?

08. What time shall we make it? : 몇 시에 만날까요?
Let's로 시작하는 문장의 부가의문문은 'shall we?'를 쓴다.

09. 미래에 관한 일을 묻고 답할 때 「will + 동사원형」이나 「be going to
+ 동사원형」으로 말할 수 있다.

10. 'Shall I ~?'는 '제가 ~할까요?'라는 뜻으로 B의 '아니, 우리 하지
말자.'라는 응답은 어색하다.

11. What time shall we make it? : 몇 시로 정할까?, 몇 시에 만날까?

12. ① swims → swim
② buying → buy
③ cans → can
⑤ is → will

13. ① am → be ② wears → wear ④ wills → will ⑤ meets → meet

14. 모두 미래에 있을 일에 대해 말하고 있으므로 '~할 것이다'라는 의
미의 조동사 will을 사용하고 뒤에는 동사원형을 쓴다.

15. ① swims → swim ② → Is your father sleeping now? ③
yesterday(어제)는 과거이므로 미래를 나타내는 조동사 will과 쓰일
수 없다. ④ are → is

16. will을 이용한 의문문이므로 will을 이용하여 대답한다. 대답이 긍
정일 경우는 「Yes, 주어 + will.」 부정일 경우는 「No, 주어 + will
not[won't].」로 답한다.

17. will은 미래를 나타내는 조동사로 뒤에 동사원형이 나온다.

18. ① wills → will ② buys → buy ③ cleans → clean ⑤ goes → go

19. It must be true. (그것은 사실임에 틀림없다.)
≠ It cannot be true. (그것은 사실일 리가 없다.)

20. Let's에 대한 부가의문문은 'shall we?'이다.

21. 조동사 will 다음에는 동사원형을 쓴다.

22. 조동사 will은 동사원형이 뒤따른다. watches → watch

23. will은 조동사이므로 일반동사 learn 앞에 와야 하고 next year는
문장 끝에 오는 게 일반적이다. 그리고 악기 이름 앞에 정관사 the
를 붙인다.

24. 미래를 나타는 표현으로 「will + 동사원형」을 쓸 수 있다.

25. 과거(결심할 때)를 기준으로 미래의 일을 말할 때는 will의 과거형인
would를 써야 한다.(주절과 종속절의 시제의 일치)

26. would rather A than B : B하느니 차라리 A하는 게 낫다

27. 오늘은 목요일이고 내일 뭐할 것인지를 물었으므로 민호의 금요일
계획을 「will + 동사원형」을 이용하여 말하면 된다.

28. will + 동사원형 : ~할 것이다

unit 20 used to

[p.232 ~ 237]

[p.232 ~ 237]

EXERCISE A

01. used to

02. used to, would

03. used to

04. used to, would

05. used to, would

해석

01. 그는 축구선수였다.(지금은 아니다.)

02. 그는 일요일마다 도서관에 가곤 했다.

03. 우리 가족은 이 도시에서 살았다.(지금은 살고 있지 않다.)

04. 그들은 방과 후에 축구를 하곤 했다.

05. 나는 자전거로 등교하곤 했다.

EXERCISE B

01. The river used to be clean.

02. I used to go to the library every Saturday

03. This place used to be a beautiful garden.

04. He used to eat a lot of fast food.

해석

01. 그 강은 깨끗했다.

02. 나는 토요일마다 도서관에 가곤 했다.

03. 이곳은 아름다운 정원이었다.

04. 그는 전에 패스트푸드를 많이 먹었었다.

EXERCISE C

01. cut

02. getting

03. is used to

04. cooking

05. used

해석

01. 그 칼은 고기를 자르기 위해 사용된다.

02. 나는 아침에 일찍 일어나는데 익숙하다.

03. 컴퓨터는 은행에서 일하는데 사용된다.

04. 엄마는 프랑스 음식을 요리하는데 익숙하시다.

05. 나는 매일 조깅하곤 했다.

EXERCISE D

01. 그녀는 비행기로 여행하곤 했다.

02. 그녀는 비행기로 여행하는 데 익숙하다.

03. 그 비행기는 세계를 여행하는 데 사용된다.

04. 다이아몬드는 아주 강해서 돌을 자르는 데 사용된다.

05. Tom은 온 종일 컴퓨터 게임을 하곤 했다.

EXERCISE E

01. There used to be a big house here.

02. He used to fight with his brother every day.

03. I used to watch the news, but now I read newspapers

04. People didn't use to use computers

05. This bag is used to travel abroad.

해석

01. 여기에 큰 집이 있었다.

02. 그는 매일 동생과 싸우곤 했다.

03. 나는 뉴스를 보곤 했는데, 지금은 신문을 읽는다.

04. 사람들은 컴퓨터를 사용하지 않았었다.

05. 이 가방은 해외를 여행하는데 사용된다.

학교시험 출제유형

01. ①	**02.** ③	**03.** ①	**04.** ②	**05.** ③	**06.** ②	**07.** ⑤
08. ①	**09.** used to	**10.** used to be	**11.** used to			
12. ④	**13.** ②	**14.** ②	**15.** ①	**16.** ①	**17.** used to	
18. I used to go camping every summer.				**19.** used to		
20. used to get up at nine, she gets up at six						
21. (1) used to be (2) used to skip (3) am used to hearing (4) is used to preserve						

01. used to + 동사원형 : ~하곤 했다, ~이었다

그녀는 피아노를 연주하곤 했었다. 하지만 지금은 더 이상 연주하지 않는다.

02. 「used to + 동사원형」은 '~하곤 했다, ~이었다'라는 의미로 지금과는 다른 과거의 상태나 습관적 행동을 나타낸다.

Dave는 패스트푸드를 먹곤 했다.

03. used to + 동사원형 : ~하곤 했다, ~이었다

남선생님은 긴 머리였지만 지금은 짧은 머리이다.

04. 그는 어렸을 적에 축구를 했지만 지금은 하지 않으니 '그는 축구를 하곤 했다.'라고 표현 할 수 있다. used to + 동사원형 : ~하곤 했다

05. used to + 동사원형 : ~하곤 했다

06. used to + 동사원형 :~하곤 했다

B의 남자형제는 지난해에 담배를 피웠지만 지금은 담배를 끊었다.

07. ①②③④ ~하곤 했다(조동사) ⑤ 일반동사 use의 과거동사

이 돈은 가난한 사람들을 돕는데 사용된다.

08. 「used to + 동사원형」은 '~하곤 했다'라는 과거의 규칙적인 습관을 표현한다. be used to + (동)명사 = ~하는데 익숙하다

10. 「used to + 동사원형」은 과거에는 어떤 상태로 있었지만 현재는 그렇지 않다는 현재의 정보를 모두 알려주는 표현이다.

11. used to + 동사원형 : ~하곤 했다

12. ①②③⑤는 현재에는 계속되지 않는 과거의 반복된 동작을 나타내며 would와 바꿔 쓸 수 있다. ④는 현재와 대조되는 과거의 상태를 나타내는 말로 would와 바꿔 쓸 수 없다.

13. 지금과는 다른 과거의 습관적 행동은 「used to + 동사원형」과 would를 둘 다 쓸 수 있지만, 과거의 상태를 표현할 때는 would를

쓸 수 없다. ② 여기에는 미술관이 있었다. (과거의 상태)

14. used to가 있는 문장의 의문문은 「Did + 주어 + use to ~?」가 된다.
요즘 그녀가 자주 외출하지 않는다는 것을 알고 있다.
하지만 그녀는 예전에 아주 자주 외출하곤 했니?

15. ⓓ to studying → to study 내가 대학생일 때, 나는 매우 열심히 공부하곤 했다. ⓐ 나는 왼쪽에서 운전하는 것이 익숙하다. ⓑ 그 마을에 극장이 있었다. ⓒ 그의 개는 하루 종일 혼자 집에 있는 것에 익숙하다.

16. ① 여기에 우체국이 있었지만 지금은 도서관이 있다. ② is used to → used to ③ having → have ④ living → live ⑤ work → to work

17. 현재는 더 이상 지속되지 않는 과거의 습관이나 상태를 말할 때 「used to + 동사원형」형태로 쓴다.

18. used to + 동사원형 : ~하곤 했다. go camping : 캠핑하러 가다

19. used to + 동사원형 : ~하곤 했다, ~이었다
Jason은 이 빵집에서 일하곤 했었다. 여기에 큰 집이 있었다.

20. Sally는 9시에 일어나곤 했지만 지금은 6시에 일어난다.

21. used to + 동사원형 : ~하곤 했다
be used to + 동사원형 : ~하기 위해 사용되다
be used to + (동)명사 :~하는 데 익숙하다

unit 21 조동사 have + p.p. / 문장전환 [p.238 ~ 248]

EXERCISE A

01. 그는 그 답을 알고 있었을지도 모른다.

02. 그들은 바다에서 길을 잃었었음에 틀림없다.

03. 그는 정직했을 리가 없다.

04. 너는 좀 더 공부를 열심히 했어야 했다.

05. 너는 그녀를 만나지 말았어야 했다.

EXERCISE B

01. should have thought	**02.** shouldn't have lied
03. can't have known	**04.** should have studied
05. must have studied	**06.** may[might] have been
07. can't have been	**08.** must have loved
09. should have come	**10.** may[might] have missed

EXERCISE C

01. should	**02.** must
03. cannot	**04.** may
05. must	**06.** must
07. cannot	**08.** cannot

09. must	**10.** cannot
11. must	

해석

01. Harry는 수학 시험에서 낮은 점수를 받았다. 그는 공부를 더 열심히 했어야 했다.

02. 그녀의 셔츠에 초콜릿 얼룩이 있다. 그녀는 나의 초콜릿 케이크를 먹은 게 틀림없다.

03. 나의 남동생이 어제 거기에 갔을 리가 없다. 그는 집에 있었다.

04. Linda는 어제 모임에 없었다. 그녀는 아팠을지도 모른다.

05. Lisa는 아직도 안 왔다. 그녀는 틀림없이 버스를 놓쳤을 것이다.

06. Emily는 행복해 보인다. 그녀는 그 시험에 합격했음에 틀림없다.

07. Mr. Williams는 정직한 사람이다. 그가 나에게 거짓말했을 리가 없다.

08. Tom은 학교에 갔을 리가 없다. 그의 가방이 집안 이곳에 있다.

09. Dave는 숙제를 하지 않았다. 그는 하루 종일 컴퓨터 게임을 했음에 틀림없다.

10. 그 식물이 시들었다. 내 여동생이 그것에 물을 주었을 리가 없다.

11. 그 강이 넘쳤다. 많은 비가 왔었음에 틀림없다.

EXERCISE D

01. must be	**02.** must have been
03. can't know	**04.** can't have known
05. may be	**06.** may have been
07. should have studied	**08.** should have thought
09. shouldn't have bought	**10.** should have saved
11. He must have	**12.** must have watched

해석

01. 그는 화가 났음에 틀림없다.

02. 그는 화가 났었음에 틀림없다.

03. 그녀가 그 답을 알 리가 없다.

04. 그녀가 그 답을 알았을 리가 없다.

05. 그는 지금 집에 있을지도 모른다.

06. 그는 어제 집에 있었을지도 모른다.

07. 너는 공부를 열심히 했어야 했다.

08. 나는 더 주의 깊게 생각했어야 했다.

09. 너는 그것들을 사지 않았어야 했다.

10. 나는 지난달에 돈을 저축해야 했다.

11. 그도 역시 틀림없이 유령을 봤을 것이다.

12. 그 소년은 밤새 TV를 봤음에 틀림없다.

학교시험 출제유형

01. ②	**02.** ①	**03.** ⑤	**04.** ③	**05.** ④	**06.** ③
07. walk → walked		**08.** ②	**09.** ①		
10. must have been		**11.** must have met		**12.** ①	
13. must have gone		**14.** ①	**15.** ③	**16.** ④	**17.** ④

01. 과거의 일에 대한 강한 추측을 나타낼 때「must have + p.p.」로 나타낸다.

02. '~이었을 리가 없다'는 의미로「can't have + p.p.」를 쓴다.
    Amy는 그런 실수를 했을 리가 없다.

03. 「must have + p.p.」는 과거 사실에 대한 강한 추측을 표현한다.

04. ③은 '해야 한다'의 의미로 나머지는 '~임에 틀림없다'의 의미로 쓰였다.

05. 과거에 '~이었음에(했음에) 틀림없다'는 의미로 과거에 대한 강한 추측을 나타낼 때는「must have + p.p.」로 표현한다.
    그 길이 젖었다. 어제 비가 많이 왔음에 틀림없다.

06. ① knew → known ② be → been ④ have not → not have ⑤ has → have

07. must have + p.p. : ~이었음에 틀림없다
    너는 여기에 일찍 왔구나. 빠르게 걸어왔음에 틀림없어.

08. '네가 케이크를 다 먹어버린 것이 확실하다.'라는 의미와 같게 사용될 수 있는 것은「must have + p.p.」구조의 ②이다.

09. must have + p.p. : ~이었음에 틀림없다

10. 과거의 일에 대한 강한 추측은「must have + p.p.」로 나타낸다.
    be embarrassed : 당황하다

11. Jim을 보자마자 그가 누구인지 알아보았기 때문에 전에 그를 만난 것이 틀림없다라는 내용이 와야 한다.

12. 그가 시험에서 가장 높은 점수를 받았고 공부를 많이 했음에 틀림없다는 내용이어야 하므로「must have + p.p.」의 형태가 와야 한다.

13. 그가 밖으로 나갔음이 확실하다.

14. 그는 항상 일찍 일어나기 때문에, 어제 그가 학교에 지각했을 리가 없다.

15. 「cannot have + p.p. (~했을 리가 없다)」는 과거 사실에 대한 강한 부정적인 추측(아닐 것이라 확신)을 나타낸다. 따라서 ③의 '나는 그녀가 그 문제를 풀지 않았을 것으로 확신해.'가 가장 의미상 가깝다.

16. should have + p.p. : ~했어야 했다

17. should have : p.p. : ~했어야 했다 (그러나 하지 않았다)

18. 버스를 놓쳤다고 했으므로 일찍 일어나지 않은 것을 후회하는 표현이 빈칸에 들어가야 자연스럽다. should have + p.p. : ~했어야 했다 (그러나 하지 않았다)

19. 「must have + p.p.」와 의미가 상반되는 구문은「cannot have + p.p.」이다. 그는 점심을 많이 먹었음에 틀림없다. ↔ 그는 점심을 많이 먹었을 리가 없다.

20. 과거 사실에 대한 강한 추측을 표현할 때「must have + p.p.」로 한다.

21. 「must have + p.p.」는 '~했던 것이 틀림없다'의 의미로 과거 사실에 대한 확신을 나타낸다. 따라서 종속절을 과거시제로 표현한 ①이 옳다.

22. ② has → have ③ had → have ④ studied → have studied ⑤ watched → have watched

23. 「must have + p.p.」는 '~이었음에 틀림없다'는 의미로 과거에 대한 강한 추측, 확신을 나타낸다.「It is certain that 주어 + 과거동사」나「I am sure that 주어 + 과거동사」와 같은 의미를 갖는다.

24. 과거에 대한 문장이므로 that절이 완료시제가 아닌 과거시제로 쓰여야 한다.
    has been → was

25. should have p.p. : ~했어야 했다 나는 공부를 더 열심히 했어야 했는데.

26. We should have practiced more. (우리는 좀 더 연습을 했어야 했는데.)

27. 밖에서 놀아 감기에 걸렸으므로 후회를 나타내는 'I shouldn't have played outside.'가 옳다.

28. 엄마가 일기예보를 들었기 때문에 나에게 우산을 가져가라고 한 것이다.
    shouldn't → must

29. ④는 '너는 더 열심히 일한 것이 틀림없다.'라는 의미인 반면에 나머지는 '너는 더 열심히 일을 했어야 했다.'라는 뜻을 갖고 있다.

30. ④는 과거의 일에 대한 추측이므로 'He may have been rich.'가 옳다.

31. should have + p.p. : ~했어야 했다

32. 회의에 늦었으니 더 일찍 출발했어야 한다고 말하는 문장이 되도록 해야 한다.

33. 그녀는 배가 아프다. 그녀는 어젯밤에 너무 많이 먹지 않았어야 했다.

34. should have + p.p. = ought to have + p.p. = ~했어야 했다

35. may have p.p. : ~이었을지도 모른다 그는 농구를 했을지도 모른다.

36. must have + p.p. : ~했음에 틀림없다
    cannot have + p.p. : ~이었을 리가 없다

WORD Workbook

수준별 **영단어** 학습장 **1~10**

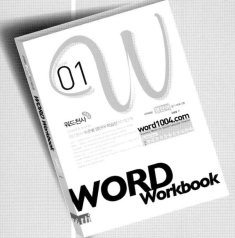

Essential Idioms for Second Language Students

IDIOM Workbook

수준별 **영숙어** 학습장 **1~5**

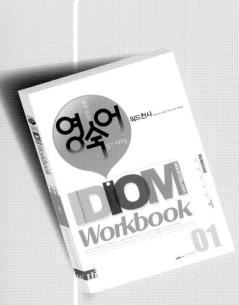

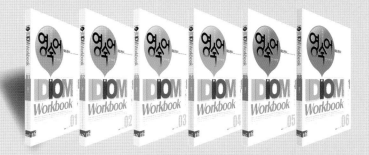

성적이 올라야 공부할 맛이 난다!

Juice Grammar

영문법

- 학교 성적향상이 곧 나의 학습목표! 전국 중학교 기출문제 철저 분석 정리!
- 선생님은 꼭 이렇게 오답을 만든다! 시험에 강해지는 빈출 오답유형 제시!
- 내가 배우고 있는 문장으로 연습한다! 최신 개정 교과서의 문장으로 문제풀이!
- 공부하면 반드시 성적이 오른다! 학교시험에 나올 수 있는 유형 빠짐없이 수록!
- 무조건 연습만 하는 문법학습은 NO! 주스처럼 속 시원한 해설 YES!
- 문장해석능력은 곧 영어실력! 교재에 출제된 연습문제 전 지문 해설 수록!
- WWW.WORD1004.COM 온라인 6개월 자유이용권 증정
- 수준별 단어, 숙어, 문장 학습 / 단원 보충문제 무한 리필
- 온라인 문장 직독직해 연습 / 해석 영작 테스트지

"공부를 하면 반드시 성적이 오르는 교재가 좋은 교재입니다."

영문법의 원리를 이해했다고 학교에서 좋은 성적을 얻을 수는 없습니다. 영어는 수학이 아니라 언어입니다. 모든 상황을 수학공식처럼 적용할 수 있는 것이 아닙니다. 그리고 학교 선생님들은 학생들의 변별력을 위해 원리만 알면 틀릴 수밖에 없는 예외규정이나 헷갈리는 오답문항을 출제합니다. 그러므로 좋은 점수를 얻기 위해서는 원리를 이해하는 것뿐만 아니라 학교 시험에 자주 출제되는 유형과 요소 그리고 오답 지문들을 알고 있어야 좋은 점수를 얻을 수 있습니다. Juice Grammar는 중학생 여러분의 영어성적향상을 위해 만들어진 최상의 교재입니다.

2 정답 및 해설

발행 초판 2쇄　**발행인** 김행필　**발행처** (주)씽크플러스　**주소** 경기도 파주시 교하읍 문발리 535-7 세종출판벤처타운 407호
등록번호 제 2-3177호　**대표전화** 031-9432-123　**팩스** 031-6297-088
학습문의 홈페이지(www.word1004.com)의 Q&A에 문의 내용을 올려주시면 답변해 드리겠습니다.
디자인 VISUALOGUE

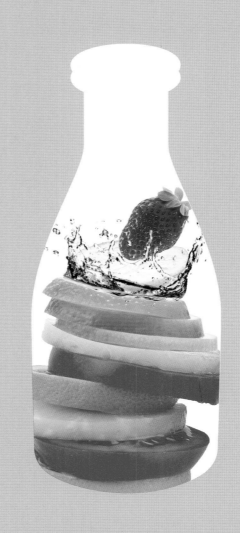

Juice Grammar